墨人著

墨人博士作品全集【全60冊】

第五十七冊 紅樓夢的寫作技巧

文史哲出版社印行

國家圖書館出版品預行編目資料

墨人博士作品全集 / 墨人著 -- 初版 -- 臺北市:文史哲, 民 100.12

頁： 公分

ISBN 978-957-549-987-7 (全套 60 冊：平裝)

1.現代文學 2. 中國文學 3.別集

848.6 100022602

墨人博士作品全集【全60冊】

第五十七冊 紅樓夢的寫作技巧

著者：墨人
出版者：文史哲出版社
http://www.lapen.com.tw
登記證字號：行政院新聞局版臺業字五三三七號
發行人：彭正雄
發行所：文史哲出版社
印刷者：文史哲出版社
臺北市羅斯福路一段七十二巷四號
郵政劃撥帳號：一六一八〇一七五
電話886-2-23511028 · 傳真886-2-23965656

【全60冊】定價新臺幣 36,800 元

中華民國一百年（2011）十二月初版

ISBN 978-957-549-987-7 08992

墨人博士著作品全集 總目

一、散文類

紅塵心語 全集一

文學醫學命學與人生（山中人語） 全集二

大陸文學之旅 全集三

中國的月亮 全集四

年年作客伴寒窗 全集五

心在山林 全集六

小園昨夜又東風 全集七

三更燈火五更雞 全集八

環繞地球心影 全集九

人的生死榮辱 全集一〇

二、長篇小說

紅塵 全集一一－一八

白雪青山 全集一九－二〇

靈姑 全集二一

同是天涯淪落人　原名鳳凰谷 全集二二

娑婆世界 全集二三－二四

紫燕 全集二五

浴火鳳凰　原名火樹銀花 全集二六－二七

滾滾長江 全集二八

大風大浪 全集二九

春梅小史 全集三〇

富國島 全集三一

魔障 全集三二
黑森林 全集三三
碎心記 全集三四
龍鳳傳 全集三五
閃爍的星辰 全集三六
張本紅樓夢 全集三七—四〇
洛陽花似錦 全集四一

三、中短篇小說散文合集

青雲路 全集四二
亂世佳人 全集四三
第二春 全集四四
塞外 全集四五
斷腸人 全集四六
沙漠王子 全集四七
水仙花 全集四八
扶桑花 全集四九
墨人自選集（短篇小說、詩選） 全集五〇—五一

四、詩詞及論評

全唐詩尋幽探微 全集五二
全唐宋詞尋幽探微 全集五三
全宋詩尋幽探微 全集五四
墨人詩詞詩話 全集五五
墨人半世紀詩選 全集五六
紅樓夢的寫作技巧 全集五七
墨人新詩集㈠自由的火焰國 全集五八
墨人新詩集㈡山之禮讚、哀祖國 全集五九
詩人革命家（胡漢民傳） 全集六十

附：外篇

㈠論墨人及其作品
㈡隔海答問・十三家論文

墨人的一部文學千秋史

張萬熙先生，筆名墨人，江西九江人，民國九年生。為一位享譽國內外名小說家、詩人、學者。歷任軍、公、教職。六十五歲始自從國民大會簡任一級加年功俸的資料組長兼圖書館長公職崗位退休，但已是中國文壇上一位閃亮的巨星。出版有：《全唐詩尋幽探微》、《紅樓夢的寫作技巧》、二百九十多萬字的大長篇小說《紅塵》、《白雪青山》、《春梅小史》；詩集：《哀祖國》；散文集：《小園昨夜又東風》……。民國五十年、五十一年連續以短篇小說，兩次入選維也納納富出版公司出版的《世界最佳小說選集》。七十歲時自東吳大學中文系教席二度退休，仍著述不輟，為國寶級文學家。墨人博士在臺勤於創作六十多年（在大陸時期已創作十年），並以其精通儒、釋、道之學養，綜理戎機、參贊政務、作育英才，更以其對傳統文學的精湛造詣，與對新文藝的創作，在國際上贏得無數榮譽，如：美國世界大學榮譽文學博士、美國馬奎士國際大學榮譽文學博士、美國艾因斯坦國際學院榮譽人文學博士（包括哲學、文學、藝術、語言四類）、英國劍橋國際傳記中心副總裁（代表亞洲）、英國莎士比亞詩、小說與人文學獎得主，現在出版《全集》中。

壹、家世・堂號

張萬熙先生，江西省德化人（今九江），先祖玉公，明末時以提督將軍身份鎮守雁門關，蒙古騎兵入侵，戰死於東昌，後封爲「河間王」。其子輔公，進士出身，歷任文官。後亦奉召領兵「三定交趾」，因戰功而封爲「定興王」。其子貞公亦有兵權，因受奸人陷害，自蘇州嘉定（即今上海市一區），謫居潯陽（今江西九江）。祖宗牌位對聯爲：嘉定源流遠，潯陽歲月長；右書「清河郡」、左寫「百忍堂」。

貳、來臺灣的過程

民國三十八年，時局甚亂，張萬熙先生攜家帶眷，在兵荒馬亂人心惶惶時，張先生從湖南長沙火車站，先將一千多度的近視眼弱妻，與四個七歲以下子女，從車窗口塞進車廂，自己則擠在廁所內動彈不得，千辛萬苦的從湖南長沙搭火車南下廣州，從廣州登商輪來臺。七月三日抵基隆，由同學顧天一先生，接到臺北縣永和鎮鄉下暫住。

參、在臺灣一甲子奮鬥的過程

一、初到臺灣的生活

家小安頓妥後，張萬熙先生先到臺北萬華，一家新創刊的《經濟快報》擔任主編，但因財務不濟，四個月不到便草草結束。幸而另謀新職，舉家遷往左營擔任海軍總司令辦公室秘書，負責紀錄整理所有軍務會報紀錄。

民國四十六年，張先生自左營來臺北任職國防部史政局編纂《北伐戰史》（歷時五年多浩大工程，編成綠布面精裝本、封面燙金字《北伐戰史》叢書），完成後在「八二三」炮戰前夕又調任國防部總政治部，主管陸、海、空、聯勤文宣業務，四十七歲自軍中正式退役後轉任文官，在臺北市中山堂的國民大會主編研究世界各國憲法政治的十六開大本的《憲政思潮》，作者、譯者都是台灣大學、政治大學的教授、系主任，首開政治學術化先例。

張先生從左營遷到臺北大直海軍眷舍，只是由克難的甘蔗板隔間眷舍改爲磚牆眷舍，大小一般，但邊間有一片不小的空地，子女也大了，不能再擠在一間房屋內，因此，張先生加蓋了三間竹屋安頓他們。但眷舍右上方山上是一大片白色天主教公墓，在心理上有一種「與鬼爲鄰」的感覺。張夫人有一千多度的近視眼，她看不清楚，子女看見嘴裡不講，心裡都不舒服。張先生自軍中假退役後，只拿八成俸。

張先生因爲有稿費、版稅，還有些積蓄，除在左營被姓譚的同學騙走二百銀元外，剩下的積蓄還可以做點別的事。因爲住左營時在銀行裡存了不少舊臺幣，那時左營中學附近的土地只要三塊多錢一坪，張先生可以買一萬多坪。但那時政府的口號是「一年準備，兩年反攻，三年掃蕩，五年成功。」張先生信以爲真，三十歲左右的人還是「少不更事」，平時又忙著上班、寫作，實在不懂政治、經濟大事，以爲政府和「最高領袖」不會騙人，五年以內真的可以回大陸，張先生又有「戰士授田證」。沒想到一改用新臺幣，張先生就損失一半存款，呼天不應。但天理不容，姓譚的同學不但無后，也死了三十多年，更沒沒無聞。張先生作人、看人的準則是：無論幹什麼都是「誠信」第一，因果比法律更公平、更準。欺人不可欺心，否則自食其果。

二、退休後的寫作生活

張先生四十七歲自軍職退休後，轉任台北市中山堂國大會主編十六開大本研究各國憲法政治的《憲政思潮》十八年，時任簡任一級資料組長兼圖書館長。並在東吳大學兼任副教授二十年、香港廣大學院指導教授、講座教授、指導論文寫作、不必上課。六十四歲時即請求自公職提前退休，以業務重要不准，但取得國民大會秘書長（北京朝陽大學法律系畢業）何宜武先生的首肯，六十五歲依法退休。當時國民大會、立法院、監察院簡任一級主管多延至七十歲退休，因所主管業務富有政治性，與單純的行政工作不同，六十五歲時張先生雖達法定退休年齡，還是延長了四個月才正式退休，何秘書長宜武大惑不解地問張先生：「別人請求延長退休而不可得，你為什麼反而要求退休？」張先生答以「專心寫作」，何秘書長才坦然不疑。退休後日夜寫作，因胸有成竹，很快完成了一百九十多萬字的大長篇小說《紅塵》，在鼎盛時期的《臺灣新生報》連載四年多，開中國新聞史中報紙連載最大長篇小說先河。但報社還不敢出版，經讀者熱烈反映，才出版前三大冊。當年十二月即獲行政院新聞局「著作金鼎獎」與嘉新文化基金會「優良著作獎」，亦無前例。《台灣新生報》又出九十三章至一百二十二章，只好名為《續集》。墨人在書前題五言律詩一首：

浩劫未埋身，揮淚寫紅塵，非名非利客，孰晉孰秦人？
毀譽何清問？吉凶自有因。天心應可測，憂道不憂貧。

二○○四年初，巴黎 youfeng 書局出版豪華典雅的法文本《紅塵》，亦開「五四」以來中文作家大長篇小說進入西方文學世界重鎮先河。時為巴黎舉辦「中國文化年」期間，兩岸作家多由政府資助出席，張先生未獲任何資助，亦未出席，但法文本《紅塵》卻在會場展出，實爲一大諷刺。張先生一生「只問耕耘，不問收穫」的寫作態度，七十多年來始終如一，不受任何外在因素影響。

肆、特殊事蹟與貢獻

一、《紅塵》出版與中法文學交流

《紅塵》寫作時間跨度長達一世紀，由清朝末年的北京龍氏家族的翰林第開始，寫到八國聯軍、滿清覆亡、民國初建、八年抗日、國共分治下的大陸與臺灣，續談臺灣的建設發展、開放大陸探親等政策。空間廣度更遍及大陸、臺灣、日本、緬甸、印度，是一部中外罕見的當代文學鉅著。墨人五十七歲時應邀出席在西方文藝復興聖地佛羅倫斯所舉辦的首屆國際文藝交流大會，會後環遊地球一周。七十歲時應邀訪問中國大陸四十天，次年即出版《大陸文學之旅》。《紅塵》一書最早於臺灣新生報連載四年多，並由該報連出三版，臺灣新生報易主後，將版權交由昭明出版社出版定本六卷。由於本書以百年來外患內亂的血淚史爲背景，寫出中國人在歷史劇變下所顯露的生命態度、文化認知、人性的進取與沉淪，引起中外許多讀者極大共鳴與回響。

旅法學者王家煜博士是法國研究中國思想的權威，曾參與中國古典文學的法文百科全書翻譯工作，他認爲深入的文化交流仍必須透過文學，而其關鍵就在於翻譯工作。從五四運動以來，中西文化交流一直是西書中譯的單向發展。直到九十年代文建會提出「中書外譯」計畫，臺灣作家才逐漸被介紹到西方，如此文學鉅著的翻譯，算是一個開始。

王家煜在巴黎大學任教中國上古思想史，他指出《紅塵》一書中所引用的詩詞以及蘊含中國思想的博大精深，是翻譯過程中最費工夫的部分。爲此，他遍尋參考資料，並與學者、詩人討論，歷時十年終於完成《紅塵》的翻譯工作，本書得以出版，感到無比的欣慰。他笑著說，這可說是「十年寒窗」。

《紅塵》法文譯本分上下兩大冊，已由法國最重要的中法文書局「友豐書店」出版。友豐負責人潘立輝謙沖寡言，三十年多來，因對中法文化交流有重大貢獻而獲得法國授予文化「騎士勳章」的榮譽。他於五年前開始成立出版部，成爲歐洲一家以出版中國圖書法文譯著爲主業的華人出版社。

潘立輝表示，王家煜先生的法文譯筆典雅、優美而流暢，使他收到「紅塵」譯稿時，愛得不忍釋手，他以一星期的時間一口氣看完，經常讀到凌晨四點。他表示出版此書不惜成本，不太可能賺錢，卻感到十分驕傲，因爲本書能讓不懂中文的旅法華人子弟，更瞭解自己文化根源的可貴之處，同時，本書的寫作技巧必對法國文壇有極大影響。

二、不擅作生意

張先生在六十五歲退休之前，完全是公餘寫作，在軍人、公務員生活中，張先生遭遇的挫折不少。軍職方面，張先生只升到中校就不做了，因爲過去稱張先生爲前輩、老長官的人都成爲張先生的上司，張先生怎麼能做？因爲張先生的現職是軍聞社資料室主任（他在南京時即任國防部新創立的「軍事新聞總社」實際編輯主任，因言守元先生是軍校六期老大哥，未學新聞，不在編輯之列）。但張先生以不求官，只求假退役，不擋人官路，這才退了下來。那時養來亨雞風氣盛行，在南京軍聞總社任外勤記者的姚秉凡先生頭腦靈活，他即時養來亨雞，張先生也「東施效顰」，結果將過去稿費積蓄全都賠光。

三、家庭生活與運動養生

張先生大兒子考取中國廣播公司編譯，結婚生子，廿七年後才退休，長孫修明取得美國南加州大學電機碩士學位，之後即在美國任電機工程師。五個子女均各婚嫁，小兒子選良以獎學金取得美國華盛頓大學化學工程博士，媳蔡傳惠為伊利諾理工學院材料科學碩士，兩孫亦已大學畢業就業，落地生根。

張先生兩老活到九十一、九十二歲還能照顧自己。（近年以一印尼女「外勞」代做家事）張先生一伏案寫作四、五小時都不休息，與臺大外文系畢業的長子選翰兩人都信佛，六十五歲退休後即吃全素。低血壓十多年來都在五十五至五十九之間，高血壓則在一百一十左右，走路「行如風」，年輕人很多都跟不上張先生，比起初來臺灣時毫不遜色，這和張先生運動有關。因為張先生住大直後山海軍眷舍八年，眷舍右上方有一大片白色天主教公墓，諸事不順，公家宿舍小，又當西曬，張先生靠稿費維持七口之家和五個子女的教育費。三伏天右手墊墳著毛巾，背後電扇長吹，三年下來，得了風濕病，手都舉不起來，花了不少錢都未治好。後來章斗航教授告訴張先生，圓山飯店前五百完人塚廣場上，有一位山西省主席閻錫山的保鑣王延年先生在教太極拳，勸張先生天一亮就趕到那裡學拳，一定可以治好。張先生一向從善如流，第二天清早就向王延年先生報名請教，王先生有教無類，收張先生這個年已四十的學生，王先生先不教拳，只教基本軟身功攀腿，卻受益非淺。

四、耿直的公務員性格

張先生任職時向來是「不在其位，不謀其政」。後來升簡任一級組長，有一位「地下律師」的專員，平時鑽研六法全書，混吃混喝，與西門町混混都有來往，他的前任爲大畫家齊白石女婿，平日公私不分，是非不明，借錢不還，沒有口德，人緣太差，又常約那位「地下律師」專員到家中打牌。那專員平日不簽到，甚至將簽到簿撕毀他都不哼一聲，因爲爲他多報年齡，屆齡退休時想更改年齡，但是得罪人太多，金錢方面更不清楚，所以不准再改年齡，組長由張先生繼任。

張先生第一次主持組務會報時，那位地下律師就在會報中攻擊圖書科長，張先生立即申斥，並宣佈記過。簽報上去處長都不敢得罪那地下律師，又說這是小事，想馬虎過去，張先生以秘書處名譽紀律爲重，非記過不可，讓他去法院告張先生好了。何宜武祕書長是學法的，他看了張先生簽呈同意記過，那位地下律師「專員」不但不敢告，只暗中找一位不明事理的國大「代表」來找張先生的麻煩。因事先有人告訴他，張先生完全不理那位代表，他站在張先生辦公室門口不敢進來，幾分鐘後悄然而退。人不怕鬼，鬼就怕人。諺云：「一正壓三邪」，這是經驗之談。直到張先生退休，那位專員都不敢惹事生非，西門町流氓也沒有找張先生的麻煩，當年的代表十之八九已上「西天」，張先生活到九十二歲還走路「行如風」，一坐到書桌，能連續寫作四、五小時而不倦，不然張先生怎麼能在兩岸出版約三千萬字的作品？

（原載新文豐《紮根台灣六十年》，墨人民國一百年十一月十三日校正）

墨人博士作品全集

文學是千秋藝業
秦皇漢武今何在
李白杜甫仍風流

全集共分四大類
一、散文類　二、小說類
三、文學理論類
四、新詩古典詩詞類

我出生於一個「萬般皆下品，惟有讀書高」的傳統文化家庭，且深受佛家思想影響，因祖母信佛，兩個姑母先後出家，大姑母是帶著賠嫁的錢購買依山傍水風景很好，上名山廬山的必經之地的「天后宮」出家的，小姑母的廟則在鬧中取靜的市區。我是父母求神拜佛後出生的男子，並寄名佛下，乳名聖保，上有二姊下有一妹都夭折了，在那個重男輕女的時代！我自然水漲船高了。我記得四、五歲時一位面目清秀，三十來歲文質彬彬的李瞎子替我算命，母親問李瞎子，我的命根穩不穩？能不能養大成人？李瞎子說我十歲行運，幼年難免多病，可以養大成人，但是會遠走高飛。母親聽了憂喜交集，在那個時代不但妻以夫貴。也以子貴，有兒子在身邊就多了一層保障。母親的心理壓力很大，李瞎子的「遠走高飛」那句話可不是一句好話。

到現在八十多年了，我還記得十分清楚。母親暗自憂心。何況科舉已經廢了，不必「進京趕考」，更不會「當兵吃糧」，安安穩穩作個太平紳士或是教書先生不是很好嗎？我們張家又是大族，人多勢眾，不會受人欺侮，何況二伯父的話此法律更有權威，人人敬仰，去外地「打流」又有什麼好處？因此我剛滿六歲就正式拜孔夫子入學啓蒙，從《三字經》、《百家姓》、《千字文》、《千家詩》、《論語》、《大學》、《中庸》……《孟子》、《詩經》、《左傳》讀完了都要整本背，在十幾位學生中，也只有我一人能背，我背書如唱歌，窗外還有人偷聽，他們實在缺少娛樂。除了我父親下雨天會吹吹笛子、簫，消遣之外，沒有別的娛樂，我自幼歡喜絲竹之音，但是很少聽到。讀書的人也只有我們三房、二房兩兄弟，二伯父在城裡當紳士，偶爾下鄉排難解紛，他是一族之長，更受人尊敬，因爲他大公無私，又有一百八十公分左右的身高，眉眼自有威嚴，能言善道，他的話比法律更有效力，加之民性純樸，真是「夜不閉戶，道不失遺」。只有「夏都」廬山才有這麼好的治安。我十二歲前就讀完了四書、詩經、左傳、千家詩。我最喜歡的是《千家詩》和《詩經》。

關關雎鳩，在河之洲，
窈窕淑女，君子好逑。

我覺得這種詩和講話差不多，可是更有韻味。我就喜歡這個調調。《千家詩》我也喜歡，我背得更熟。開頭那首七言絕句詩就很好懂：

雲淡風清近午天，傍花隨柳過前川。
時人不識余心樂，將謂偷閒學少年。

老師不會作詩，也不講解，只教學生背，我覺得這種詩和講話差不多，但是更有韻味。我也了解大意，我以讀書爲樂，不以爲苦。這時老師方教我四聲平仄，他所知也止於此。

我也喜歡《詩經》，這是中國最古老的詩歌文學，是集中國北方詩歌的大成。可惜三千多首被孔子刪得只剩三百首。孔子的目的是：「詩三百，一言以蔽之，曰思無邪。」孔老夫子將《詩經》當作教條。詩是人的思想情感的自然流露，是最可以表現人性的。先民質樸，孔子既然知道「食色性也」，對先民的集體創作的詩歌就不必要求太嚴，以免喪失許多文學遺產和地域特性。楚辭和詩經不同，就是地域特性和風俗民情的不同。文學藝術不是求其同，而是求其異。這樣才會多彩多姿。文學不應成爲政治工具，但可以移風易俗，亦可淨化人心。我十二歲以前所受的基礎教育，獲益良多，但也出現了一大危機，沒有老師能再教下玄。幸而有一位年近二十歲的姓王的學生在廬山一未立案的國學院求學，他問我想不想去？我自然想去，但廬山夏涼，冬天太冷，父親知道我的心意，並不反對，他對新式的人手是刀尺的教育沒有興趣，我便在飄雪的寒冬同姓王的爬上廬山，我生在平原，這是第一次爬上高山。

在廬山我有幸遇到一位湖南岳陽籍的閻毅字任之的好老師，他只有三十二歲，飽讀詩書，與民國初期的江西大詩人散原老人唱和，他的王字也寫的好。有一天他要六七十位年齡大小不一的學生各寫一首絕句給他看，我寫了一首五絕交上去，廬山松樹不少，我生在平原是看不到松樹的，我是即景生情，信手寫來，想不到閻老師特別將我從大教室調到他的書房去，在他右邊靠牆壁另加一桌一椅，教我讀書寫字，並且將我的名字「熹」改為「熙」，視我如子。原來是他很欣賞我那首五絕中的「疏松月影亂」這一句。我只有十二歲，不懂人情世故，也不了解他的深意。時任漢口市長張群的侄子張繼文還小我一歲，卻是個天不怕、地不怕的小太保，江西省主席熊式輝的兩個小舅子大我幾歲，閻老師的侄子卻高齡二十八歲。學歷也很懸殊，有上過大學的、高中的，多是對國學有興趣，支持學校的袞袞諸公也都是有心人士，新式學校教育日漸西化，國粹將難傳承，所以創辦了這樣一個尚未立案的國學院，也未大張旗鼓正式掛牌招生，但聞風而至的要人子弟不少，校方也本著「有教無類」的原則施教，閻老師也是義務施教，他與隱居廬山的要人嚴立三先生也有交往。（抗日戰爭一開始嚴立三即出山任湖北省主席，諸閻老師任省政府秘書，此是後話。）同學中權貴子弟亦多，我雖不是當代權貴子弟，但九江先組玉公以提督將軍身分抵抗蒙古騎兵入侵雁門關戰死東昌(雁門關內北京以西縣名，一九九〇年我應邀訪問大陸四十天時去過。)而封河間王；其子輔公。以進士身分出仕，後亦應昭領兵三定交趾而封定興王；其子貞公亦有兵權，因受政客讒害而自嘉定謫居潯陽。大詩人白居易亦曾謫爲江州司馬，我另一筆名即用江州司馬。我是黃帝第五子揮的後裔，他因善造弓箭而賜姓張。遠祖張良是推薦韓信爲劉邦擊敗楚霸王項羽的漢初三傑之首。他有知人之明，深知劉邦可以共患難，不能共安樂，所以悄然引退，作逍遙遊，不像韓信爲劉邦拼命打天下，立下汗馬功勞，雖封三齊王卻死於未央宮呂后之手。這就是不知進退的後果。我很敬佩張良這位遠祖，抗日戰爭初期(一九三八)我爲不作「亡國奴」，即輾轉赴臨時首都武昌以優異成績考取軍校，一位落榜的姓熊的同學帶我們過江去漢口。中共未公開招生的「抗日大學」(當時國共合作抗日，中共在漢口以「抗大」名義吸收人才。)辦事處參觀，接待我們的是一位讀完大學二年級才貌雙全，口才奇佳的女生獨對我說負責保送我免試進「抗大」一期，因未提其他同學，我不去。一年後我又在軍校提前一個月畢業，因我又考取陪都重慶中央政府培養高級軍政幹部的中央訓練團，而特設的新聞「新聞研究班」第一期，與我同期的有爲新詩奉獻心力的覃子豪兄(可惜五十二歲早逝)和中央社東京分社主任兼國際記者協會主席的李嘉兄。他在我訪問東京時曾與我合影留念，並親贈我精裝《日本專欄》三本。他七十歲時過世，這兩張照片我都編入「全集」一百九十多萬字的空前大長篇小說(紅塵)照片類中。而今在台同學只有兩位了。

民國二十八年(一九三九)九月我以軍官、記者雙重身分，奉派到第三戰區最前線的第三十二集團軍上官雲相總部所在地，唐宋八大家之一，又是大政治家王安石，尊稱王荊公的家鄉臨川，（屬撫州市）作軍事記者，時年十九歲，因第一篇戰地特寫《臨川新貌》經第三戰區長官都主辦的行銷甚廣的《前線日報》發表，隨即由淪陷區上海市美國人經營的《大美晚報》轉載，而轉為文學創作，因我已意識到新聞性的作品易成「明日黃花」，文學創作則可大可久，我為了寫大長篇《紅塵》、六十四歲時就請求提前退休，學法出身的秘書長何宜武先生大惑不解，他對我說：

「別人想幹你這個工作我都不給他，你為什麼要退？」我幹了十幾年他只知道我是個奉公守法的張萬熙，不知道我是「作家」墨人，有一次國立師範大學校長劉真先生告訴他張萬熙就是墨人，劉校長看了我在當時的「中國時報」發表的幾篇有關中國文化的理論文章，他希望我繼續寫，劉校長真是有心人。沒想到他在何宜武秘書長面前過獎，使我不能提前退休，要我幹到六十五歲多四個月才退了下來。現在事隔二十多年我才提這件事。鼎盛時期的（台灣新生報）連載四年多的拙作《紅塵》出版前三冊時就同時獲得新聞局著作金鼎獎和嘉新文化基金會「優良著作獎」，劉真校長也是嘉新文化基金會的評審委員之一，他一定也是投贊成票的。「世有伯樂而後有千里馬」。我九十二歲了，現在經濟雖不景氣，但我還是重讀重校了拙作「全集」我一向只問耕耘，不問收穫，我歷任軍、公、教三種性質不同的職務，經過重重考核關卡，寫作七十三年，經過編者的考核更多，我自己從來不辦出版社。我重視分工合作。我頭腦清醒，是非分明，歷史人物中我更敬佩遠祖張良，不是劉邦。張良的進退自如我更歎服。在政治角力場中要保持頭腦清醒，人性尊嚴並非易事。我們張姓歷代名人甚多，我對遠祖張良的進退自如尤為歎服，因此我將民國四十年在台灣出生的幼子依譜序取名選良。他早年留美取得化學工程博士學位，雖有獎學金，但生活仍然艱苦，美國地方大，出入非有汽車不可，這就不是獎學金所能應付的，我不能不額外支持，他取得化學工程博士學位與取得材料科學碩士學位的媳婦蔡傳惠雙雙回台北探親，且各有所成，幼子曾研究生產了飛機太空船用的抗高溫的纖維，媳婦則是一家公司的經理，下屬多是白人，兩孫亦各有專長，在台北出生的長孫是美國南加州大學的電機碩士，在經濟不景氣中亦獲任工程師，我不要第三代走這條文學小徑，是現實客觀環境的教訓，我何必讓第三代跟我一樣忍受生活的煎熬，這會使有文學良心的人精神崩潰的。我因經常運動，又吃全素二十多年，九十二歲還能連寫四、五小時而不倦。我寫作了七十多年，也苦中有樂，但心臟強，又無高血壓，一是得天獨厚，二是生活自我節制，我到現在血壓還是60—110之間，沒有變動，寫作也少戴老花眼鏡，走路仍然「行如風」，十分輕快，我在國民大會主編《憲政思潮》十八年，看到不少在大陸選出來的老代表，走路兩腳在地上蹉跎，這就來日不多了。個人的健康與否看他走路就可以判斷，作家寫作如在八十歲以後還不戴老花眼鏡，沒有高血壓，長命百歲絕無問題。如再能看輕名利，不在意得失，自然是仙翁了。健康長壽對任何人都很重要，對詩人作家更重要。

一九九〇年我七十歲應邀訪問大陸四十天作「文學之旅」時，首站北京，我先看望已九十高齡的老前輩散文作家，大家閨秀型的風範，平易近人，不慍不火的冰心，她也「勞改」過，但仍心平氣和。本來我也想看看老舍，但老舍已投湖而死，他的公子舒乙是中國現代文學館的副館長，他也出面接待我，還送了我一本他編寫的《老舍之死》，隨後又出席了北京詩人作家與我的座談會，參加七十賤辰的慶生宴，彈指之間卻已二十多年了。我訪問大陸四十天，次年即由台北「文史哲出版社」出版照片文字俱備的四二五頁的《大陸文學之旅》。不虛此行。大陸文友看了這本書的無不驚異，他們想不到我七十一高齡還有這樣的快筆，而又公正詳實。他們不知我行前的準備工作花了多少時間，也不知道我一開筆就很快。

我拜會的第二位是跌斷了右臂的詩人艾青，他住協和醫院，我們一見如故，他是浙江金華人，卻體格高大，性情直爽如燕趙之士，完全不像南方金華人。我們一見面他就緊握著我的手不放，侃侃而談，我不知道他編《詩刊》時選過我的新詩。在此之前我交往過的詩人作家不少，沒有像他如此豪放真誠，我告別時他突然放聲大哭，陪我去看他的北京新華社社長族侄張選國先生，陪我四十天作《大陸文學之旅》的廣州電視台深圳站站長高麗華女士，文字攝影記者譚海屏先生等多人，不但我為艾青感傷，陪同我去看艾青的人也心有戚戚焉，所幸他去世後安葬在八寶山中共要人公墓，他是大陸唯一的詩人作家有此殊榮。台灣單身詩人同上校軍文黃仲琮先生，死後屍臭才有人知道，他小我二歲，如我不生前買好八坪墓地，連子女也只好將我兩老草草火化，這是與我共患難一生的老伴死也不甘心的，抗日戰爭時她父親就是我單獨送上江西南城北門外義山土葬的。這是中國人「入土為安」的共識。也許有讀者會問這和文學創作有什麼關係？但文學創作不是單純的文字工作，而是作者整個文化觀、文學觀，人生觀的具體表現，不可分離。詩人作家不能「瞎子摸象」，還要有「舉一反三」的能力。我做人很低調。寫作也不唱高調，但也會作不平之鳴、仗義直言。我不鄉愿，我重視一步一個腳印，「打高空」可以譁眾邀寵於一時，但「旁觀者清」，讀者中藏龍臥虎，那些不輕易表態的多是高人。高人一旦直言不隱，會使洋洋自得者現出原形。作品一旦公諸於世，一切後果都要由作者自己負責，這也是天經地義的事。

我寫作七十多年無功無祿，我因熬夜寫作頭暈住馬偕醫院一個星期也沒有人知道，更不像大陸的當代作家、詩人是有給制，有同教授的待過，而稿費、版稅都歸作者所有。依據民國九十八年一月十日「中國時報」A十四版「二〇〇八年中國作家富豪榜單」二十五名收入人民幣的數字統計，第一高的郭敬明一年是一千三百萬人民幣，第二名鄭淵潔是一千一百萬人民幣，第三名楊紅櫻是九百八十萬人民幣。最少的第二十五名的李西閩也有一百萬人民幣，以人民幣與台幣最近的匯率近一比四‧五而言，現在大陸作家一年的收入就如此之多，是我一九九〇年應邀訪問大陸四十天作文學之旅時所未想像到的，而現在的台灣作家與我年紀相近的二十年前即已停筆，原因之一是發表出版兩難，二是年齡太大了。民國九十八年(二〇〇九)以前就有張漱菡(本名欣禾)、尹雪曼、劉枋、王書川、艾雯、嚴友梅六位去世，嚴友梅還小我四、五歲，小我兩歲的小說家楊念慈則行動不便，鬍鬚相當長，可以賣老了。我托天佑，又自我節制，二十多年來吃全素，又未停止運動，也未停筆，最近在台北榮民總醫院驗血檢查，健康正常。我也有我的養生之道，每天吃枸杞子明目，吃南瓜子抑制攝護腺肥大，多走路、少坐車，伏案寫作四、五小時而不疲倦，此非一日之功。

民國九十八（二〇〇九）己丑，是我來台六十周年，這六十年來只搬過兩次家，第一次從左營搬到台北大直海軍眷舍，在那一大片天主教白色公墓之下，我原先不重視風水，也無錢自購住宅，想不到鄰居的子女有得神經病的，有在金門車禍死亡的，大人有坐牢的，有槍斃的，也有得神經病的，我退役養雞也賠光了過去稿費的積蓄，讀台大外文系的大兒子也生病，我則諸事不順，直到搬到大屯山下坐北朝南的兩層樓的獨門獨院自宅後，自然諸事順遂，我退休後更能安心寫作，遠離台北市區，真是「市遠無兼味，地僻客來稀。」同里鄰的多是市井小民，但治安很好，誰也不知道我是爬格子的，連警察先生也不光顧舍下，除了近十年常有人打電話來騙我，幸未上大當外，我安心過自己的生活。當年「移民潮」去不了美國的也會去加拿大，我是「美國人」的祖父，我不移民美國，更別說去加拿大了。娑婆世界無常，早年即移民美國的琦君（本名潘希真）、彭歌，最後還是回到台灣來了，這不能說台灣是「天堂」，以我的體驗而言是台北市氣候宜人，夏天三十四度以上的日子少，冬天十度以下的日子也很少，老年人更不能適應零度以下的氣溫，我只有冬天上大屯山、七星山頂才能見雪。有高血壓、心臟病的老人更不能適應。我不想做美國公民，做台灣平民六十多年，也沒有自卑感。

娑婆世界是一個無常的世界，天有不測風雲，人有旦夕禍福，老子早說過：「福兮禍所倚，禍兮福所伏。」禍福無門，唯人自招。我一生不起歪念，更不損人利己，與人爲善。雖常吃暗虧，只當作上了一課。這個花花世界是我學不完的大教室，萬丈紅塵其中也有黑洞，我心存善念，更不造文字孽，不投機取巧，不違背良知，蒼天自有公斷，我本著文學良心寫作，盡其在我而已，讀者是最好的裁判。

民國一〇〇年（二〇一一）辛卯七月二十九日下午六時二十三分於紅塵寄廬

1951 年墨人 31 歲與夫人曾麗春女士（30 歲）結婚十周年紀念合影於左營

墨人博士七十壽辰與夫人曾麗春女士合影。此照為大翻譯家、文學理論家黃文範先生所攝，並在照片背後題「南山北海惟仁者壽」。

民國二十九年（1940）作者墨人在江西南城戎裝照。

1939 年墨人即自戰時陪都四川重慶奉派至江西臨川王安石家鄉，第三戰區前線任軍事記者創辦軍報，提供抗日官兵精神食糧。時年 19 歲。

2010 年「五四」作者墨人 91 歲在花蓮和南寺家人合影

2003 年 8 月 26 日作者墨人（中）在含鄱口觀山景點與作者長女韻華、長子選翰、三女韻湘、二女韻真合影。

2005 年 2 月作者次子選良（右一）回台北與父（右二）及作者夫人（中）三女韻湘（左二）二女韻真（左一）合影。

作者墨人在書房留影，時年八十五歲。

《墨人博士大長篇小說〈紅塵〉法文譯本封面照片》

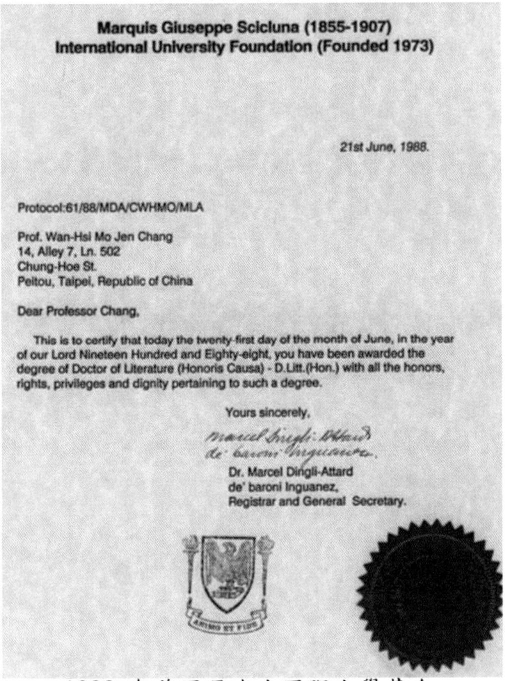

Marquis Giuseppe Scicluna (1855-1907)
International University Foundation (Founded 1973)

21st June, 1988.

Protocol:61/88/MDA/CWHMO/MLA

Prof. Wan-Hsi Mo Jen Chang
14, Alley 7, Ln. 502
Chung-Hoe St.
Peitou, Taipei, Republic of China

Dear Professor Chang,

This is to certify that today the twenty-first day of the month of June, in the year of our Lord Nineteen Hundred and Eighty-eight, you have been awarded the degree of Doctor of Literature (Honoris Causa) - D.Litt.(Hon.) with all the honors, rights, privileges and dignity pertaining to such a degree.

Yours sincerely,

Dr. Marcel Dingli-Attard
de' baroni Inguanez,
Registrar and General Secretary.

1988 年美國馬奎士國際大學基金會，授予張萬熙墨人教授榮譽文學博士學位證書。

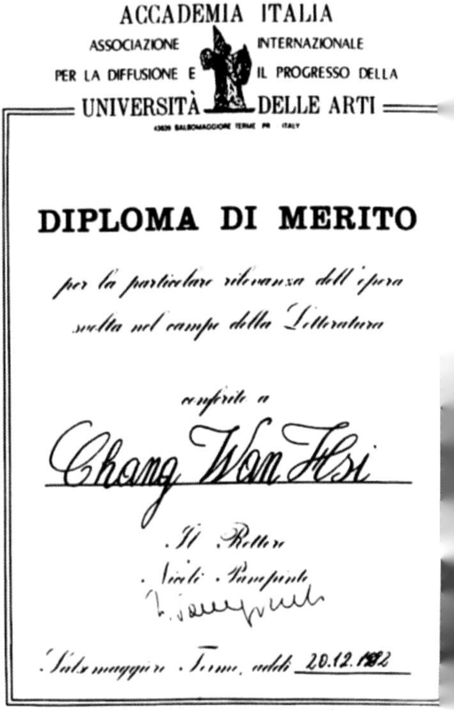

ACCADEMIA ITALIA
ASSOCIAZIONE INTERNAZIONALE
PER LA DIFFUSIONE E IL PROGRESSO DELLA
UNIVERSITÀ DELLE ARTI

DIPLOMA DI MERITO

per la particolare rilevanza dell'opera scelta nel campo della Letteratura

conferito a

Chang Wan Hsi

Il Rettore

Nicola Pampinato

Salsomaggiore Terme, addì 20.12.1982

義大利出版英、法、德、義四種文字的「國際文學史」的 ACCADEMIA ITALIA, 1982 年授予墨人的文學功績證書。

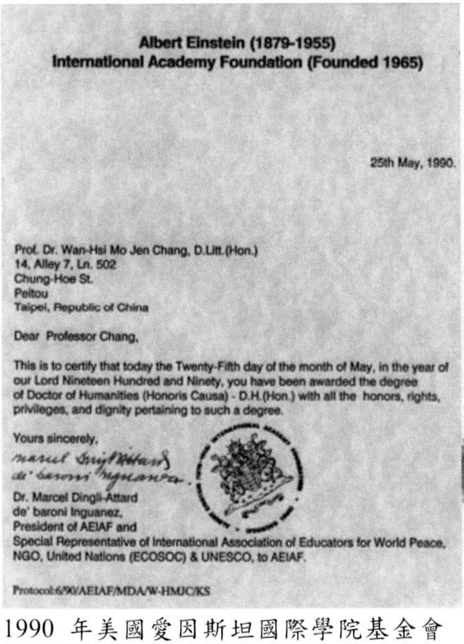

Albert Einstein (1879-1955)
International Academy Foundation (Founded 1965)

25th May, 1990.

Prof. Dr. Wan-Hsi Mo Jen Chang, D.Litt.(Hon.)
14, Alley 7, Ln. 502
Chung-Hoe St.
Peitou
Taipei, Republic of China

Dear Professor Chang,

This is to certify that today the Twenty-Fifth day of the month of May, in the year of our Lord Nineteen Hundred and Ninety, you have been awarded the degree of Doctor of Humanities (Honoris Causa) - D.H.(Hon.) with all the honors, rights, privileges, and dignity pertaining to such a degree.

Yours sincerely,

Dr. Marcel Dingli-Attard
de' baroni Inguanez,
President of AEIAF and
Special Representative of International Association of Educators for World Peace, NGO, United Nations (ECOSOC) & UNESCO, to AEIAF.

Protocol:6/90/AEIAF/MDA/W-HMJC/KS

1990 年美國愛因斯坦國際學院基金會授予張萬熙墨人教授榮譽人文學（含哲學文學藝術語言四種）博士學位

WORLD UNIVERSITY ROUNDTABLE
In Corporate Affiliation with the World University

Greetings

In recognition of Distinguished Achievement within the principle and purposes of the World University development, the Trustees of the Corporation, upon the nomination of the Secretariat, confer doctoral membership and this honorary award upon

Chang Wan-Hsi (Mo Jen)

The Cultural Doctorate in Literature

with all rights and privileges there to pertaining.

Witness our hand and seal at
International Secretariat
Regional Campus, Benson, Ar
April 17, 1989

President of the Board of Trustees
Secretary of the Board of Trustees

1989 年美國世界大學授予張萬熙墨人榮譽文學博士學位，文化大學創辦人張其昀（曉峰）先生亦獲此榮譽。

THIS
PICTORIAL
TESTIMONIAL
OF ACHIEVEMENT
AND DISTINCTION
proclaims throughout the world that
DR. CHANG WAN-HSI (MO JEN)
is the recipient of the above-mentioned Honour,
granted by the Board of Editors of the
2000 OUTSTANDING SCHOLARS
OF THE
20TH CENTURY
meeting in Cambridge, England, on the date set out below,
and that the Board also resolves that a portrait photograph of
DR. CHANG WAN-HSI (MO JEN)
be attached to this Testimonial as verification
of the Honour bestowed.
2000 OUTSTANDING SCHOLARS OF THE 20TH CENTURY
First Edition
Signed and sealed on the
14th December 1999
Authorized Officer

1999年10月張萬熙墨人博士榮登英國劍橋國際傳記中心《二十世二千位傑出學者》第一版證書。

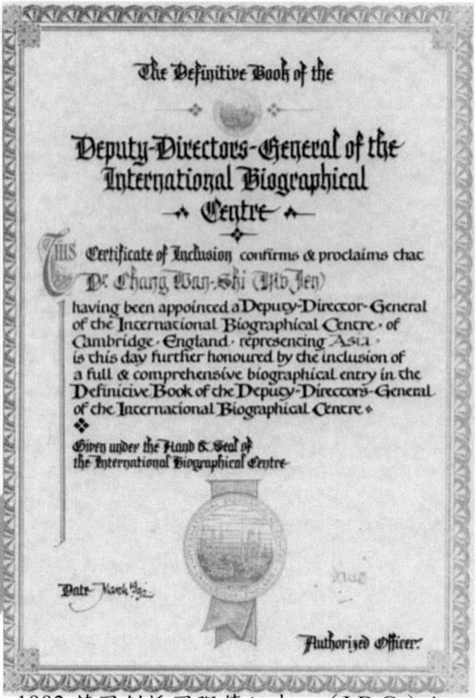
The Definitive Book of the
Deputy-Directors-General of the
International Biographical
Centre
THIS Certificate of Inclusion confirms & proclaims that
Dr Chang Wan-shi (Mo Jen)
having been appointed a Deputy-Director-General
of the International Biographical Centre of
Cambridge England representing Asia
is this day further honoured by the inclusion of
a full & comprehensive biographical entry in the
Definitive Book of the Deputy-Directors-General
of the International Biographical Centre
Given under the Hand & Seal of
the International Biographical Centre
Date
Authorized Officer

1992英國劍橋國際傳記中心（I.B.C.）任張萬熙墨人博士為代表亞洲的副總裁。

THE INTERNATIONAL
SHAKESPEARE
AWARD
FOR LITERARY ACHIEVEMENT
This Illuminated Certificate of Merit
commemorates and celebrates the life and work of
Dr. Chang Wan-Hsi (Mo Jen) DDG
and is therefore a rightful recipient of the
Shakespeare Award for Literary Achievement
and as such stands testament to the efforts made
by said individual in the arena of
Poetry, Novels and the Humanities
Witnessed on the date set out below by the Officers of the
International Biographical Centre at its Headquarters in
Cambridge, England and signed by the
Director General and Editor-In-Chief.
16th March 2009
Director General
Editor-In-Chief

2009年3月16日英國劍橋國傳記中心總裁與總編輯聯合授予張萬熙墨人博士國際莎士比亞文學成就獎。

International Biographical Centre Cambridge CB2 3QP England
Telephone: +44 (0) 1353 646600 Facsimile: +44 (0) 1353 646601

IBC

REF : LAA/MED/MW-13640

13 November 2002

Dr Chang Wan-Hsi (Mo Jen) DDG
14 Alley 7, Lane 502
Chung Ho Street
Peitou
Taipei
Taiwan

Dear Dr Chang

Please find enclosed the Medal in respect of the **Lifetime Achievement Award** which I hope meets with your approval.

Yours sincerely

MICHELLE WHITEHALL
Personal Assistant to the Director General

Enc

英國劍橋國傳記中心（I.B.C.）2002年頒發詩人作家張萬熙（墨人）博士終身成就獎，英文信及金牌正反面照片墨人早年即被I.B.C.推選為副總裁。

目次

《紅樓夢的寫作技巧》臺灣十二版定本序……〇〇九
前　言……〇一三
紅樓夢的寫作技巧……〇一七

附錄

論曹雪芹思想與《紅樓夢》的寫作技巧……墨　人　二七五
談《紅樓夢的寫作技巧》……墨　人　二九三
關於《紅樓夢的寫作技巧》……墨　人　三〇五
《張本紅樓夢》臺灣新版新詮……墨　人　三一一
《張本紅樓夢》大陸版原序……墨　人　三二三

墨人的《紅樓夢》研究及其紅學觀…………………………………………陳　忠　三五九
為了更完美——墨人修訂、批註的《張本紅樓夢》推介與感言…………羅龍炎　三六七
墨人博士小傳（中英對照）………………………………………………………………三八一

《紅樓夢的寫作技巧》臺灣十二版定本序

北京已出兩版

《紅樓夢的寫作技巧》由臺灣商務印書館於民國五十五年十一月初版，至民國七十七年八月十版後，因該館欲取消《人文文庫》，不再出版，從此絕版。我自己也祇留了三本書，實在太出我意料之外，幸好北京文聯出版[redacted]公司於一九九三年四月出版了大陸版，我留了五本，這次昭明出版社又[redacted]出版，使這本頗為讀者重視的拙作，不致於湮沒。

兩岸的「紅學家」多如過江之鯽，[redacted]但都止於「考據」，始終沒有跳出胡適的考證圈圈。但《紅樓夢》是文學創作，考證甚麼？《紅樓夢索隱》裏認為《紅樓夢》是「全為清世祖與董鄂妃（小宛）而作，兼及當時諸名王奇女」。《石頭記索隱》中又說《紅樓夢》是「全為清康熙朝的政治小說」。書中「紅」字是隱「朱」字，「朱」者「明」也。還有人主張《紅樓夢》記的是納蘭成德的事。其他考據家亦眾說紛紜，穿鑿附會，真不知文學創作為何物？為何事？幸好曹雪芹早有先見之明，他在《紅樓夢》第一回就寫了一首五絕：

滿紙荒唐言，一把辛酸淚。
都云作者癡，誰解其中味？

他早知道後人不懂他書中的主題是甚麼？思想境界如何？會瞎子摸象。事實上比摸象更糟。海內外、兩岸一直大張旗鼓地不斷開《紅樓夢》研討會，研討來，研討去，還是在考據方面兜圈子，徒然浪費時間、金錢、精力。我不是「紅學家」，敬謝不敏，從未參與盛會。

為了使文學歸於文學，好好地繼承這部寶貴的文學遺產，所以我早在民國五十五年（一九六六），就寫了《紅樓夢的寫作技巧》這本書。隨後又修訂、批註了《紅樓夢》，定名為《張本紅樓夢》，與《程乙本紅樓夢》有所區別，以示負責。

《張本紅樓夢》因臺灣出版界流行輕、薄、短、小的商品文學作品，遲遲不能出版，幸好我不是短命鬼，到一九九五年十二月，終於由大陸湖南出版社出版了上下兩冊精裝本一萬一千套，很快就銷售一空。但我對我的兩萬字序文漏掉六百字，而且錯字很多，非常遺憾，所以不同意再版。這次「昭明」將這兩本書先後出版，我又特別將《張本紅樓夢》仔細校正、補充，自然補上序文六百字，又增修第七回、第八回回目，補充原來四百七十二條批註中的一些文字，還增加了一〇一條批註，總共五百七十三條批註，其他如人物年齡的修正等等，不必再說，這兩本書出版後，讀者可以參照來看，對《紅樓夢》這部文學遺產，就可以順利繼承。我也算完了我一份心願，也許若干年後，會出現第二個曹雪芹，第二部《紅樓夢》，甚至更好的作家作品呢！阿彌陀佛！

雖然廣州暨南大學教授潘亞暾先生在〈凌雲健筆意縱橫——民族浩劫的偉大史詩《紅塵》讀後〉一文中曾說：「墨人早生二百年，也未必寫出《紅樓夢》，曹雪芹晚生二百年，就肯定寫不出《紅樓夢》！」但我未敢以此自滿。我推崇曹雪芹的話說得比誰都多。好在拙作《紅塵》即將由昭明出版社出版定本，希望有更多的讀者、學者、專家，以比較文學的眼光來看拙作。我個人認為「江山代有才人出」，雖然曹雪芹去世兩百多年來，我還未發現第二個曹雪芹，但我仍未絕望。

民國八十八年（一九九九）己卯十二月二十六日，於北投紅塵寄廬中華古典詩詞研究所

民國八十九年（二〇〇〇）庚辰五月三十日，校正十二版定本

前言

在中國歷代中，以文學著名的如唐朝的詩、宋朝的詞、元朝的曲、都有其代表性。因此唐詩、宋詞、元曲，幾乎成為後人的口頭禪了。

明朝的小說，漸漸盛行，當時有四大奇書，即：《三國演義》、《西遊記》、《水滸傳》、《金瓶梅》。前三種都有成本，是改作而非創作，祇有《金瓶梅》是真正的創作。這是一部反映明朝社會腐敗，生活糜爛的寫實小說，故事曲折多變，人物描寫極為成功，祇是男女之私過份暴露，因此被目為「淫書」，而目前坊間銷售的則經一再刪削，已非全豹。如欲研究其寫作技巧，則不妨閱讀原作。勞倫斯的《查泰萊夫人的情人》實不如其包羅萬象。在人性的刻畫方面，《金瓶梅》尤其深入。

但是明朝還不能稱為一個小說的朝代，因為創作不多，清朝纔真正是一個小說的朝代，《紅樓夢》、《儒林外史》、《浮生六記》、《聊齋誌異》，都是不朽的創作，足可以作為這一代文學的代表。

民國以來，進入新文學時代，詩廢平仄，小說鄙薄章回。幾乎全盤西化，甚至月亮是外國的圓，對於自己的寶藏，則不屑一顧。我們這一時代的創作，成敗如何？將來自有後人論斷。毋須我置喙，因為後代人總比當代人客觀。

曹雪芹的《紅樓夢》，經過兩百年來時間浪潮的沖擊，不但沒有被淹沒，反而光芒四射，是舉世公認的一部傑作。無人可以推翻。考證《紅樓夢》的學者很多，但正如胡適博士所說：「他們並不曾做《紅樓夢》的考證，其實是做了許多《紅樓夢》的附會。」就是胡適博士自己，也祇找出「作者」和「本子」兩個答案。他自己也說：「我的許多結論也許有錯誤的——自從我第一次發表這篇〈考證〉以來，我已經改了無數大錯誤，也許有將來發現新證據後即須改正的。」而胡先生死後，《聯合報》曾經發表過一篇文章，有了新證據，說《紅樓夢》後四十回是曹雪芹寫的，祇是他死時無以為殮，他的續絃夫人把原稿當紙錢散掉，經他的友人收檢拼湊起來（大意）。我沒有保存那份報紙，不能一句一句引證原作。五十五年（一九六六）三月二十八日，各報刊載中央社林語堂先生特稿〈說高鶚手定的紅樓夢稿〉，這篇稿子是根據《乾隆抄本百二十回紅樓夢稿》寫的。林先生看見高鶚改稿補輯的實在情形，他從高鶚手定本得到六點結論，第一點就說高鶚不是「寫」而是「補」，高鶚有一百二十回《紅樓夢》的抄本作依據。如以我個人的淺見而論，《紅樓夢》成於曹雪芹一人之手也比較合理，別人續寫，在文字上和作品風格上決難做到這種地步。即使同一位作家，早期作品和晚年作品在風格上往往大不相同，何況是兩人寫一部作品？高鶚的修補潤飾《抄本》，不僅是合理的說法，而且有新證據了。但《紅樓夢》的作者是誰?我認為沒有太大的關係，曹雪芹也好，高鶚也好，甚至張三、李四都行，而最重要的是《紅樓夢》是一部空前傑作這一事實。從創作觀點來講，考證《紅樓夢》的版本以及作者的身世，遠不如發掘《紅樓夢》的寫作技巧與曹雪芹的思想境界有益。至於「收羅許多不相干的零碎史實來附會《紅樓夢》裏的情節」，那是吃飽了飯沒有事做，《紅樓夢》的作者如死而有知，是會啼笑皆非的。

我生於「五四」運動次年，新文學對我的影響不可謂不深，自己學習塗鴉也已六十年，所讀過的中外小說名著，沒有一本有《紅樓夢》這樣令我傾倒。少年時讀它是一種滋味，青年時讀它是一種滋味，中年時讀它又是一種滋味。多讀一遍多有一點進益，百讀不厭的祇有這一本書。曹雪芹的寫作技巧值得我們學的地方太多太多。但是這樣一本上百萬字，五百位人物的鉅著，真是「一部二十四史，不知從何說起」。為了避免籠統含混，而使層次分明，還是逐回順序探討比較好，像掘寶一樣，逐步掘下去，最後再作一個總結。曹雪芹究竟花了多少心血?《紅樓夢》高明在那裏?讀者可見梗概。如果我所掘的太少，希望有人繼續發掘，《紅樓夢》是文學的寶藏，一兩人掘不光，它像金子一樣，會愈磨愈亮。

在這裏我要特別聲明一下：我是一個從事創作的人，一切觀點都從創作出發，不遵循那一宗派的理論，更不會借人家的帽子戴在曹雪芹的頭上，因此這不是專門引經據典的文章，祇是我從少年到現在，先後讀《紅樓夢》五、六遍的一點心得。在執筆的時候，每一回我都讀兩遍，愈讀愈有味，我纔把不能自己的感受和拙見寫下來。任何西洋名著，我都沒有讀兩遍的興趣，「五嶽歸來不看山」，這是《紅樓夢》給我對小說的認識。也許是我作為一個中國人的偏見？

民國五十五年（一九六六）八月，於臺北大直

民國八十九年（二〇〇〇）五月三十一日，校正十二版定本

紅樓夢的寫作技巧

一　滿紙荒唐言　一把辛酸淚

很多小說，都有作者置身其間，《紅樓夢》更是曹雪芹夫子自道。看的人流過不少眼淚，可見他自己更是以血淚寫成。但是他自己能退一步，而且故弄玄虛，利用女媧氏煉石補天神話，以青埂峰下的一塊頑石，編出撲朔迷離的故事，「將真事隱去」。寫這種自傳性質的小說，作者都想走到前臺，最難得的是退到後臺；而曹雪芹是故意退到後臺，不但第一回開場白躲躲藏藏，以後的正文寫來更非常客觀，沒有將賈寶玉寫成正人君子，還他本來面目。《紅樓夢》之所以感人，之所以如此成功，全在作者此一置身事外的寫法。一般讀者可能認為第一回荒唐無稽，殊不知作者在這一回裏費了不少心血。小說開頭很難，《紅樓夢》如此開頭，曹雪芹用心良苦。如仔細推尋，也不難發現蛛絲馬跡：「……我這半世親見親聞的幾個女子，雖不敢說強似前代書中所有之人，但觀其事蹟原委，亦可消愁破悶；至於幾首歪詩，亦可噴飯供酒。其間離合悲歡，興衰際遇，俱是按跡尋蹤，不敢稍加穿鑿，至失其真。……」這那裏是石頭說的話？明明是作者的自白。他託詞於悼紅軒中披閱《石頭記》十載，題金陵十二釵一絕：「滿紙荒唐言，一把辛酸淚。都云作者癡，誰解其中味？」更是傷心人語了。

這一回裏的甄士隱和賈雨村是兩個虛構的人物，「甄士隱」即「真事隱」的諧音，賈雨村即「假語村言」之意，《紅樓夢》由他們兩人開場，亦由他們兩人結束。在《紅樓夢》裏他們算不得甚麼重要人物，卻是故事的樞紐。曹雪芹寥寥幾筆，即把賈雨村刻畫出來：

那甄家丫鬟擷了花兒，方欲走時，猛抬頭見窗門內有人，敝巾舊服，雖是貧窘，然生得腰圓背厚，面闊口方。更兼劍眉星眼，直鼻方腮。這丫鬟忙轉身迴避，心下自想：「這人生的這樣雄壯，卻又這樣襤褸？……想他必是主人常說的甚麼賈雨村了。……怪道又說他『必非久困之人！』……」（見第一回）

賈雨村也高吟：「玉在櫝中求善價，釵於奩內待時飛。」甄士隱慨贈白銀五十兩，冬衣兩套，讓他進京求取功名。這是曹雪芹的伏筆。以後賈雨村的攀龍附鳳，飛黃騰達，官僚主義作風，都有來頭。

二　女兒是水　男人是泥

賈雨村中了進士，作了縣太爺之後，不到一年，便被上司參了一本，說他「貌似有才，性實狡猾」。他丟官以後，將所積宦囊和家屬送回原籍安頓，自己擔風袖月，遊覽天下勝蹟。曹雪芹卻利用他牽出《紅樓夢》女主角林黛玉來。他作了林府的西席，黛玉的先生。這時黛玉五歲，作者彩筆祇輕輕一點，說她「生得聰明俊秀」，「年紀幼小，身體又弱」。同時利用賈雨村和京都舊識冷子興閒談，扯出榮國府，自然說到本書男主角賈寶玉。作者利用冷子興的嘴，說出寶玉的來歷和性格：

……說來更奇：一落胞胎，嘴裏便啣了一塊五彩晶瑩的玉來，還有許多字蹟！……那週歲時，政老爺試他將來的志，便將世上所有的東西擺了無數叫他抓，誰知他一概不取，伸手祇把那脂粉釵環抓來玩弄。那政老爺便不喜歡，說將來不過酒色之徒，因此便不甚愛惜。獨那太君還是命根子一般。……如今長了十來歲，雖然淘氣異常，但聰明乖覺，百個不及他一個。說起孩子話來也奇。他說：「女兒是水做的骨肉，男人是泥做的骨肉。我見了女兒便清爽，見了男人便覺濁臭逼人！」你看好笑不好笑，將來色鬼無疑了！（見第二回）

作者不直接描寫，說賈寶玉如何如何？祇從第三者口中道來，不但省力，而且效果極佳。

「女人是水做的骨肉，男人是泥做的骨肉……」是賈寶玉的名言，顯示他與眾不同之處，作者道前人所未道。賈寶玉這個人物的突出，在冷子興那些話裏可以概見。至於賈雨村口中的甄府學生，完全是襯托寶玉的寫法。作者常用此種筆法，以襯托男女主角。證之以後賈寶玉和甄寶玉見面的傷心失望，滔滔濁世，無一知己，以甄寶玉的庸俗，加強了賈寶玉的孤獨悲哀，曹雪芹安排這一個人物，看來無足輕重，其實最具匠心。

三　作者妙筆生花　寶黛破壁欲飛

曹雪芹在《紅樓夢》第二回裏利用賈雨村個人物，把林黛玉和賈寶玉聯繫起來。而且在第三回更利用賈雨村把林黛玉送到京都榮國府。

作者在寫榮國府之前卻先寫寧國府：

又行了半日，忽見街北蹲著兩個大石獅子，三間獸頭大門，門前列坐著十來個華冠麗服之人，正門不開，衹東西角門有人出入，正門之上有一匾，匾上大書「勅造寧國府」五個大字。（見第三回）

隨後纔寫林黛玉進榮國府：

又往西不遠，照樣也是三間大門，乃是榮國府，卻不進正門，祇由西角門而進。轎子抬著走了一箭之遠，將轉彎時，便歇了轎，後面的婆子也都下來了，另換了四個眉目秀潔的十七、八歲小廝來抬著轎子，眾婆子步下跟隨，至一垂花門前落下，眾小廝俱肅然退出，眾婆子上前打起轎簾，扶黛玉下了轎。黛玉扶著婆子的手，進了垂花門，西邊是超手遊廊，正中是穿堂，當地放著一個紫檀架子大理石屏風，小小三間廳房，廳後便是正房大院。正面五間上房，皆是雕梁畫棟。兩邊穿山遊廊書房，掛著各色鸚鵡、畫眉等鳥雀。臺階上坐著幾個穿紅著綠的丫頭……（見第三回）

寧國府祇寫外表，榮國府卻升堂入室。這一段文字寫出榮國府的氣派，和黛玉前呼後擁的聲勢。這種描寫重要而不累贅，可謂恰到好處。

黛玉是死了母親纔送進外婆家榮國府的。她一進房，「祇見兩人扶著一位鬢髮如銀的老母迎上來。」這不是別人，正是賈府的老祖宗賈母。她把黛玉摟入懷中，「心肝兒肉」叫著大哭起來。

賈府人多，作者並未記流水帳般地一一介紹，祇把迎春、探春、惜春三姐妹描寫了一下：

祇見三個奶媽並五、六個丫鬟擁著三位姑娘來了：第一個，肌膚微豐，身才合中，腮凝新荔，鼻膩鵝脂，溫柔沈默，觀之可親；第二個削肩細腰，長挑身才，鴨蛋臉兒，俊眼修眉，顧盼神飛，文彩精華，見之忘俗；第三個身量未足，形容尚小。其釵環裙襖，三人皆是一樣的裝束。（見第三回）

這三位姑娘，是十二金釵當中的人物，迎春、探春、惜春三姐妹份量不輕，所以作者費了這段筆墨，先給讀者一個印象。祇是沒有指名，看到後面讀者自然會知道作者所寫的是誰？王熙鳳在榮國府是炙手可熱的人物，在十二金釵當中，份量很重。作者對她又是一種寫法：

一語未了，祇聽後院中有笑語聲，說：「我來遲了，沒得迎接遠客！」黛玉思忖道：「這些人個個皆斂聲屏氣如此，這來者是誰，這樣放誕無禮。……」心下想時，祇見一群媳婦丫鬟擁著一個麗人從後房進來。這個人打扮與姑娘們不同：彩繡輝煌，恍若神妃仙子。頭上戴著金絲八寶攢珠髻，綰著朝陽五鳳掛珠釵，頭上戴著赤金盤螭瓔珞圈；身上穿著縷金百蝶穿花大紅雲緞窄褙襖，外罩五彩刻絲石青銀鼠褂；下著翡翠撒花洋縐裙。一雙丹鳳三角眼，兩彎柳葉掉梢眉，身量苗條，體格風騷。粉面含春威不露，丹唇未啟笑先聞。

黛玉連忙起身接見。賈母笑道：「你不認得他。他是我們這裏有名的一個『潑辣貨』，南京所謂『辣子』，你祇叫他鳳辣子就是了。」（見第三回）

曹雪芹的這段人物描寫，真是妙筆生花！不但把鳳姐的形象刻畫出來，鳳姐的性格也一針見血。作者不但精於醫理，從這段文字看來也深通星相學。丹鳳眼主貴，三角眼主陰險狠毒機詐。王熙鳳「一雙丹鳳三角眼」，加上「兩彎柳葉掉梢眉」，所以有媚有威。無怪乎「粉面含春威不露，丹唇未啟笑先聞」。她玩弄別人於股掌之上，作威作福，內行祇要看上那一段文字，就可見其餘了。曹雪芹的不凡，《紅樓夢》的不朽，從王熙鳳的出場就可見端倪。

我們再看王熙鳳的做表，更是一絕：

這熙鳳攜著黛玉的手，上下細細打量一回，便仍送至賈母身邊坐下，因笑道：「天下真有這樣標緻人兒！我今日總算看見了！況且這通身的氣派竟不像老祖宗的外孫女兒，竟是個嫡親的孫女兒似的。怨不得老祖宗天天嘴裏心裏放不下。——祇可鄰我這妹妹這樣命苦，怎麼姑媽偏就去世了呢？」說著，便用手帕拭淚。（見第三回）

這種動作，這種語言，如非王熙鳳，別人說不出來。怎麼也不能像她這樣面面周到恰到好處。

黛玉到舅母王夫人那邊去，作者又利用王夫人的嘴描寫寶玉：

我就祇一件不放心：我有一個孽根禍胎，是家裏的「混世魔王」，今日往廟裏還願去，尚未回來，晚上你看見就知道了。你以後總不用理會他，你這姐姐妹妹都不敢沾惹他的。……若姐妹們不理他，他倒還安靜些；若一旦姐妹們和他多說了一句話，他心上一喜，便生出許多事來……他嘴裏一時甜言蜜語，一時有天沒日，瘋瘋傻傻，衹休信他。（見第三回）

王夫人說的是寶玉的性格。及至寶玉正式出場，他在黛玉眼裏卻是這幅形相：

> 及至進來一看，卻是一位青年公子，頭上戴著束髮嵌寶紫金冠，齊眉勒著二龍戲珠金抹頭；一件黃色百蝶穿花大紅箭袖，束著五彩絲攢花結長穗宮絛，外罩石青起花八團倭緞排穗褂，登著青緞粉底小朝靴。面若中秋之月，色如春曉之花，鬢若刀裁，眉如墨畫，鼻如懸膽，睛若秋波。雖怒時而似笑，即瞋視而有情。項上金螭纓絡，又有一根五色絲絛，繫著一塊美玉。黛玉一見便吃一大驚，心中想道：「好生奇怪！倒像那裏見過的？何等眼熟？……」（見第三回）

寶玉的形相作者寫得清楚明白。黛玉一見便驚，倒像那裏見過的，是和第一回作者自編的頑石和絳珠仙草的神話呼應。作者心思綿密，想以此瞞過讀者，將真事隱去。

黛玉看寶玉是那個樣子，寶玉看黛玉又是怎樣呢？

寶玉早已看見了一個嫋嫋婷婷的女兒，便料定是林姑媽之女，忙來見禮。歸了座，細看時，真是與眾各別。祇見「兩彎似蹙非蹙籠煙眉，一雙似喜非喜含情目。態生兩靨之愁，嬌襲一身之病。淚光點點，嬌喘微微。閒靜似嬌花照月，行動如弱柳扶風。心較比干多一竅，病如西子勝三分。」（見第三回）

黛玉在迎春、探春姐妹等人眼裏和鳳姐嘴裏祇是一個籠統的印象，在寶玉眼裏卻眉是眉，眼是眼，聲，色，形態，個別形容出來，表現寶玉是有心人，看得比別人仔細真切，這種地方可見作者的匠心。而寶玉說：「這個妹妹，我曾見過的。」以及：「雖沒見過，卻看著面善，心裏倒像是舊相認識，恍若遠別重逢的一般。」這不但是呼應，也正是表現寶玉和黛玉兩人一見如故，一見傾心。

寶黛相會，好戲開場，整部《紅樓夢》從此熱鬧了。

四　金玉良緣終身誤　高士晶瑩寂寞林

薛寶釵緊接著黛玉進入榮國府。她是因為哥哥薛蟠打死了人，得賈雨村徇情枉法，曲意庇護，和母親家人投奔姨母王夫人來。她進榮國府沒有林黛玉那種排場，曹雪芹祇三言兩語帶過。但是作者卻利用她製造了三角，因而以後波濤起伏，乃至送了林黛玉的性命，賺了讀者無數的眼淚。薛寶釵平平淡淡進入榮國府，卻伏下了《紅樓夢》成功的最大因素。如果薛寶釵不緊接著林黛玉來到賈家，或者根本不來賈家，《紅樓夢》必然改觀。

本來黛玉來到外婆家後，和表哥寶玉「日則同行同坐，夜則同止同息，真是言和意順，似膠如漆」。沒想到會來一個薛寶釵！

薛寶釵是怎樣的人呢？且看作者描寫：

> 年紀雖然不多，然品格端方，容貌美麗，人人都說黛玉不及。那時薛寶釵卻又行為豁達，隨分從時，不比黛玉孤高自許，目下無塵，故深得下人之心；就是小丫頭們，亦多和寶釵親近。因此黛玉心中便有些不忿，寶釵卻是渾然不覺。（見第五回）

薛寶釵的個性和林黛玉完全不同，正是林黛玉的剋星。從此作者也就更有文章好寫了。

第五回作者寫「賈寶玉神遊太虛境，警幻仙曲演《紅樓夢》」，實際關係整個《紅樓夢》的結構。在這一回裏我們不難看出曹雪芹的腹稿。如寶玉看《金陵十二釵又副冊》，見後面畫著一簇鮮花，一床破蓆，也有幾句言詞寫道是：「枉自溫柔和順，空云似桂如蘭，堪羨優伶有福，可歎公子無緣。」這分明是指襲人。襲人是寶玉的貼身丫鬟，寶玉曾和她初試雲雨情，更非旁人可比。寶玉出家後她嫁給戲子蔣玉函，作者早有安排，故首尾呼應，十分明白。又如〈終身誤〉：

都道是金玉良緣，俺祇念木石前盟。空對著山中高士晶瑩雪，終不忘世外仙姝寂寞林。歎人間，美中不足今方信：縱然是舉案齊眉，到底意難平。（見第五回）

這又分明是指出賈寶玉、薛寶釵、林黛玉的三角關係和結局，而賈寶玉祇念「木石前盟」，和不忘世外仙姝寂寞「林」，因此縱然和薛寶釵舉案齊眉，到底意難平。這首〈終身誤〉是支撐《紅樓夢》的骨幹，是曹雪芹的腹稿，因此後四十回《紅樓夢》也是曹雪芹的手筆，於此更信而有徵。「飛鳥各投林」內亦有「看破的，遁入空門」之句，不正是暗示賈寶玉與薛寶釵結婚後出家嗎?曹雪芹對於整個《紅樓夢》的佈局，最少在第五回已經完全確定了，何須別人來續?其所以牽涉高鶚，可能是後四十回最後完成，流傳較遲，加之死時無以為殮，遺稿當紙錢散發，由友人與高鶚收集整理，恢復完璧，此說最合情理。若謂是高鶚續寫的，則稍知創作甘苦者，決不輕信。尤其是長篇，在動筆之前，如何開頭，如何結尾，早已想好，儘管中間的情節可以變動穿插，但不影響大局。高明如曹雪芹，又是寫自己的故事，自然成竹在胸，更非虛構者可比。《紅樓夢》結構的嚴密，曹雪芹思想的細緻，於此可以概見，別人無能為力。胡博士雖用心考據，也幫不了曹雪芹這個大忙。

在第五回中作者又寫出一位「生得嬝娜纖巧，行事又溫柔和平」的女性秦可卿來。同時也點出寶玉的性格行為。他見了「世事洞明皆學問，人情練達即文章」的對聯，便不想在室宇精美，鋪陳華麗的房間睡覺，而要到姪媳婦秦可卿房裏去睡，一個嬤嬤說：「那裏有個叔叔往姪兒媳婦房間睡覺的禮呢！」秦氏笑道：「不怕他惱，他能多大了，就忌諱這些……」這是秦可卿解嘲。寶玉剛到秦氏房中，聞到一股細細的甜香，寶玉便眼餳骨軟，連說：「好香！」看到《海棠春睡圖》和「嫩寒鎖夢因春冷，芳氣襲人是酒香」的對聯等等，又含笑說：「這裏好！這裏好！」他根本不管甚麼叔叔姪媳婦兒的禮數了，而他恍恍惚惚，依著警幻仙子所囑，與可卿作起兒女之事，次日還難解難分。這件事似幻似真。或者是作者礙於名教，不願振筆直書，故意替他們披起一層輕紗（後來焦大大罵山門：「爬灰的爬灰，養小叔子的養小叔子。」還不是指的這些事）。但賈寶玉的癖性，又被作者烘托出來。秦可卿叫小丫鬟們好生在簷下看著貓兒打架，和我這屋子大約神仙也可以住得了的話，十分俏皮傳神。曹雪芹真的舉重若輕。

五　劉姥姥攀龍附鳳　王熙鳳八面玲瓏

榮國府上下三百餘口人，即使是丫頭小廝，也沾染了一點富貴氣、書卷氣。曹雪芹寫公子、小姐們的言談舉止，風流韻事，固然無人能及。他寫久經風霜的村婦劉姥姥，也是一絕。從字裏行間我們就可以聞出一股土氣，混合著幾分狡黠。

劉姥姥靠女兒女婿過活，女婿是破落戶。秋盡冬初，家中各事未辦，女婿狗兒心中煩躁，吃了幾杯悶酒閒著氣惱，劉姥姥勸他：

姑爺，你別瞋著我多嘴，偺們村莊人家兒，那個不是老老實實守著多大盌兒吃多大的飯呢？你皆因年小時候，託著老子娘的福，吃喝慣了，如今所以有了錢，就顧頭不顧尾，沒了錢就瞎生氣，成了甚麼男子漢大丈夫了！如今偺們雖離城住著，終是天子腳下。這長安（作者偽託）城中，遍地皆是錢，祇可惜沒人去拿罷了！在家跳蹋也沒有用。（見第六回）

於是她替女婿想到二十年前聯過宗的王家，榮國府的王夫人。「祇要他發點好心，拔根寒毛，比偺們的腰還壯呢！」

她帶著外孫板兒轉彎抹角地來榮國府求見王夫人。聽周瑞家的說王夫人不理事，是王熙鳳當家，她忙問道：

「原來是他？怪道呢？我當日就說他不錯，這麼說起來，我今兒還得見他了？」劉姥姥這幾句話多麼圓滑世故？

曹雪芹又借周瑞家的嘴，把王熙鳳刻畫一番：

嗐！我的姥姥，告訴不得你了，這鳳姑年紀兒雖小，行事兒比男人都大呢。如今出挑的美人兒似的，少說著祇怕有一萬個心眼子，再要賭口齒，十個會說的男人也說不過他呢！回來你見了，就知道了——就祇一件，待下人未免太嚴些兒。（見第六回）

作者這麼幾句話，就把王熙鳳寫活。周瑞家說話的口氣又多傳神。劉姥姥和板兒被帶上王熙鳳的正房臺階，「小丫頭打起猩紅氈簾，繞入堂屋，衹聞一陣香撲了臉來，竟不知是何氣味，身子就像在雲端裏一般，滿屋的東西都是耀眼爭光，使人頭暈眼眩。劉姥姥來此時衹點頭咂嘴念佛而已」。及至

聽見「咯噹咯噹」的響聲，很似打鑼篩麵的一般，不免東瞧西望的，忽見堂屋中柱子掛著一個匣子，底下又墜著一個秤鉈似的，卻不住地亂晃，劉姥姥心中想著：「這是甚麼東西？……有煞用處呢？……」正發獃時，陡聽得噹的一聲，又若金鐘銅磬一般，倒嚇得不住的展眼兒。（見第六回）

一個鄉下的老太婆的神態，就活靈活現了。這就是劉姥姥。讀者決不會誤為賈母的。《紅樓夢》裏這麼多人物。曹雪芹就能把他們區分出來，而且擴大彼此間的差異，最見功夫。接著作者又給我們看鳳姐的聲勢氣派：

衹見小丫頭們一齊亂跑，說：「奶奶下來了。」平兒和周瑞家的忙起身說：「姥姥衹管坐著，等是時候兒，我們來請你……劉姥姥衹屏聲側耳默候。衹聽遠遠有人笑聲，約有一二十個婦人，衣裙窸窣……衹見門外銅鉤上懸著一個大紅灑花軟簾，南窗下是炕，炕上大紅條

氈，靠東邊板壁立著一個鎖子錦靠背和一個引枕，鋪著金線閃的大坐褥，旁邊有銀唾盒。那鳳姐家常帶著紫貂昭君套，圍著那攢珠勒子，穿著桃紅灑花襖，石青刻絲灰鼠披風，大紅洋縐銀鼠皮裙；粉光脂艷，端端正正坐在那裏；手內拿著小銅火箸兒撥著手爐內的灰。平兒站在炕沿邊，捧著小小的一個填漆茶盤，盤內一個小蓋鍾兒。鳳姐也不接茶，也不抬頭，祇管撥那灰，慢慢的道：「怎麼還不請進來？」一面說，一面抬身要茶時，祇見周瑞家的已帶了兩個人立在面前了。這纔忙欲起身，滿面春風地問好，又嗔著周瑞家的：「怎麼不早說！」劉姥姥已在地下拜了幾拜，問姑奶奶安。（見第六回）

這是何等聲勢與氣派？一聲：「奶奶下來了！」小丫頭們一齊亂跑，就顯出王熙鳳先聲奪人。那種擺設，那一身服飾，無一不充滿富貴氣。連痰盒也是銀的。而她端端正正地坐著，就顯出貴婦的威嚴，用小銅火箸撥手爐內的灰，也不接茶，也不抬頭，正顯著鎮定從容和大架子。慢慢的問：「怎麼還不請進來？」以及嗔著周瑞家的：「怎麼不早說！」這是故意做作而又多麼靈活，多少透著幾分威風和手腕。王熙鳳接見劉姥姥和迎接林黛玉完全是兩副嘴臉，兩種態度，曹雪芹寫得真絕！不但村婦劉姥姥和貴婦王熙鳳截然不同，同一個王熙鳳在不同的時間場合，應付不同的人事，態度也截然不同。如此曹雪芹怎麼不叫人佩服？

王熙鳳和劉姥姥兩人見面的幾句平常話也非常切合雙方的身份，恰到好處。請看：

鳳姐笑道：「親戚們不大走動，都疏遠了。知道的呢，說你們嫌棄我們，不肯常來；不知道的那起小人，還衹說我們眼裏沒人似的。」劉姥姥忙念佛道：「我們家道艱難，走不起，來到這裏，沒的給姑奶奶打嘴，就是管家爺們瞧著也不像。」鳳姐笑道：「這話沒的叫人惡心；不過托賴著祖父的虛名，作個窮官兒罷咧。誰家有甚麼？不過也是個空架子，俗語說的好：『朝廷還有三門子窮親呢。』何況你我？」（見第六回）

劉姥姥固然是個老世故，鳳姐的話又包涵多大的人情世故？說來不亢不卑，真的恰到好處。作者處理人物，要方就方，要圓就圓，而且不著斧鑿痕跡。

這時東府裏的賈蓉來向鳳姐借玻璃炕屏。賈蓉就是秦可卿的丈夫，比鳳姐晚一輩，年齡卻衹比鳳姐小一兩歲，生得面目清秀，身段苗條。鳳姐故意不借，說：「你來遲了，昨晚已經給了人了。」賈蓉笑嘻嘻的在炕沿上下個半跪，道：「嬸子要不借，我父親又說我不會說話了，又要挨一頓好打，好嬸子，祇當可憐我吧！……」鳳姐無奈，祇好照借，但是擺起嬸嬸的架子對賈蓉說：「碰壞一點兒，你可仔細你的皮！」賈蓉喜的眉開眼笑，親自拿去。鳳姐想起一件事，便向窗外叫：「蓉兒，回來。」賈蓉忙回來，滿臉笑容地瞅著鳳姐，鳳姐衹管慢慢吃茶，出了半日神，忽然把臉一紅，笑道：「罷了，你先去罷。晚飯後，你來再說罷。……」賈蓉答個「是」，抿著嘴兒一笑，方慢慢退去。

這裏的鳳姐又是一副神態。他們這一對嬸姪，眉眼之間也非比尋常。作者在字裏行間透露一點消息，而且不止這一處，寫得非常細膩。

劉姥姥這個老世故見了鳳姐拍了馬屁自然不虛此行，得了二十兩銀子，千恩萬謝。周瑞家的還埋怨他見鳳姐不會說話，不該開口「你姪兒」的。劉姥姥笑道：

「我的嫂子，我見了他，心眼兒愛還愛不過來，那裏還說的上話來！」

一個鄉下老太婆，和侯門炙手可熱的貴婦，這兩個貧富懸殊，社會地位完全不同的人物的初次會見，曹雪芹寫得有聲有色，不同凡響，這裏面包涵了多大的學問世故？

六　焦大劉姥姥異曲同工　賈蓉王熙鳳灰頭土臉

《紅樓夢》裏的許多人物，焦大算不了甚麼。但他和劉姥姥一樣可愛。作者處理這兩個上不了檯面的人物，有異曲同工之妙。在第七回裏曹雪芹祇以極少的筆墨，把焦大這個人物寫得非常突出，這是再經濟沒有的手法。

焦大從小跟著太爺出過三四回兵，從死人堆裏把太爺揹出來，救了主子的命。自己挨著餓，卻偷東西給主子吃。兩日沒水，得了半盌水給主子喝，自己喝馬尿。算得是一個忠僕。可是他對於賈府的後人卻看不順眼。這天他喝了酒，天黑，寧國府大總管賴二派他送秦鐘回去，他就大罵賴二：

> 不公道，欺軟怕硬！有好差使，派了別人；這樣黑更半夜送人就派我！沒良心的忘八羔子！瞎充管家！你也不想想，焦大太爺蹺起一隻腿，比你的頭還高些！二十年頭裏的焦大太爺眼裏有誰，別說你們這一把子的雜種們！

焦大正罵到興頭上，賈蓉送鳳姐的車出來，便罵了幾句，叫人：「綑起來，等明日酒醒了，再問他尋死不尋死！」

焦大反而大叫起來，趕著賈蓉叫：

> 蓉哥兒，你別在焦大眼前使主子性兒！……不是焦大一個人，你們做官兒，享榮華、受富貴！你祖宗九死一生掙下這個家業，到如今，不報我的恩，反和我充起主子來了！不和我說別的還可！再說別的，偺們白刀子進去，紅刀子出來！

鳳姐自然不容這個「沒王法的東西」，指使賈蓉打發他，於是眾人把他揪翻綑倒，拖往馬圈裏去。焦大亂嚷亂叫，說要往祠堂裏哭太爺去。

> 那裏承望到如今生下這些畜生來！每日偷雞戲狗，爬灰的爬灰，養小叔子的養小叔子，我甚麼不知道！偺們「胳膊折了，往袖子裏藏」！

眾小廝用土和馬糞滿滿地填了他一嘴。鳳姐和賈蓉都裝作沒有聽見。偏偏寶玉這個寶貝還問鳳姐：

「姐姐，你聽他說『爬灰的爬灰』這是甚麼話？」

鳳姐連忙喝道：

「少胡說，那是醉漢嘴裏胡唚！你是甚麼樣的人，不說沒聽見，還倒細問！等我回了太太，看是搥不搥你！」（見第七回）

像賈府這麼個煊赫的大家庭，自然有些見不得人的事。也祇有焦大這樣的老僕纔知道底細。曹雪芹安排了焦大這個人物，其妙無比。像王熙鳳那樣的主子也被罵得灰頭土臉。而賈寶玉的那一問更使人噴飯！曹雪芹實在幽默！

七　金玉良緣成話柄　手爐冷酒見機心

寶玉有個「寶玉」，薛寶釵也有個金鎖，曹雪芹製造了寶玉、黛玉、寶釵三角關係，又巧妙地在寶釵身上安排這個金鎖，寶釵本來會結人緣，有了這個金鎖，在形勢上又佔了上風。

寶釵看見寶玉項上掛著的那個「寶玉」因笑說道：

成日家說你的這塊玉，究竟未曾仔細的賞鑑過，我今兒倒要瞧瞧。

寶玉摘下來遞在寶釵手內，寶釵看畢，又重新翻過正面來細看，口裏念道：「莫失莫忘，仙壽恒昌。」念了兩遍。她的丫環鶯兒嘻嘻地笑道：

我聽這兩句話倒像姑娘項圈上的兩句話是一對兒。

鶯兒的這句話，作用很大。寶玉聽了自然要看。寶釵被他纏不過，解開了排釦。從裏面大紅襖兒上將那珠寶晶瑩黃金燦爛的瓔珞摘出來。寶玉忙托著手看時，果然一面有四個字，兩面有八個字。兩人正談話時，林黛玉來了。

曹雪芹安排林黛玉在這時竄進來，很巧、很妙。

而林黛玉搖搖擺擺地進來，一見寶玉便笑道：

「哎喲！我來的不巧了！」

這句話說得又俏皮又刁鑽，而且帶一點醋味，傳神之至，妙到毫巔。黛玉是個可人兒，作者更是解人。

天在下雪，薛姨媽把自己糟的鵝掌給寶玉嚐，寶玉想喝酒，薛姨媽命人灌上等酒來。寶玉愛喝冷的，寶釵笑道：

寶兄弟，虧你每日家雜學旁收的！難道就不知道酒性最熱，要熱吃下去，發散的就快；要冷吃下去，便凝結在內，拿五臟去暖去他，豈不受害？從此還不改了呢。快別吃那冷的了。

這是寶釵的關切，寶玉聽這話有理，放下冷的，令人燙來方飲。「黛玉磕著瓜子兒，祇抿著嘴兒笑。」作者祇這麼兩筆，就把黛玉的心理神情完全表現出來。可是作者還更進一步的描寫黛玉的心理：

可巧黛玉的丫鬟雪雁走來給黛玉送小手爐兒。黛玉因笑問他，說：「誰叫你送來的？難為他費心，那裏就冷死我了呢？」雪雁道：「紫鵑姐姐怕姑娘冷，叫我送來的。」黛玉接了，抱在懷中，笑道：「也虧了你，倒聽他的話！我平日和你說的，全當耳邊風；怎麼他說了你就依，比聖旨還快呢！」

黛玉的俏皮、刁鑽、醋意，小心眼兒，在那幾句話中表露無遺。

寶玉呢？祇嘻嘻的笑了一陣。

寶釵呢？素知黛玉如此慣了的，也不理他。

這時寶玉已經三杯酒下肚，他的奶媽李嬤嬤上來阻攔，寶玉還要吃兩杯，李嬤嬤道：

「你可仔細！今兒老爺在家，提防著問你的書！」

寶玉聽了此話，便心中大不悅，慢慢地放下酒，垂了頭。黛玉忙說道：

「別掃大家的興。舅舅若叫，祇說姨媽這裏留了你。——這媽媽他又該拿我們來醒脾了！」一面悄悄的推寶玉，叫他賭賭氣，一面咕噥說：「別理那老貨！偺們祇管樂偺們的。」那李媽素知黛玉的為人，說道：

「林姐兒，你別助著他了，你要勸他，祇怕他還聽些。」

黛玉冷笑道：

「我為甚麼助著他，我也不犯著勸他。你這媽媽太小心了。往常老太太又給他酒吃，如今在姨媽這裏多吃了一口，想來也不妨事。——必定姨媽這裏是外人，不當在這裏吃，也未可知！」

李嬤嬤聽了，又是急，又是笑，說道：

「真真這林姐兒說出一句話來比刀子還利害！」

寶釵也忍不住，笑著把黛玉腮上一擰，說道：

「真真的，這個顰丫頭一張嘴、叫人恨又不是，喜歡又不是！」（見第八回）

曹雪芹這段文字把林黛玉寫活了！而李嬤嬤的口氣和薛寶釵的口氣又不相同，寫人物寫到這種地步，纔見功夫。

八　說話咳嗽成口角　硯臺竹枝滿堂飛

寶玉在家成天在脂粉隊裏廝混，姐姐妹妹的攪不清漿，上學後又不安份守禮，和秦可卿的弟弟秦鐘又打得火熱，他對秦鐘說過這樣的寶話：

「偺們兩個人，一樣的年紀，況又同窗，以後不必論叔姪，祇論兄弟朋友就是了。」

秦鐘靦腆溫柔，怯怯羞羞，有女兒之風。他們兩人又那麼親密，因此惹得背地裏你言我語，賈府子弟本來良莠不齊，再加親眷子弟，家塾裏自然魚龍混雜，更兼薛蟠這位太保，動了「龍陽」之興，假說上學，實際是來鬼混，和兩個生得「嫵媚風流」，外號「香憐」、「玉愛」的小學生沾上了。「學風」就可想而知。曹雪芹寫「鬧寫」也極其精彩。

「香憐」、「玉愛」對寶玉、秦鐘二人也有情意，巧在薛蟠三日打漁，兩日曬網，因此秦鐘常和「香憐」擠眉弄眼。一天老師賈代儒有事回家，學校的事交長孫賈瑞管理，賈瑞是個無行的人，自然沒有人怕他，秦鐘和香憐假出小恭，到後院說話，同學金榮跟了出來，在背後咳嗽一聲，這就惹出一場打鬧。

「你咳甚麼，難道不許我們說話不成？」香憐說。

「許你們說話，難道不許我們咳嗽不成？我祇問你們，有話不分明說，許你們這樣鬼鬼祟祟的！幹甚麼故事？我可也拿住了！還賴甚麼？先讓我抽個頭兒，偺們一聲不言語，不然，大家就翻起來！」這是金榮的回答。完全是太保搗蛋的學生的口氣，「先讓我抽個頭兒」尤其缺德，虧曹雪芹想得出來。

這樣鬧下去就愈扯愈多，牽連到別人身上。賈薔護著秦鐘，想挺身出來打抱不平，但礙於金榮、賈瑞和薛蟠蛇鼠一窩，投鼠忌器。於是挑撥寶玉的書童茗煙，茗煙便一頭進來找金榮：

「姓金的，你是甚麼東西？」隨即一把揪住金榮問：「我們肏屁股不肏，管你甚麼××相干？橫豎沒肏你爹罷了！說你好小子，出來動一動你茗大爺！」

這番話簡直令人噴飯，輕輕地勾畫出頑童僕從的嘴臉。接著是硯臺、竹板、門閂亂揮，一場混戰。

秦鐘頭上打去一層油皮。寶玉便命李貴：

「收書，拉馬來！我去回太爺去……」這又不是對姐姐妹妹們作小服低，話語纏綿的口氣了。

結果是金榮向秦鐘賠了不是，寶玉纔不吵鬧了。

第九回是《紅樓夢》裏一幕趣劇鬧劇，作者穿插得好，寫那時的學風和頑童的胡鬧，有聲有色。他不僅能寫韻事軟語，寫村話粗事也高人一等。

九　談興衰可卿示警　聞噩耗寶玉噴血

體態婀娜，性格風流，行事和順的秦可卿病了。這是寧國府的一件大事。她的病和死，曹雪芹費了不少筆墨。作者精於醫理，從醫生的把脈和處方看得出來。

寶玉跟鳳姐去探病，王夫人說了這麼一句話：「你看看就過來吧，那是姪兒媳婦呢。」這句話含意很深。

寶玉瞅著《海棠春睡圖》和「嫩寒鎖夢因春冷，芳氣襲人是酒香」的對聯，不覺想起太虛幻境的事來，正出神時，聽到秦可卿對鳳姐講了一些喪氣的話，便如萬箭穿心，眼淚也流了下來。

王夫人的話和這段描寫，都不簡單，作者分明暗示兩人情感非比尋常，後來寶玉在夢中聽說秦可卿死了，連忙翻身起來，心中似戳了一刀，哇的一聲，噴出一口血來。看到這裏，讀者應該恍然大悟了。作者的細心，前後照應，《紅樓夢》結構的嚴密，於此可見一斑。秦可卿臨死時於鳳姐睡夢中對鳳姐講的那番興衰的話，是作者暗示賈府的結局，又有關整個《紅樓夢》的結構。足見《紅樓夢》在曹雪芹心中醞釀了很久，完全成熟了以後纔動筆。所謂「於悼紅軒中披閱十載，增刪五次，纂成目錄，分出章回」，那指的是寫作的事了。這點也可以徵信他已經把《紅樓夢》寫完。

十　賈瑞色膽包天　熙鳳心狠手辣

在秦可卿的病和死之間，作者穿插了賈瑞和鳳姐的故事。秦可卿死得熱鬧哀榮。賈瑞卻死得十分窩囊。而這兩件事表現了鳳姐的能幹和陰狠。因為協理寧國府辦理喪事的是鳳姐，毒設相思局的也是鳳姐。作者簡直是以兩條人命來襯托鳳姐的能幹、陰狠。

王熙鳳一接管寧國府事，就針對寧國府五大弊端下手。

寧國府中都總管賴陞，聞知請了鳳姐，就傳齊同事人等說：

「如今請了西府裏璉二奶奶管理內事，倘或他來支取東西或是說話，小心伺候纔好。每日大家早來晚散，寧可辛苦這一個月，過後再歇息，別把老臉面扔了，那是個有名的烈貨，臉酸心硬，一時惱了，不認人的！」

這番話充分表現了鳳姐的「威」。平時她不管寧國府的事，一接管大家就戰戰競競了。她視事之日，先對賴陞媳婦來個下馬威。

「既託了我，我就說不得要討你們嫌了。我可比不得你們奶奶好性兒，諸事由得你們，再別說你們這府裏原是這樣的話，如今可要依著我行。錯我一點兒，管不得誰是有臉的，誰是沒臉的，一例清白處治。」

隨後她又吩咐丫鬟彩明唸「花名冊」，一個個叫進來看。再分配眾人工作，約法三章，又警告賴陞媳婦：

「你要徇情，叫我查出來，三、四輩子的老臉就顧不成了。」

後來一人遲到，他放下臉來，叫人拖出去打他二十板子！於是寧國府中人纔知道鳳姐的厲害。他做事講話是那麼明快殺伐，作者將她能幹的一面，寫得淋灕盡致。我們再看王熙鳳怎樣對付賈瑞。

賈瑞垂涎鳳姐，色膽包天，當鳳姐在寧國府園中行走，正讚賞園中景致時，他猛然從山石後走出來，鳳姐猛吃一驚，將身往後一退，於是賈瑞一面說些挑逗的話，一面拿眼睛不住的覷看鳳姐，鳳姐向賈瑞假意含笑道：

「怪不得你哥哥常提你，說你好。今日見了，聽了幾句話兒，就知道你是個聰明和氣的人了。這會子我要到太太那邊去呢，不得合你說話，等閒了再會罷。」

賈瑞道：「我要到嫂子家裏去請安，又怕嫂子年輕，不肯輕易見人。」

鳳姐又假笑道：「一家骨肉，說甚麼年輕不年輕的話！」

賈瑞聽了這話，心中暗喜……鳳姐……心裏忖道：「這纔是知人知面不知心，那裏有這樣禽獸的人！他果如此，幾時叫他死在我手裏，他纔知道我的手段！」

後來賈瑞來看鳳姐，鳳姐假意殷勤，而且順著賈瑞說些風流話。如賈瑞說：「嫂子天天也悶的很？」她就說：「正是呢，衹盼個人來說話解悶兒。」賈瑞笑道：「我天天閒著，若天天過來替嫂子解悶兒，可好嗎？」鳳姐笑道：「你哄我呢，你那裏肯往我這裏來！」（見

第十一回）

於是賈瑞愈來愈放肆，鳳姐又悄悄地道：

「大天白日，人來人往，你就在這裏也不方便，你且去，等到晚上起了更，你來，悄悄地在西邊穿堂兒等我。」

晚上賈瑞如約而至，那裏有鳳姐？兩邊的門都關了，臘月天，朔風凜凜，夜又長，賈瑞在穿堂裏差點凍死，清晨溜回去，又挨了祖父三、四板，還不許他吃飯，叫他跪在院子裏唸文章，補出十天功課。

但他色令智昏，想不到是鳳姐捉弄他。過了兩天又去找鳳姐，鳳姐還故意抱怨他失信。又約他晚上在過道兒裏頭那間空屋子等他。她卻在暗地裏點兵派將，設下圈套。

晚上，賈瑞溜進那間空屋等著，像熱鍋上的螞蟻。正自胡猜，祇見黑魆魆的進來一個人，他便如餓虎撲食，抱住叫道：「親嫂子，等死我了！」說著抱到坑上……滿口「親爹」、「親娘」的亂叫，那人祇不作聲……忽然燈光一閃，祇見賈薔舉著個蠟燭檯照道：「誰在這屋裏呢？」祇見坑上那人笑道：「瑞大叔要肏我呢！」賈瑞臊得無地可入，原來那人是賈蓉！

看到這裏真會笑痛肚子，曹雪芹寫鳳姐寫得這樣絕！但是問題並沒有了。賈瑞回身要跑，被賈薔一把揪住，道：「別走！如今璉二嬸子已經告到太太跟前，說你調戲他，他暫時穩住你在這裏。太太聽見，氣死過去了，這會子叫我來拿你。快跟我走罷！」於是賈薔、賈蓉一人敲了賈瑞一大竹槓，各得五十兩銀子的欠契；他們兩人又摸黑把賈瑞領到大臺階底下，說道：「這窩兒裏好。祇蹲著。別哼一聲，等我來再走。」說了他們兩人就走。賈瑞正在盤算，祇聽頭上一聲響，一桶尿糞直潑下來，澆了賈瑞一頭一身，賈薔纔跑來叫他：「快走！快走！」

鳳姐這個圈套實在謔而虐。但是曹雪芹事先不走漏半點消息，等到讀者看出來時肚子已經笑痛了。鳳姐玩弄賈瑞於股掌之上，曹雪芹娛樂讀者於字裏行間，這就是寫作技巧。

賈蓉、賈薔常常來向賈瑞要銀子，賈瑞既怕祖父知道，又相思難禁，功課又緊，更兼兩回凍惱，因此得病。醫治無效，後來賈代儒向榮國府討「獨參」，王夫人命鳳姐稱二兩給他，鳳姐推說配了藥，祇將些渣末抓了幾錢，命人送去。

賈瑞的病沒有好，還拿著跛足道人的鏡子照來照去，不看反面骷髏，專看正面鳳姐，還蕩悠悠覺得進了鏡子，與鳳姐一再雲雨，因此送了性命。

賈瑞完全是給鳳姐捉弄死的，死得實在窩囊。鳳姐連二兩救命的參都不給他，在那種生死關頭還用渣末戲弄他，真狠！在這種地方我們又看出曹雪芹的春秋之筆了。

曹雪芹除了在第十一回、第十二回、第十三回、第十四回寫鳳姐的能幹、陰狠之外，接著在第十五回裏又寫鳳姐的弄權貪污。對於鳳姐這個人物，作者用力真多。

秦可卿安靈於鐵檻寺，鳳姐帶著寶玉秦鐘在饅頭庵歇息。老尼靜虛替一個姓張的施主的小姐金哥的麻煩親事說情，想求王夫人和賈政說說，寫封書信。「要是肯行，張家那怕傾家孝順，也是情願的。」

鳳姐聽了，笑道：

「這事倒不大，祇是太太不再管這些事。」

老尼道：「太太不管，奶奶可以主張了。」

鳳姐笑道：「我也不等銀子使，也不做這樣的事。」

老尼從恿了幾句。鳳姐便發了興頭，說道：

你是素日知道我的，從來不信甚麼陰司地獄報應的。憑是甚麼事，我說要行就行，你叫他拿三千兩銀子來，我就替他出這口氣。

老尼連忙說有，鳳姐又說漂亮話：

我比不得他們扯篷拉縴的圖銀子，這三千兩銀子不過是給打發說去的小廝們作盤纏，使他賺幾個辛苦錢兒，我一個錢也不要。就是三萬兩，我此刻還拿得出來。（見第十五回）

這話說得真是兩面光。她打發來旺急忙進城，假託賈璉所囑，要府裏主文的相公修書一封，連夜送去，對方自然買賈府的面子。結果是張家女兒和李家兒子自縊投河而死，人財兩空，而鳳姐卻安享了三千兩。王夫人連一點消息也不知道。「自此鳳姐膽色愈壯，以後所作所為，諸如此類，不可勝數。」

這是作者寫鳳姐瞞天過海，弄權貪污的事實。至於鳳姐和姪兒賈蓉眉目之間大有文章的事，作者更不時穿插幾筆。鳳姐和寶玉之間，作者也時常彩筆一點，她時常和寶玉同車，去鐵檻寺的途中，她也不要寶玉騎馬。命小廝把寶玉喚到車前，笑道：

「好兄弟，你是個尊貴人，如女孩兒似的人品，別學他們猴在馬上。下來，偺們姐兒兩個同坐車，好不好？」寶玉便下了馬，爬入鳳姐車內，寶玉愛吃姐姐妹妹嘴上的胭脂，兩人時常同車，他還會守甚麼規矩？祇看寶玉在第十四回裏要鳳姐發對牌，讓人家去收拾他的書房，鳳姐稍一刁難，寶玉便猴向鳳姐身上，立刻要牌。鳳姐道：「我乏的身上生痛，還擱得住你這麼揉搓！」曹雪芹在這些地方該透露了多少消息呢？而妙的是，不管鳳姐和寶玉、賈蓉的行為如何？不管鳳姐對賈瑞怎麼毒？不管鳳姐怎麼瞞王夫人弄權貪污，作者都不露出一點憎惡，完全置身事外，這種冷靜客觀，更增加了作品感染的力量和效果。一般作者很難辦到，甚至加入一些議論批評，那就使作品不祇打一個對折了。

十一　熙鳳兩面討好　賈璉內外非人

鳳姐這個女人真是八面玲瓏，對甚麼人講甚麼話，用甚麼法子。對丈夫賈璉又另有一套。賈璉陪黛玉回南方辦理黛玉父親如海的喪事，她吩咐昭兒：「在外小心些伏侍，別惹你二爺生氣。時常勸他少喝酒，別勾引他認得混賬女人，我知道了，回來打折了你的腿！」這是用下人來監視賈璉的方法。

賈璉回來時，鳳姐又施展溫功，向丈夫打趣：

國舅老爺大喜！國舅老爺一路風塵辛苦！小的聽見昨日的頭起報馬來說，今日大駕歸府，略預備了一些水酒撢塵，不知可賜光謬領否？

這些話又說得多麼恭維、柔順、體貼而風趣！賈璉說了：「豈敢！豈敢！多承！多承！」又問別後家中諸事，謝了鳳姐的辛苦，她的答覆更妙：

我那裏管得上這些事來！見識又淺、嘴又笨、心又直，人家給根棒槌，我就拿著認作針了。……至今珍大哥還抱怨後悔呢。你明兒見了他，好歹賠釋賠釋，就說我年輕，沒見過世面，誰叫大爺錯委了他呢？

這番話是欲揚先抑，完全是大奸的口吻。她那是要丈夫賠釋，實際是要丈夫去聽賈珍誇獎她。甚至邀功討賞呢。如果不是王熙鳳，誰會做這樣漂亮的反面文章？說這樣口是心非的話呢？就是林黛玉那樣滿腹才華，伶牙俐齒的人，連半句這樣的話也說不出來，曹雪芹描寫人物的性格，真的絕了。

隨後他們談起香菱，賈璉讚了一句：「越發出挑的標緻了。」鳳姐嘴一撇道：

哎！往蘇杭走了一趟回來，也該見點世面了，還是這樣眼饞肚飽的！你要愛他，不值甚麼，我拿了平兒換了他來，好不好？那薛老大也是吃著盌裏瞧著鍋裏的。

平兒是她的丫頭，賈璉的愛妾，這不是以子之矛，攻子之盾嗎？她還落得一個大方慷慨哩！這份心機別人也沒有的。

她放利錢也不讓丈夫知道。賈璉的奶娘趙嬤嬤為她兩個兒子討工作，鳳姐又攬了過去做人情（賈芸的事也是她包攬，把丈夫扔在一邊）且聽她說：

媽媽，你的兩個奶哥哥都交給我，你從小奶的兒子還有甚麼不知道他那脾氣的？拿著皮肉倒往那不相干的外人身上貼。可是現放著奶哥哥那一個不比人強？你疼顧照看他們，誰敢說個不字兒？沒的白便宜了外人。——我這話也說錯了。我們看著是「外人」，你卻看著是「內人」一樣呢！（見第十六回）

她自己搶著做了人情，還要調侃丈夫幾句，賈璉不是也被他玩弄於股掌之上嗎？王熙鳳有過人的手段，曹雪芹更有超人的寫作技巧。

十二　寶玉題字動輒得咎　賈政訓子嚴正無方

賈政、寶玉父子，是兩個完全不同典型的人物。寶玉不但愛在姐妹淘裏鬼混，寄情於紅粉之間，和秦鐘的情感也不正常。賈政為人端正，謙恭厚道，是儒家禮教思想薰陶出來的正人君子。對於這位寶貝兒子不免失望氣惱。

在十七回以前，作者多利用旁人的嘴說賈政對寶玉的「嚴」，很少讓他們父子兩人面對面地接觸。賈府為了準備迎接元春歸省，新建了大觀園，作者纔讓他們父子兩人在第十七回裏在大觀園中碰頭。賈政曾聽賈代儒說「寶玉雖不喜讀書，卻有些歪才」，因此想試他一下。寶玉在做對聯和眉額方面，的確也露了幾手，賈政的清客也讚他：「二世兄天分高，才情遠，不似我們讀腐了書的！」可是賈政對他卻沒有一點好顏色，總是潑他的冷水。

當他們走到一處清幽的好地方，一位清客題「淇水遺風」，賈政說俗，另一個清客題「睢園遺蹟」，賈政又說「也俗」，賈珍要他擬一個。賈政說：

「他未曾做，先要議論人家的好歹，可見是個輕薄的東西！」

大家走到一處田舍風光的地方，賈政又請眾人題字，有的題「杏花村」，有的題「杏帘在望」，寶玉卻題「稻香村」，眾人同聲拍手說「妙」，賈政卻一聲斷喝：

無知的畜生！你能知道幾個古人？能記得幾首舊詩？敢在老先生們面前賣弄！方纔讓你胡說，也不過試你的清濁，取笑而已，你就認真了？（見第十七回）

隨後賈政又要他題一處地方，他說了一句：「不及『有鳳來儀』多了。」又挨了賈政的罵。他接著說了一番大道理，還未說完，賈政氣的喝命：「扠出去！」他纔出去，賈政又喝命回來：

「再題一聯，若不通，一併打嘴巴！」

大觀園題字，寶玉碰了一鼻子的灰。要是換了一對父子，父親看兒子喝了不少墨水，又才思敏捷，一定會順著客人的口氣讚兒子幾句，可是賈政對兒子就沒有一句好話，處處透著一個「嚴」字、「方」字，和寶玉這個「不喜歡讀書，卻有些歪才」，成天姐姐妹妹的兒子，是一個強烈的對比。兩父子這一襯托，人物的性格就特別突出。

曹雪芹寫大觀園，有一肚皮的學問和巧思，寫這一對父子更是維妙維肖，繪聲繪影。

十三　黛玉剪袋自悔莽撞　元妃品詩立見高低

寶玉從大觀園出來，被賈政的小廝們一把抱住，將寶玉身上所佩的東西，解了下去。襲人見他身邊佩物一件不存，笑道：「帶的東西，必又是那起沒臉的東西們解了去了。」黛玉走過來一瞧，果然一件沒有，因問寶玉道：

「我給你的那個荷包也給了他們？你明兒再想要我的東西，可不能夠了！」

黛玉說完，生氣回房，將寶玉要她做的香袋兒拿起剪子來就鉸。寶玉把衣領解除，從裏面衣襟上將所繫荷包解下來，遞與黛玉看，黛玉自悔莽撞剪了香袋，低著頭，一言不發。

這些地方寫出了寶玉、黛玉的真情。

元春歸省，作者除寫出「接駕」的禮數，顯出書本以外的學問，和被壓抑的骨肉之情，令人同情而外，又把筆鋒一點，點到寶玉、黛玉、寶釵三角關係上來。

元妃要寶玉和姐妹們題詩，姐妹們都已做完。黛玉祇胡亂做了一首五律。元妃看了做了一個批評：「終是薛林二妹之作與眾不同，非愚姐妹所及。」這是作者藉元妃的話把寶釵、黛玉放在天平上一比。而寶玉的三首五律祇做〈湘館〉瀟與〈蘅蕪院〉兩首。正做〈怡紅院〉一首，寶釵轉眼瞥見起稿內有「綠玉春猶捲」句，便趁人不理論，指點了他一個典故，改了一個字。寶玉笑道：「姐姐真是一字師了。從此祇叫你師傅，再不叫姐姐了。」寶釵也笑道：「還不快做上去，祇姐姐妹妹的！誰是你姐姐？那上頭穿黃袍的纔是你姐姐呢。」寶釵的話說得很俏皮，說後抽身走開。

黛玉祇做一首詩，還有些技養，看寶玉還少一首〈杏帘在望〉構思太苦，叫他抄錄前三首，自己卻吟成一律，寫在紙條上，搓成個團子，擲向寶玉跟前，寶玉謄完呈上。元妃看了，指「杏帘」一首為四首之冠，這又是作者暗獎黛玉之才了。而他寫寶釵對寶玉的關切，和黛玉對寶玉的關切又是不同，筆法細膩之至。

十四　誤撞好事寶玉通情　故探香閨黛玉識禮

第十九回「情切切良宵花解語，意綿綿靜日玉生香」，更是神來之筆。

寶玉不是個渾人，也不是色鬼淫棍，在他父親賈政的眼裏自然是個不成器的孽種，但在我們眼裏，他卻有許多可愛的地方。

東府裏賈珍請他去看戲放花燈。他見到繁華熱鬧不堪，便到各處閒耍。他想到有個小書房，裏面掛了一軸美人，畫得很傳神，今日這般熱鬧，那裏自然無人。「那美人自然也是寂寞的，須得我去望慰他一回。」這是癡得可愛。想不到茗煙在那房間裏按著個女孩子，也幹警幻所訓之事，他一腳踏進門去，將那兩個唬得「抖衣而顫」，茗煙下跪哀求，那丫頭羞得臉紅耳赤，低首無言，寶玉跺腳說：

「還不快跑！」

一語提醒了那丫頭，飛跑去了。他又趕出去，叫道：

「你別怕，我不告訴人。」

寶玉有一顆多麼善良的心?曹雪芹寫人性真的鑽到底層。他沒講寶玉一個好字，但讀者自然體會到寶玉是個好人。

他又問那丫頭的年齡，茗煙道：「不過十六、七了。」寶玉道：

連他的幾歲也不問問，就作這個事，可見他白認得你了！可憐！可憐！可憐！

兩相對照，茗煙祇是個原始動物，寶玉則是個憐香惜玉的情種了。

襲人回家吃年茶，不過半天，寶玉就帶茗煙偷偷地去看她。還留著牛奶等襲人回去吃。這份心意也很難得，當然襲人也很賢慧，曹雪芹也在她身上花了很多筆墨，她不但服侍寶玉無微不至，第八回裏寶玉的奶媽喝了他留給襲人的楓露茶，寶玉在薛姨媽家吃酒時受她阻止心裏已不舒服，聽說李嬤嬤喝了他留給襲人的茶，隨手將自己手中的杯子摔碎。賈母那邊的人來問是怎麼回事?襲人忙道：「我纔倒茶，叫雪滑倒了，失手砸了鍾子了。」輕輕遮蓋過去。十九回李嬤嬤又喝了寶玉留給襲人的牛奶，寶玉纔要說話，襲人便忙笑道：「原來留的是這個，多謝費心，前兒我因為好吃，吃多了，好肚子痛，鬧的吐了纔好了。她吃了倒好，擱在這裏白躕蹋了。我祇想風乾栗子吃，你替我剝栗子，我去鋪炕。」她又這樣把吃牛奶的事岔開了。這都是作者表現襲人的賢德。她又藉要回娘家的事規勸寶玉三件事，這都是寶玉的毛病，其中自然包括吃女人嘴上的胭脂，最瞭解寶玉的實在要算襲人。在丫鬟中她的份量最重，作者將這個人物也寫得太好，成功處不在鳳姐、寶釵、黛玉之下。

在這一回裏，作者寫寶玉和黛玉的調情更絕！

黛玉在房裏睡午覺，寶玉揭起繡線軟簾進來推她，怕她睡出毛病來。黛玉要他到別處去鬧會子再來。寶玉說：

「我往那裏去呢？見了別人就怪膩的。」

黛玉聽了，嗤的一聲笑道：

「你既要在這裏，那邊去老老實實地坐著，咱們說話兒。」

寶玉道：「我也歪著。」

黛玉道：「你就歪著。」

寶玉道：「沒有枕頭，咱們在一個枕頭上罷。」

黛玉道：「放屁！外面不是枕頭？拿一個來枕著。」

黛玉不准寶玉越雷池一步，是大家閨秀身份。寶玉既和秦可卿做警幻所示之事，又和襲人初試雲雨，黛玉如果不給他顏色，他又會做出甚麼好事？在眾姐妹中，連寶釵在內，沒有一個人敢這樣罵寶玉，黛玉到底與眾不同，曹雪芹寫出了她的可敬可愛之處。

寶玉嫌外面的枕頭髒，黛玉聽了睜眼起身，笑道：

「你真真是我命裏的『魔星』！請枕這一個。」說著將自己的枕頭推給寶玉，又起身將自己的再拿一個上來。兩人對著臉兒躺下。這又不失溫柔，是黛玉本色，不是潑貨。

黛玉一回眼，看見寶玉左邊腮上鈕釦大小的一塊血跡，便欠身湊近前來，以手撫之細看，道：「這又是誰的指甲劃破了？」

寶玉倒身，一面躲，一面笑道：

「不是劃的，祇怕剛纔替他們淘澄胭脂膏子濺上了一點兒。」

說著，便找絹子要擦，黛玉便用自己的絹子替他擦了，咂著嘴兒說道：

「你又幹這些事了。幹了也罷，必定還要帶出幌子來……吹到舅舅耳朵裏，大家又該不得心淨了。」

寶玉不聽這些話，祇聞見一股幽香，從黛玉袖中發出，令人醉魂蝕骨，寶玉便將黛玉的衣袖拉住，要瞧瞧籠著何物，黛玉說沒有帶甚麼香，寶玉說香得奇怪，黛玉冷笑道：

「難道我也有甚麼羅漢真人給我些奇香不成？就是得了奇香，也沒有親哥哥，親兄弟弄了花兒、朵兒、霜兒、雪兒替我炮製。我有的是那些俗香罷了。」

黛玉這番話是針對寶釵的冷香丸說的，俏皮而有醋意，寶玉笑道：

「凡我說一句，你就拉上這些，不給你個利害，也不知道，從今兒可不饒你。」說著，便翻身起來，將兩隻手呵了兩口，伸手向黛玉膈肢窩內兩脅下亂撓。黛玉素性觸癢不禁，便笑的喘不過氣來，口裏說：

「寶玉，你再鬧，我就惱了！」

寶玉果然住手。這裏又顯出黛玉很有分寸，有媚有威。

後來他又笑問寶玉：「我有奇香，你有暖香沒有？」

寶玉不解，問甚麼暖香？黛玉點頭笑歎道：

「蠢才！蠢才！你有『玉』，人家就有『金』來配你；人家有『冷香』，你就沒有『暖香』去配他？」

黛玉這幾句話說得十分聰明風趣，而又含著三分醋意。

寶玉又伸手要呵她，她忙笑道：

「好哥哥，我可不敢了！」

這和先前是兩種說法，兩樣情態，黛玉有顆玲瓏心，作者更是個玲瓏人。

以後寶玉又說了一個小耗子精的笑話取笑黛玉。偏巧寶釵走來，笑問情由，黛玉說了，寶釵笑道：

哦，是寶兄弟喲。怪不得他，他肚子裏的故典本來多麼。就衹可惜一件，該用故典的時候兒，他就偏忘了，有今兒記得的，前兒夜裏的〈芭蕉詩〉就該記得呀。眼面前兒倒想不起來，別人冷的不得了，他衹是出汗。這會子偏又有了記性了！（見第十九回）

寶釵的口氣和黛玉完全不同，這比黛玉藉雪雁送手爐譏笑寶玉的話要委婉得多。寶玉受得了，連黛玉還稱她是「我的好姐姐」哩。

單衹第十九回，就抵得一部世界名著。

十五　王熙鳳恩威並濟　賈寶玉親疏分明

寶玉的奶娘李嬤嬤也是個渾人。她對襲人是雞蛋裏找骨頭。一次喝了寶玉留給襲人的茶，一次喝了寶玉留給襲人的牛奶，還要以大壓小罵襲人，都惹得寶玉生氣。

襲人生病躺在床上蒙頭出汗，沒有看見她來，她又找著題目做文章，大罵襲人：

忘了本的小娼婦兒，我抬舉你起來，這會子我來了，你大模廝樣的躺在床上，見了我也

> 不理一理兒，一心祇想裝狐媚子哄寶玉，哄的寶玉不理我，祇聽你的話。你不過是幾兩銀子買來的小丫頭子罷了咧，這屋裏你就作起耗來了！好不好的，拉出去配一個小子，看你還妖精似的哄人不哄！

襲人在《紅樓夢》的丫頭群中是一個非常出色的人物，細挑身材，容長臉兒，非常姣俏，性情溫柔，很得人心，服侍寶玉更是無微不至，而且有代人受過的美德。

她和寶玉的私人關係那就不必講了，所以她聽了李嬤嬤的話又羞又委屈，禁不住哭了起來。寶玉替她分辯，說病了吃藥，又說：「你不信，祇問別的丫頭。」李嬤嬤聽了更氣。

> 你祇護著那起狐狸，那裏還認得我了呢！叫我問誰去？誰不幫著你呢？誰不是襲人拿下馬來的？我都知道，那些事，我祇和你到老太太，太太跟前去講講。把你奶了這麼大，到如今，吃不著奶了，把我扔在一邊兒，逞著丫頭們要我的強！

李嬤嬤一面說，一面哭。曹雪芹對於一個不識大體的小性兒的奶娘刻畫得也很突出，她和劉姥姥不同，自然更和賈母不同。

寶玉、襲人也對這位奶娘沒有辦法，鳳姐卻輕輕鬆鬆地把她打發了。鳳姐拉了她笑道：

媽媽別生氣，大節下，老太太剛喜歡了一日，你是個老人家，別人吵，你還要管他們纔是，難道你倒不知規矩，在這裏嚷起來，叫老太太生氣不成？你說誰不好，我替你打他，我屋裏燒了滾熱的野雞，快跟了我喝酒去罷。

一面說，一面拉著走，又叫：

「豐兒，替你李奶奶拿著拐棍子，擦眼淚的絹子。」

李嬤嬤腳不沾地，跟了鳳姐兒走了。

鳳姐處事真是快刀斬亂麻，乾淨俐落。和襲人的哭泣、寶玉的沒有殺伐之氣完全兩樣。曹雪芹把他筆下的人物像揑手中的泥巴，揑張三是張三，李四是李四。這是小說家最高的功夫。寶玉的丫頭自然以襲人的份量最重，她曾和寶玉初試雲雨情，她的個性和寶釵相近。而另一個重要丫頭晴雯則和襲人的個性相反。晴雯好強好勝，嘴不饒人，對寶玉也不像一般丫頭對主子那麼服貼，不當意的時候照樣頂撞他，但她不是潑貨，而有一顆慧心。

在第八回裏他替寶玉磨好了墨，寶玉沒有寫完走了，後來寶玉回來，晴雯接出，笑道：

「好啊，叫我研了墨，早起高興，祇寫了三個字，扔下筆就走了，哄我等了這一天。快來給我寫完了這些墨纔算呢！」

她說話的口氣不像襲人那麼柔順，最後一句話還有點命令意味。

在第二十回裏，曹雪芹寫得更傳神。

寶玉替另一個丫頭麝月篦頭，晴雯一見便冷笑道：

哦，交杯盞兒還沒吃，就上頭了！」

寶玉笑道：「你來，我也替你篦篦。」

晴雯道：「我沒有這麼大造化！」說著，拿了錢，摔了簾子，就出去了。

這些話衹有晴雯敢說，也衹有她有這麼氣盛，真的聽其聲如見其人。而更妙的是，她走後寶玉和麝月在鏡內相視而笑，寶玉笑道：

「滿屋裏就衹是他磨牙。」

麝月忙向鏡中擺手，寶玉會意，忽聽唿的一聲簾子響。晴雯又跑進來問道：

「我怎麼磨牙了？偺們倒得說說！」

那種動作，那種口氣，我們彷彿親眼目擊一個俏麗不饒人的丫頭。曹雪芹處理人物，真是高明，別說十二金釵，單衹二十回裏他筆觸所至，同時觸到寶玉身邊這三個丫頭，就表現三種人物神態。

在這一回裏鳳姐先輕輕鬆鬆地打發了寶玉的奶娘李嬤嬤，又正言教訓了趙姨、賈姨娘、賈環母子一頓。

原來賈環和寶釵的丫頭鶯兒賭錢輸了，哭哭啼啼，寶釵哄她，寶玉勸她，她回來見了母親，反說鶯兒賴他的錢，寶玉攆他，趙姨娘啐道：

「誰叫你上高臺盤了！下流沒臉的東西！那裏玩不得？誰叫你跑了去討這個沒意思！」

恰巧鳳姐從窗外走過，便隔著窗戶說道：

「大正月裏，怎麼了？兄弟們小孩子家，一半點兒錯了，你祇教導他，說這樣話做甚麼？憑他怎麼著，還有老爺太太管他呢，就大口啐他！他現在是主子，不好，橫豎有教導他的人，與你有甚麼相干？——環兄弟，出來，跟我玩去。」

趙姨娘是賈政的妾，是個可憐又可嫌的渾人，她生了一男一女，女兒探春是十二金釵之一，是個頂兒尖兒的小姐，兒子賈環卻是個窩囊貨。賢如探春亦不以為母，賈府的人沒有一個尊重他，鳳姐教訓了她又教訓賈環：

「你也是個沒性氣的東西呦！時常說給你：要吃、要喝、要玩，你愛和那個姐姐妹妹哥哥嫂子玩，就和那個玩，你總不聽我的話，倒叫這些人教的你歪心邪意，狐媚魔道的，自己又不尊重，要往下流裏走，安著壞心還祇怨人家偏心呢。輸了幾個錢，就這麼個樣兒……虧了你還是爺……你明兒再這麼狐媚，我先打了你，再叫人告訴學裏，皮不揭了你的！為你這不尊貴，你哥哥恨的牙癢癢，不是我攔著，窩心腳把你的腸子還窩來呢！」

鳳姐對他們母子的這頓教訓很重，但又叫豐兒拿一吊錢給賈環和姑娘們玩。王熙鳳的手段實在靈活。一言一語，一舉一動，都和其他姑娘丫頭不同。祇要聽一兩句話就知道是王熙鳳。根本不必提名道姓，作者對於人物的區分，精妙絕倫。

在這一回裏，作者又寫到寶玉、寶釵、黛玉的三角關係，再加穿插一個史湘雲，雖祇幾百千把字，卻夠瞧的了。

寶玉在寶釵那邊玩，聽說史湘雲來了連忙就走，寶釵和他一道，恰巧黛玉在史湘雲旁邊，湘雲問寶玉那裏來，寶玉說：「打寶姐姐那裏來。」黛玉冷笑道：

「我說呢，虧了絆住，不然，早就飛來了。」

黛玉這話不但含有醋意，而且一箭雙鵰，作者不但把黛玉的「精靈」表現出來，同時對寶玉的微妙心理也有烘雲托月之效。「絆住」、「飛來」，用字的功夫已到極致。寶玉大概是被黛玉道中了心病，所以說：

「祇許和你玩，替你解悶兒？不過偶然到他那裏，就說這些閒話。」

黛玉說：「好沒意思的話！去不去，管我甚麼事？又沒叫你替我解悶兒，——還許你從此不理我呢。」

黛玉賭氣回房去，寶玉又跟著賠小心。寶釵又來把寶玉拉走。黛玉愈發氣悶流淚，沒有兩盞茶工夫，寶玉又回來向黛玉賠小心，說出真心話：

你這麼個明白人，難道連「親不隔疏，後不僭先」也不知道？我雖糊塗，卻明白這兩句話。頭一件，偺們是姑舅姐妹，寶姐姐是兩姨姐妹，論親戚，也比你遠；第二件，偺們兩個，一桌吃，一床睡，從小兒一處長大的，他是纔來的，豈有個為他遠你的呢？（見第二十回）

作者要寶玉左賠小心，右賠小心，終於逼他說出肺腑之言。

黛玉這纔回心轉意，啐道：

「我難道叫你遠他？我成了甚麼人了呢！我為的是我的心！」

黛玉的話既表明了心跡，又不失身份。等寶玉說：「我也為的是我的心……」她便低頭不語，半日，說道：

「你祇怨人行動嗔怪你，你再不知道你嘔得人難受！就拿今日天氣比，分明冷些，怎麼你倒脫了青肷披風呢？」

這些話多麼傳神？作者是如何委婉曲折地道出黛玉的心聲？黛玉語氣一轉，利用天氣表示自己的關切，這種話說得多麼玲瓏剔透，而情感又是多麼深刻？我們不能不佩服作者的神來之筆。而作者寫史湘雲和林黛玉的笑鬧，也是妙筆生花。

當寶玉、黛玉正說話時，史湘雲走來笑道：

「愛哥哥，林姐姐，你們天天一處玩，我好容易來了，也不理我一理兒！」

黛玉笑道：「偏是咬舌子愛說話，連個「二哥哥」也叫不上來！……」

湘雲笑道：「這一輩子我自然比不上你。我祇保佑著明兒得一個咬舌兒的林姐夫，時時刻刻，你可聽『愛呀厄』的去！阿彌陀佛，那時纔現在我眼裏呢。」

湘雲笑著跑出來，怕黛玉趕上，黛玉趕到門前，被寶玉叉手在門框上攔住，笑道：「饒他這一遭兒罷！」黛玉拉著手，說道：「我要饒了雲兒，再不活著！」湘雲看寶玉攔住黛玉，便立住腳，笑道：「好姐姐，饒我這遭兒吧！」

作者寫這些剛解世事，情竇初開的兒女情態，真的空前絕後。史湘雲的心直口快，爽朗性格，在十二金釵中也是獨樹一幟，曹雪芹人情世故之深，筆頭之活，真不可及。

十六　寶玉勦襲《南華經》　賈璉苟合多姑娘

曹雪芹寫賈寶玉，筆法萬變，不離其宗。賈寶玉之歡喜女人，可謂舉世無雙，但他又不像賈璉之流偏重動物行為，他的愛的意境高得多了。作者筆觸的細膩，令人叫絕。

他和黛玉從小一房睡，一桌吃，其親密程度，遠非寶釵可比。

湘雲來賈府，和黛玉一房睡，寶玉頭天晚上送他們兩人回房，二更多了，襲人催了幾次他纔走。第二天天剛亮，他便披衣靸鞋來到黛玉房中，看見黛玉嚴嚴密密裹著一幅杏子紅綾被，安穩合目而睡，湘雲卻一把青絲拖於枕畔；一幅桃紅綢被，祇齊胸蓋著，一條雪白的膀子撂在被外，他歎道：

「睡覺還是不老實！回來風吹了，又嚷肩膀痛了。」

一面說一面輕輕替她蓋上。

這除了寫寶玉的小心體貼，憐香惜玉之外，也以湘雲、黛玉兩人不同的睡相，表現了她們兩人不同的性格，黛玉拘謹，湘雲狂放，如果作者自說自話，黛玉如何如何？湘雲如何如何？長篇累幅，徒令人生厭，而又不能恰當地表現她們兩人的性格。曹雪芹寫她們的睡相，輕描淡寫，卻把兩人的個性完全暴露出來。這是最經濟而有效的手法。黛玉和寶玉雖從小一塊長大，十分親密，她還不忘男女有別，她要起床時還對寶玉說：

「你先出去，讓我們起來。」

如果是湘雲，她不會拘這些小節，可能把被子一掀，挺身起來。

她們兩人穿了衣裳，寶玉又進來坐在鏡檯旁邊。湘雲洗了臉，翠縷便拿殘水要潑，寶玉道：

「站著，我就勢兒洗了就完了，省了又過去費事。」

由此可見寶玉性格的隨和，而紫鵑遞給他香皂，他又說：

「不用了，這盆裏就不少了。」

作者又讓他原形畢露，所以翠縷也撇嘴笑道：

「還是這個毛病兒。」

她看湘雲梳完了頭，又走過來，笑道：

「好妹妹，替我梳梳呢。」

湘雲不肯，他又千妹妹萬妹妹的央求。湘雲祇好替他梳，一面編著一面和他說話，他順手拈起一盒子胭脂，想往口邊送，又怕湘雲說話，正猶豫間，湘雲從他身後伸過手來，啪的一下將胭脂盒子打落，說道：

「不長進的毛病兒，多早晚纔改呢？」

湘雲快人快語，連打帶說，令人發笑。而那種動作和神態，我們又彷彿親眼目擊（寶玉的性格自然表現出來）。作者筆觸的細膩，真的無以復加。

這一幕活劇恰巧又被襲人看到。她回到房裏，忽見寶釵走來，問寶兄弟那裏去了？襲人冷笑道：

「寶兄弟那裏還有在家的工夫！」

隨後又歎道：

「姐妹們和氣，也有個分寸兒，也沒有個黑夜白日鬧的，憑人怎麼勸，都是耳旁風。」

寶釵聽了心裏自然明白，她看襲人有些識見，便坐在炕上套問她的年齡籍貫。這是寶釵的心機。她之爭取寶玉，不是內線作戰，而是外線包圍，先造成有利的形勢，所以最後她也贏得了形勢上的勝利，這種地方就是契機，也是作者的伏筆。黛玉就不會來這一套。

寶玉回來，襲人對他愛理不理，兩人鬥氣調情的事作者也寫得細膩生動之至。

寶玉看《南華經》時，趁著酒興，提筆續了這麼一段妙文：

焚花散麝，而閨閣始人含其勸矣！戕寶釵之仙姿，灰黛玉之靈竅，喪滅情意，而閨閣之美惡始相類矣……彼釵、玉、花、麝香，皆張其羅而邃其穴，所以迷惑，纏陷天下者也。

這段文字，透露了寶玉的心理，寶釵、黛玉、襲人、麝月，對於他的影響很大，他有難以擺脫之勢。寶玉外出時，黛玉看見他這段妙文，又氣又笑，提筆續了一絕：

無端弄筆是何人？勦襲《南華》莊子文。不悔自家無見識，卻將醜語詆他人！

寶玉和姐妹們的胡鬧調情，仍不失其風雅。而賈璉和下人妻妾的苟合挑逗，則傖俗不堪。作者把他們安排在同一回裏，更見匠心。

原來鳳姐的女兒巧姐兒出天花，夫妻隔房，鳳姐和平兒都跟著王夫人日日供奉娘娘，賈璉除了選清俊的小廝「出火」之外，又和廚子「多渾蟲」的浪女人「多姑娘兒」苟合。曹雪芹寫這件事相當暴露，但我們一點也不覺得他是誨淫，而是十分自然的事。不如此便不足以表現賈璉的鄙俗和急色，兩人的對話尤其重要。

「你們姐兒出花兒，供著娘娘，你也該忌兩日，倒為我腌臢了身子？快離了我這裏罷！」女的在下說道。

「你就是娘娘！那裏還管甚麼娘娘呢！」賈璉吁吁答道。

曹雪芹恰當地把握了人性，把賈璉這種傖夫俗子紈絝子弟的性格剝光了見人，真的入木三分。寶玉就不是這樣。

賈璉的妾平兒在他枕套內抖出一綹青絲，忙藏在袖內，走到賈璉房裏拿給他看。兩人的戲謔，寫得好。而鳳姐和平兒的對話更妙。

鳳姐道：「少甚麼不少？」

平兒道：「細細查了，沒少一件兒。」

「可多甚麼？」鳳姐問。

「不少就罷了，那裏還有多出來的分兒。」平兒笑道。

「這十幾天，難保乾淨，或者有相好的丟下甚麼戒指兒，汗巾兒，也未可定。」

知夫莫若妻。鳳姐的話說得賈璉臉都黃了，平兒卻替他瞞著鳳姐，不說頭髮的事。而賈璉瞅他冷不提防，一把搶了過來。

平兒咬牙道：

「沒良心！過了河兒就拆橋，明兒還想我替你撒謊呢！」

賈璉見她嬌俏動情，便摟著求歡，平兒奪手跑出來，急的賈璉彎著腰恨道：

「死促狹小娼婦兒！一定浪上人的火來他又跑了！」

平兒在窗外笑道：

「我浪我的，誰叫你動火？難道圖你舒服，叫他知道了，又不貸我呀！」

賈璉道：

「你不用怕他！等我性子上來，把這醋罐子打個稀爛！他纔認的我呢！他防我像防賊似的；祇許他和男人說話，不許我和女人說話……他不論小叔子、姪兒、大的、小的，說說笑笑，就都使得了——以後我也不許他見人！」（見第二十一回）

賈璉這番渾話，說出心裏的怨懟。他們夫、妻、妾三人的打情罵俏，曹雪芹寫得生動極了，但和寫寶玉、黛玉、湘雲、襲人等的調情鬥氣完全不同。寶玉和姐姐妹妹丫頭胡鬧，有書卷氣，風流蘊藉；賈璉和下人妻妾戲謔胡來，祇有肉慾。這兩兄弟和他們身邊的女人大異其趣。作者在同一回裏，都是寫的兒女之事，但沒有一點雷同，各人的個性、語言、神態，十分突出，一點也不籠統含糊，別人幾十上百萬字的作品，也抵不上曹雪芹這二十一回。

能夠細心研讀這一回的人，也就懂得怎樣寫小說了。停在《紅樓夢》門外的人，是難升堂入室的。

十七　寄生草參悟禪機　製燈謎分離伏筆

寶釵身份的提高，從她十五歲生日可以看出來。

賈母喜她穩重，要替她做生日，並且自己捐資二十兩備酒戲。鳳姐最會察言觀色。「老太太說要替他做生日，自然和往年給林妹妹做的不同了。」她承辦這件事，自然錦上添花，而且打趣得賈母和滿屋子的人都笑了。

黛玉是個聰明絕頂的人，她心自然有點疙瘩，偏偏寶玉叫她吃飯、看戲，問她愛聽那一齣，他好點，毋怪黛玉冷笑道：

「你既這麼說，你就特叫一班戲，揀我愛的唱給我聽。這會子犯不著借著光兒問我。」

「這有甚麼難的?明兒就叫一班子，也叫他們借僭們的光兒。」寶玉一面說，一面拉她起來，攜手出去吃飯。

他們雖然心心相印，可是寶釵卻在賈母身上做工夫。她知道賈母喜愛熱鬧戲文，愛吃甜爛之物，頭天晚上就依賈母平常喜歡的說了一遍，賈母要他點戲時，她推讓一番，纔點了一齣賈母歡喜的《西遊記》。

賈母喜歡唱戲的小旦小丑，命人帶進來賞了肉果和賞錢，鳳姐笑道：

「這個孩子扮上活像一個人，你們再瞧不出來。」

作者雖未指明鳳姐說的是小旦還是小丑?以情理推測，應是十一歲的小旦。寶釵點頭不說，湘雲心直口快，接口道：

「我知道，是像林姐姐的模樣兒。」

眾人都笑了說「果然像他。」

從這裏更可見賈府眾人重釵輕黛。而這句話又是鳳姐挑起來的。

祇有寶玉瞅了湘雲一眼，這一來，他便在湘雲和黛玉兩邊撞蘿蔔，兩處賠小心，兩面不討好。因而大悟「赤條條來去無牽掛」那段戲文，不禁大哭起來，占了一偈，填了支「寄生草」。作者寫湘雲搶白他，黛玉數落他，他左右碰壁的情形極為出色。曹雪芹不但寫出湘雲的心直口快，也寫出了黛玉的不會籠絡人，她和湘雲那麼親密，卻為了那麼一句話而生風波，同時更寫出寶玉在他們之間的軟弱。

寶玉的父親的性格卻和寶玉不同，他是個正人君子，更是一個嚴父，寶玉見了他就像老鼠見了貓。曹雪芹寫他的筆墨不算太多，而他身上總是透著嚴正的氣息。但在打燈謎取樂時，也寫出賈政的風趣。賈母怕他在一起使寶玉等拘束，要攆他走，他陪著笑臉說了一些討好的話，賈母打謎給他猜，他心裏知道，偏故意胡猜受罰，取樂大家。輪到他唸燈謎給賈母猜時，他又悄悄地向寶玉洩漏謎底，讓寶玉告訴賈母，賈母說出了，他又笑道：

「到底是老太太，一猜就是，快把賀綵獻上來。」

這是賈政風趣孝順的一面。作者對於人性的把握，十分正確深刻，而不流於公式。所以他寫的賈政也是一個有血有肉的活人，不是殭屍。

寶釵的燈謎：

有眼無珠腹內空，荷花出來喜相逢，梧桐葉落分離別，恩愛夫妻不到冬。（見第二十二回）

局。

賈政看了覺得不祥，大有悲戚之狀。這正是作者的伏筆。借燈謎暗示寶釵、寶玉的婚姻結局。

作者善用伏筆，前後呼應，使整部《紅樓夢》脈絡貫通。二十二回一開始就藉寶釵的生日，把她的身份提高，作為後來與寶玉成婚的伏筆，又藉「寄生草」使寶玉參悟禪機，作為以後看破紅塵出家的伏筆，最後藉寶釵的燈謎，作為以後婚姻破滅的伏筆。作者寫《紅樓夢》，在結構佈局方面，費了不少心血。粗看容易忽略，細看纔知作者的苦心經營，所以不同凡響。

十八　多愁多病身　傾國傾城貌

寶玉等住進大觀園，也是一件盛事。賈政事先對寶玉的一頓教訓，寶玉畏縮，金釧兒的調笑，賈母王夫人的愛護，賈政的斷喝，作者寫得入情入理，維妙維肖。

寶玉進園後，生活自然十分愜意，還寫了四時即事詩，又要茗煙買了許多小說，放在床頭上，無人時偷看。

一天，寶玉在沁芳閘橋邊的桃樹下看《會真紀》，一陣風吹過，吹落一大斗桃花，寶玉恐怕腳步踐踏了，兜了那些花瓣兒，抖在池內，這又表現了寶玉的性格。恰巧黛玉肩著花鋤，鋤上掛著紗囊，手內拿著花帚，走了過來。這真是雅人雅事，作者寫寶玉、黛玉的氣質，出塵脫俗。由於氣質的相近，這纔是他們相愛的基本原因。也由於兩人一片天真，不通世故，不會矯揉做作，更不會耍手段，所以纔落得個有情人同聲一哭的大悲劇。

黛玉看見寶玉的書，問是甚麼書？寶玉慌得藏了，說：「不過是《中庸》、《大學》。」黛玉是聰明人，怎麼瞞得她過？所以她說：

「你又在我跟前弄鬼，趁早兒給我瞧瞧，好多著呢。」

寶玉祇好給她看，黛玉看了出神，心內還默默記誦。寶玉問她好不好？她笑著點頭。寶玉笑道：

> 「我就是個多愁多病的身，你就是傾國傾城的貌。」
>
> 黛玉聽了，不覺帶腮連耳的通紅了……指著寶玉道：
>
> 「你這該死的胡說了，好好兒的把這些淫詞艷曲弄了來，說些混賬話欺負我！我告訴舅舅、舅母去！」（見第二十三回）

直到把寶玉唬住，又說他是銀樣蠟槍頭。作者寫情竇初開的黛玉心理、情態，十分生動。後來黛玉聽見十二個女孩子演習戲文的笛聲，唱著戲曲，唱到「祇為你如花美眷，似水流年……你在幽閨自憐」等句，不覺心旌動搖，如醉如癡，以及想古人詩中「水流花謝兩無情」，詞中「流水落花春去也，天上人間」和《西廂記》中「花落流水紅，閒愁萬種」，不覺心痛神馳，眼中落淚。作者寫黛玉的幽情，和多愁善感，造成她的悲劇性格，以後的葬花焚稿，在這一回裏也已埋下線索。

二十二回，作者寫寶釵的生日、燈謎，二十三回寫黛玉的心理、幽情，都是和寶玉三角關係結局的伏筆。作者處處照應，在結構上嚴密得很。

十九　仗義多為屠狗輩　弄權仍是綺羅人

《紅樓夢》裏不但小姐出色，丫頭也十分可愛。寶玉生長在這種環境裏面，毋怪他愛吃女人「嘴上的胭脂」。曹雪芹寫他和鴛鴦的幾筆也生動之至。

鴛鴦是賈母的丫頭，作者描寫她穿著水紅綾襖兒，青緞子坎肩兒，下面露著玉色綢韈，大紅繡鞋。脖子上圍著紫綢絹子。皮膚白膩不在襲人之下。她低頭看針線時，寶玉便把臉湊在她的脖項上聞那香氣，還不住地用手摩挲，猴上身去，涎著臉兒笑道：

「好姐姐，把你嘴上的胭脂賞給我吃了吧！」

一面說，一面扭股糖似的黏在身上。

作者一方面寫出了鴛鴦的形象，一方面寫出了寶玉想吃「胭脂」的神態和動作。鴛鴦並沒有生氣，她的話委婉含蓄而又有規勸之意：

「襲人，妳出來瞧瞧！你跟他一輩子，也不勸勸他，還是這麼著！」

襲人抱了衣裳出來，向寶玉道：

「左勸也不改，右勸也不改，你到底是怎麼著？你再這麼著，這個地方兒可也就難住了。」這兩個丫頭同樣賢慧可愛，可是說話的口氣卻不相同。襲人的話艾怨而親切，因為她是寶玉的貼身丫頭，兩人關係又非比尋常。作者運用語言最妙，最能切合人物身份。

作者寫寶玉在脂粉隊中的癡迷，固然絕妙，寫他的寶氣也十分傳神。

賈芸是他的姪輩，年紀卻比他大五、六歲，寶玉見了他笑道：

「你倒比先越發出挑了，倒像我的兒子！」

寶玉纔十二、三歲，又沒有結婚，說這種話豈不寶氣？作者寫這個人物，在性格中始終保持一份率真，這也就是寶玉的可愛之處。

曹雪芹不但善寫兒女情愛，寫炎涼世態也入木三分。

賈芸的舅父卜世仁開香料鋪，他去向舅父要四兩冰片麝香。卜世仁不但不賒給這個窮外甥，反而教訓他一頓。賈芸聽他嘮叨不堪，起身告辭，卜世仁道：「怎麼這麼忙，你吃了飯去吧。」

一句話未完，祇見他娘子說道：

你又糊塗了，說著沒有米，這裏買半斤麵來下給你吃，這會子還裝胖呢，留下外甥挨餓不成？

作者如未參透人情世故，怎麼寫得出這種如見肺腑的話來？今天很多作者模仿西洋小說家的心理描寫，祇是在作品裏自說自話，甚至莫知所云。曹雪芹的這麼簡簡單單的幾句話，表現了多麼深刻的人物心理？暴露了多少隱藏於人性深處的勢利、虛偽、奸詐？

作者寫過卜世仁夫婦的勢利，不義之後，接著又寫醉金剛倪二的豪邁慷慨。倪二是個潑皮，吃賭飯，放高利貸，是當時黑社會人物，可是他聽了賈芸的訴苦之後，便把身上十五兩三錢銀子全給了賈芸。兩相對照，諷刺更深。

賈芸拿錢買了冰片麝香去送鳳姐，作者寫鳳姐愛排場，喜奉承，收紅包的情形，也妙到毫巔。先是賈芸恭恭敬敬搶上來請安，鳳姐連正眼也不看，仍往前走，這寫出鳳姐的虛飾驕矜。隨後賈芸說了許多奉承話，鳳姐聽了滿臉是笑，由不得止了步。這種心理變化，作者交代得清清楚楚，層次分明。及至賈芸將一個錦盒遞過去，鳳姐便笑了笑，命豐兒接下，誇獎了賈芸幾句，賈芸趁機探問工作，但鳳姐不提派他種花木的事，祇隨便扯了幾句淡話，便往賈母屋裏去了。這裏作者寫出了鳳姐的深沈，處理此類小事，曹雪芹該有多大的學問？光讀死書的人是寫不出來的。而更妙的是，次日賈芸來到大門前，遇見鳳姐上車，鳳姐命人把他叫住，隔著窗子笑道：

「芸兒，你竟有膽子在我跟前弄鬼！怪道你送東西給我，原來你有事求我。昨兒你叔叔纔告訴我，說你求他。」

這些話更見鳳姐的心機，賈璉早將賈芸求事的話告訴了鳳姐，鳳姐卻先做了人情給了賈芹。她不但在王夫人面前弄權，也在丈夫面前弄權。拿了賈芸的紅包，當時又不動聲色，這次卻把他叫住，還故意點破賈芸的用心。賈芸也是個聰明會奉承的人，所以他說：

「求叔叔的事，嬸娘別提，我這裏正後悔呢。早知這樣，我一起頭兒就求嬸娘。……」

鳳姐冷笑道：

「你們要揀遠道兒走麼！早告訴我一聲兒，多大點子事，還值得耽誤到這會子！那園子裏還要種樹、種花兒，我正想找個人呢。早說不早完了？」

這真是大奸的口吻，得了裏子又要面子，還說俏皮話兒，真有玩弄天下人的權術。但是她逃不過曹雪芹的手掌心，曹雪芹不僅是描寫她的心理，而是把她的心完全剖開來，讓天下人看，這種功力，豈是亞流所能達到？又怎能望其項背？

鳳姐是榮國府的總管，十二金釵中的能人，曹雪芹一觸到她，便妙筆生花。龍飛鳳舞，多彩多姿。而在這一回裏他寫小丫頭爭寵的心理，也昭然若揭。

小紅是賈府的世僕，寶玉的丫頭，但沒有襲人、晴雯那麼貼身，甚至比不上碧痕秋紋，在寶玉的十四個丫頭中，她祇能算老九，可長的「一頭黑鴉鴉的好頭髮，挽著髻兒，容長臉面，細挑身材，卻十分俏麗甜淨」。但寶玉的丫頭都是伶牙俐齒的，她從來沒有機會替寶玉倒茶遞水，所以寶玉還不認識她，偏偏寶玉的幾個貼身丫頭不在身邊，她倒了一次茶，不巧又遇著碧痕、秋紋兜抬水回來，看了心中很不自在。服侍寶玉洗澡之後，就趕過來盤問小紅，小紅照實說了，秋紋兜臉啐了一口道：

沒臉面的下流東西，正經叫你催水去，你說有事，倒叫我們去，你可搶這個巧宗兒！一里一里的，這不上來了嗎？難道我們跟不上你嗎？你也拿鏡子照照，配遞茶遞水不配！（見第二十四回）

曹雪芹寫這些小人物爭寵的心理，又是多麼深刻？作者對於人性的瞭解，比醫生對病人的瞭解，還要清楚明白。所以他投劑下藥，或是操刀解剖，真是恰好處。

二十　趙姨娘因妒弄鬼　林黛玉出口傷人

寶玉、賈環這同父異母的兩兄弟，從外表到性格，完全不同。賈環沒有一點主子的氣概，連小丫頭們都瞧他不起。比起他的同父同母姐姐探春，相去萬里。他在《紅樓夢》中所佔篇幅不多，但曹雪芹也把他寫活。他是寶玉最好的陪襯。作者創造這個人物，也是匠心獨運。

他很少得到甚麼正經差使，王夫人命他抄寫《金剛經》唪咒，他便擺起主子的架勢來。一時叫彩霞倒茶，一時又叫玉釧剪燭花，又說金釧兒擋了燈亮兒。丫頭們平日厭惡他，都不答理，祇有彩霞倒茶給他，而且悄悄的向他說：

「你安分些罷，何苦討人厭？」

這本來是好話，可是賈環偏不識相，反而吃醋，說他和寶玉好，彩霞咬著牙，向他頭上戳了一指頭，罵他是：「沒良心的，狗咬呂洞賓，不識好歹。」

丫頭們對探春決不敢這樣放肆，賈環就不識好歹，扶也扶不起來。但他心裏對寶玉卻有一股妒意恨意。偏巧寶玉和王夫人等從薛姨媽家中回來，王夫人要彩霞拍著他睡，寶玉便和彩霞說說笑笑，拉拉扯扯。賈環看了按不下這口氣，計上心來，故作失手，將油汪汪的蠟燭向寶玉臉上一推，燙傷了寶玉。賈環雖是個可憐人物，但多由自造，這就不是光明正大的行為，他動的是歪腦筋。作者能將賈環的妒恨心理，輕鬆地表現出來，毫未費力。而寶玉在臉上燙了一溜燎泡之後，卻說：

「有些疼，還不妨事。明日老太太問，祇說我自己燙的就是了。」

寶玉心地的善良，更襯托出賈環心地的邪惡。作者用對比手法，更使善惡分明，人物性格突出。

賈環燙傷了寶玉，趙姨娘受了鳳姐和王夫人的責備，便和馬道婆串通，暗害鳳姐、寶玉。趙姨娘恨鳳姐由來已久，又怕他把家私搬了娘家去；害寶玉一方面是望兒賈環出頭，一方面也是為了家私。作者寫這個不識大體，既可憐又可嫌的人物和三姑六婆的馬道婆的心理、動作，乃至說話口氣，維妙維肖。曹雪芹不但精通醫理，對於民間的邪術也很瞭解，不然寫不好叔嫂逢五鬼這段故事。

鳳姐、寶玉躺在床上氣息奄奄，連棺材都做好了，賈母等哭得死去活來，趙姨娘假作憂愁，心中稱願，她勸賈母把哥兒的衣服穿好，讓他早些回去，被賈母照臉啐了一口唾沫，罵了一頓，也寫得十分生動。最後是一個和尚一個道士持誦通靈寶玉救了他們叔嫂二人。

作者又利用機會，烘托黛玉、寶釵的心理，黛玉聽說寶玉好了，先唸了一聲佛，寶釵笑而不言，惜春問她笑甚麼？寶釵道：

「我笑如來佛比人還忙，又要度化眾生，又要保佑人家病痛叫他速好，又要管人家的婚姻，叫他成就，你說可忙不忙？可好笑不好笑？」

一時黛玉紅了臉，啐了一口道：

「你們都不是好人！再不跟著好人學，祇跟著鳳丫頭學的貧嘴賤舌的。」

曹雪芹非常巧妙地表現了黛玉、寶釵的心理，這是圍繞主題，加強主角的寫法。這一回不但寫出家庭的恩怨，也涉及寶玉、黛玉、寶釵的三角關係，王熙鳳逢五鬼之前曾開黛玉的玩笑說：「你既吃了我們家的茶，怎麼還不給我們家作媳婦兒？」寶釵笑道：「二嫂子的詼諧，真是好的。」黛玉道：「甚麼詼諧？不過是貧嘴賤舌，討人厭罷了！」

在賈府中，王熙鳳是炙手可熱的權臣，除了老祖宗賈母敢罵她是鳳丫頭，貧嘴賤舌之類的話外，祇有林黛玉一人敢捋虎鬚。林黛玉沒有薛寶釵世故圓滑，林黛玉的可愛在此，失敗也在此。

作者對於這兩位情敵的性格，把握得十分穩當。言為心聲，曹雪芹是運用語言表現人物極為成功的作家。

二十一　信口雌黃寶玉犯忌　陰錯陽差黛玉傷心

曹雪芹寫寶玉、黛玉的愛情，細膩之至，寫小紅和賈芸的事，也極生動。在二十四回「癡女兒遺帕惹相思」和二十六回「蜂腰橋設言傳心事」，描寫小紅恍恍惚惚的心理，有獨到之處。寫他們兩人在蜂腰橋相遇的表情，也很生動。「那賈芸一面走，一面拿眼把小紅一溜，那小紅祇裝著和墜兒說話，也把眼去一溜賈芸，四目恰好相對。小紅不覺把臉一紅，一扭身，往蘅蕪院去了。」這種眉目傳情，是中國少男少女獨特的戀愛方式，曹雪芹信筆寫來，十分真切。

曹雪芹寫林黛玉「瀟湘館春困發幽情」那就更細膩了。寶玉打發賈芸去後，懶懶的歪在床上，似有朦朧之態，襲人要他出去逛逛，他便走到瀟湘館來，這時的瀟湘館是一種甚麼情景呢？「祇見湘簾垂地，悄無人聲。走至窗前，覺得一縷幽香，從碧紗窗中暗暗透出。」作者這種寫法正是製造氣氛。《紅樓夢》寫景很少，寫意最多。但他不是不會寫，相反的，他寫得最好，不像西洋小說家那麼嚕囌累贅。看了十七回「大觀園試才題對額」，就知道曹雪芹是此中能手。而寶玉這次來到瀟湘館，作者祇用「鳳尾森森，龍吟細細」八個字來形容它。這是多麼簡練的寫法，而這種寫法，又不是西洋畫的寫實，而是中國畫的寫意。

正如霧裏看花，益增其美，了無俗氣。

作者又是怎樣寫黛玉的幽情呢?他先製造了氣氛，再寫：「寶玉便將臉貼在紗窗上看時，耳內忽聽得細細的長歎一聲，道：『每日家，情思睡昏昏！』就是這麼一長歎，完全洩漏了黛玉的一種無可奈何的悵惘心情。初戀的少女，十之八九都有這種情緒，尤其是黛玉這一型的女人。而曹雪芹除了寫出她這種心理狀態，又寫她的動作。「寶玉聽了，不覺心內癢將起來。再看時，祇見黛玉在床上伸懶腰。」這種動作和那一聲長歎，簡直是把黛玉的心捧出來給大家看。比意識流的寫法不知道高明多少!曹雪芹能用最簡練的文字，展開人物的內心世界，而又不造成一片紊亂，不使讀者暈頭轉向，反而把讀者吸引進去與書中人物打成一片。這纔是最上乘的表現方法。但是作者展示給我們看的寫作技巧還不止此，不妨再看下去。

寶玉在窗外笑道：「為甚麼『每日家，情思睡昏昏』的?」一面說，一面掀簾子進來了。黛玉被他發現心裏的祕密，她的反應如何?作者告訴我們：

「黛玉自覺忘情，不覺紅了臉，拿袖子遮了臉，翻身向裏，裝睡著了。」

曹雪芹寫黛玉的嬌羞心理和動作，真的妙極了，在別人的作品裏面，很難看到這麼細膩的手法。

以後寫寶玉和黛玉的談話、舉動，著筆不多，卻生動無比。寶玉要黛玉的丫頭紫鵑砌盌好茶給他喝，黛玉要紫鵑先給她舀水洗臉，紫鵑道：

「他是客，自然先砌了茶來，再舀水去。」說著，倒茶去了。

寶玉笑道：

「好丫頭！『若共你多情小姐同鴛帳，怎捨得叫你疊被鋪床』？」

黛玉登時急了，撂下臉來，說道「你說甚麼？」寶玉笑道：「我何嘗說甚麼？」黛玉便哭道：

「如今新興的，外頭聽了村話來，也說給我聽；看了混賬書，也拿我取笑兒；我成了替爺們解悶兒的了！」一面哭，一面下床來，往外就走。（見第二十六回）

黛玉對寶玉用情之深，遠在寶釵之上。但她不許寶玉對她有半點輕薄。黛玉氣質之高，不僅可愛而且可敬。如果沒有曹雪芹的彩筆，我們就看不到林黛玉這種典型人物。作者寫這個人物，也真的是嘔盡心血了！

在這一回裏，作者還穿插了一個粗線條人物薛蟠。薛蟠生日找寶玉吃鮮藕、西瓜，薰的暹羅豬、魚，「假傳聖旨」，說賈政找他。曹雪芹寫薛蟠這個惡作劇，生動風趣。寶玉知道受騙後笑問薛蟠：

「你哄我也罷了，怎麼說是老爺呢？我告訴姨娘去，評評這個理，可使得麼？」

薛蟠忙道：

「好兄弟，我原為求你快些出來，就忘了忌諱這句話，改日你要哄我，也說我父親，就完了。」

薛蟠渾人渾話，無怪寶玉說：「嗳喲，越發的該死了！」因為薛蟠的父親早已去世。曹雪芹寫甚麼人像甚麼人，說話的口氣完全不同。

隨後寶玉說要送他一張字畫，薛蟠又說渾話：

「你提畫兒，我纔想起來。昨兒我看人家一本春宮兒，畫的很好，上頭還有許多的字，我也沒有細看。祇看落的款，原來是甚麼『庚黃』的。真的好的了不得！」

曹雪芹對於這個紈絝子弟當中的粗人，寫得好，也臭得兇！薛蟠和他妹妹寶釵相去真不可以道里計。寶玉有個弟弟賈環，寶釵卻有個哥哥薛蟠，這是巧合，也是作者的對比手法。薛蟠和賈環都是寶釵、寶玉的陪襯。有了他們兩位寶貝，就更顯得寶釵寶玉的出色，在人物創造上收穫更大的效果，作者穿插這段粗人粗事，也使第二十六回多彩多姿。

黛玉見寶玉被賈政叫去一日未回，心中替他耽憂。晚飯後聽說寶玉回來，想問問他是怎麼回事？見寶釵進了寶玉園內，也隨後跟去。偏巧晴雯和碧痕拌了嘴，晴雯把氣移到寶釵身上。黛玉叩門時他正在院內埋怨：「有事沒事，跑了來坐著，叫我三更半夜的不得睡覺！」也不問是誰敲門，便說：「都睡下了，明兒再來罷！」黛玉高聲說：「是我，還不開門嗎？」

晴雯偏偏沒有聽見，又使性說：

「憑你是誰，二爺吩咐的，一概不許放進人來呢！」

黛玉氣怔在門外，自思自想，傷心落淚，又聽見寶釵、寶玉在裏面的笑語聲，愈發傷心，獨立牆角花蔭之下，悲悲切切嗚咽起來。

作者製造的這場誤會，寫得很好，把黛玉多愁善感的性格完全表現出來。而且牽涉到三角關係，又一次洩露了黛玉的真情，這是烘雲托月的手法。曹雪芹匠心獨運，巧妙得很。

二十二　薛寶釵嫁禍　林黛玉葬花

芒種這天，祭餞花神，寶釵、迎春、探春、惜春、李紈、鳳姐等都在園中玩耍，獨不見黛玉、寶釵自告奮勇去瀟湘館找她。忽然看見寶玉進去了。她便站住，低頭想了一想：「寶玉和黛玉是從小兒一處長大的，他兄妹間多有不避嫌之處，嘲笑不忌，喜怒無常。況且黛玉素多猜忌，好弄小性兒，此刻也自己跟進去，一則寶玉不便，二則黛玉嫌疑，倒是回來的妙。」寶釵這種想法，和頭天晚上黛玉看見她走進怡紅院，自思自歎，暗自飲泣，和回到瀟湘館後還倚著床欄杆，兩手抱著膝，眼睛含著淚，好似木雕泥塑的一般，直坐到一更天的情形完全不同。作者製造同類的事件，卻表現出寶釵、黛玉的兩種性格，不愧大手筆。

寶釵離開瀟湘館，去撲蝴蝶，蝴蝶把她引到池邊滴翠亭上。聽見亭那邊有人嘁嘁喳喳說話，原來是小紅和墜兒在談賈芸拾手絹的事。小紅是個機伶丫頭，要推開槅子，免人偷聽，寶釵怕聽了她的短兒，「人逼造反，狗急跳牆」，可是躲又來不及，便使個金蟬脫殼之計，那邊咯吱一聲，寶釵便故意放重腳步，笑著叫道：

「顰兒，我看你往那裏藏！」一面說，一面故意往前趕。寶釵心機之深，反應之快，作者寫來十分生動，她自自然然地嫁禍黛玉，不著半點痕跡。曹雪芹無一字貶責，完全置身事外，這是他過人的涵養，而實際上對寶釵有誅心的作用。我們一般作者，往往把自己的喜怒好惡直接加進去，而所得的效果恰好相反，這就是不如曹雪芹的地方。沒有曹雪芹這種養氣功夫，客觀寫法，就寫不出上好的作品來。

小紅和墜兒推開窗，聽寶釵那樣說，往前趕，兩人都怔住了，寶釵反向她們兩人笑道：

「你們把林姑娘藏在那裏了？」

墜兒道：「我何曾見過林姑娘？」

寶釵道：「我纔在河那邊看見林姑娘在這裏蹲著弄水兒呢。我要悄悄地唬她一跳，還沒走到跟前，她倒看見我了，朝東一繞，就不見了。別是藏在裏頭了？」一面說，一面故意進去尋了一尋，抽身就走。口內說道：「一定又鑽到山子洞裏去了，遇見蛇，咬一口也罷了！」

本來是莫須有的事，薛寶釵卻煞有介事，做得如此自然，真是大奸口吻，大奸行徑。不是曹雪芹的彩筆，不能揭發薛寶釵的包藏禍心。

寶釵的詭計果然得售，小紅那樣精靈的丫頭，也掉進了她的圈套。

要是寶姑娘聽見了，還罷了，那林姑娘嘴裏又愛尅薄人，心裏又細，他一聽見了，倘或走漏了，怎麼樣呢？

林黛玉真是無妄之災，代人受過！讀者之同情這個人物，不僅是由於她和寶玉的好事未諧，她實在是個被犧牲的人物，寶釵就以她作代罪的羔羊。曹雪芹從這類的小事著手，發微掘隱，而又不露絲毫憎恨，實在高明。

小紅被鳳姐招喚，離開了滴翠亭，給鳳姐跑了一趟腿，又被晴雯奚落了一頓。

「怪道呢，原來爬上高枝兒去了，就不服我們說了，不知說了一句話，半句話，名兒姓兒知道了沒有，就把他興頭的這個樣兒！……」

這和小紅上次替寶玉倒了一下茶，就被碧痕罵了一頓一樣。作者不但十分瞭解鳳姐這些主子的心理，也瞭解奴才的心理，給我們看了真正的人性。

小紅雖然被晴雯奚落，卻討了鳳姐的喜歡。

「明兒你伏侍我吧！我認你做乾女兒。我一調理，你就出息了。」這完全是主子的口氣。

小紅聽了好笑，鳳姐以為笑她年輕，便說：「比你大的趕著我叫媽，我還不理呢。」這句話寫盡了世態，而事實上她早已收了小紅的母親做她的乾女兒了，不過她不認識小紅，可見賈府人口的複雜，奴才們想攀上高枝兒真不容易。

黛玉因為昨夜的誤會傷感生氣失眠，起來遲了，連忙梳洗出來，剛到院中，碰見寶玉，寶玉根本不知道晚上的事，一進門便笑道：「好妹妹，你昨兒告了我沒有？我懸了一夜的心。」黛玉連正眼兒也不看他，回頭叫紫鵑：「把屋子收拾了，下一扇紗屜子，看那大燕子回來，把簾子放下來，拿獅子倚住，燒了香就把爐罩上。」

黛玉的任性和故意冷落寶玉的口氣，寫得真絕；而寶玉不知底細，還向黛玉打躬作揖哩。曹雪芹落筆的細膩，自然令人折服。

黛玉一再撂下寶玉，寶玉知她生氣，看見許多鳳仙、石榴落花，兜了起來，奔到那次和黛玉葬桃花的地方，聽見山坡那邊有嗚咽之聲，哭得傷心，邊哭邊說：

> 花謝花飛飛滿天，紅消春斷有誰憐？……爾今死去儂收葬，未卜儂身何日喪？儂今葬花人笑癡，他年葬儂知是誰？……一朝春盡紅顏老，花落人亡兩不知！（見第二十七回）

黛玉哭得傷心，寶玉不覺慟倒山坡上。這一處作者又寫出他們兩人的真情。

黛玉聽見山上也有悲聲，心想「人人都笑我有癡情，難道還有一個癡的不成？」抬頭一看，見是寶玉，便啐道：「呸！我打量是誰，原來是這個狠心短命的——」剛說到「短命」兩字，又把口掩住，長歎一聲，自己抽身便走。

這段文字，寫出了黛玉的矜持，和又愛又恨的複雜心理。黛玉的話語、動作，傳神之至！

黛玉走後，寶玉又趕上去說了一番癡話，而且哭了起來。那些話是出自肺腑的！

「……如今誰承望姑娘人大心小，不把我放在眼裏。三日不理，四日不見的，倒把外四路的寶姐姐、鳳姐姐的放在心坎兒上。我又沒有個親兄弟、親妹妹……」

這番話自然感動了黛玉，便問他昨天晚上怎麼不叫丫頭開門？寶玉說明原委，一場誤會這纔冰釋。黛玉又說俏皮話：

「你的那些姑娘們也該教訓教訓，祇是論理我不該說。今兒得罪了我的事小，倘或明兒寶姑娘來，甚麼「貝姑娘」來，也得罪了，事情可就大了。」

說著，抿著嘴兒笑。

光祇那些話就夠俏皮，再加上抿嘴兒笑，黛玉的風情，便完全表現出來了。曹雪芹寫人物，真的登峰造極。而他製造的那個小誤會就使我們看了兩回好文章，真是大手筆。

二十三　元妃送禮藏玄機　黛玉看戲謔獃雁

王夫人問黛玉吃藥的事，寶玉又逞嘴舌，開藥方，大家七嘴八舌，這一段文字，作者寫得輕鬆生動極了，真是能者無所不能，曹雪芹無論寫甚麼，都是妙筆生花。王夫人罵寶玉的那兩句話：「扯你娘的臊！又欠你老子搥你了！」有愛有瞋，親切自然，曹雪芹用的是口語，妙趣無窮。

賈母的丫頭找寶玉、黛玉吃飯，黛玉也不叫寶玉，起身帶著那丫頭就走。寶玉要跟王夫人吃，寶釵叫他陪黛玉去，說她心裏不自在，寶玉道：「理他呢，過一會就好了。」

寶玉有口無心，這兩句話又自惹煩惱了。

寶玉飯後匆匆忙忙趕到賈母這邊來，看黛玉在裁甚麼，笑道：「哦，這是做甚麼呢？纔吃了飯，這麼控著頭，一會子又頭疼了。」

黛玉不領他這份情，不理他。一個丫頭說那綢子角兒不好，要她再熨，她把剪刀一撂說：「理他呢，過一會子就好了！」

這報復多快？黛玉伶嘴俐舌，令人好笑。

寶玉自討沒趣，寶釵和探春等也來了，寶釵看黛玉裁衣，笑道：「越發能幹了，連裁鉸都會了。」

黛玉又借題發揮，一語雙關地說：

「這也不過是撒謊哄人罷了。」

寶釵笑道：「我告訴你個笑話兒，剛纔為那個藥，我說了個不知道，寶兄弟心裏就不受用了。」

黛玉又說：「理他呢，過一會兒就好了。」

黛玉又借用寶玉的話，一箭雙鵰，乾淨俐落，真是慧心利口。

寶玉心裏明白，便說老太太要抹骨牌，支使寶釵去抹骨牌，寶釵又說：

「我是為抹骨牌纔來的麼？」

寶玉兩面不討好，看了好笑，隨後他又問丫頭是誰叫黛玉裁的？黛玉又把他頂到壁上去：

「憑他誰叫我裁，也不管二爺的事！」

曹雪芹寫寶玉、黛玉這對歡喜冤家和寶釵微妙的三角關係，絲絲入扣，他隨時製造衝突，表現三人微妙的心理。而且沒有一點重覆，筆走龍蛇，變化無窮，妙趣横生，不膩不俗，祇有曹雪芹纔能辦到。

在二十六回作者曾穿插薛蟠，並且扯出馮紫英。二十八回又寫到他們兩人，以及戲子，妓女，唱小曲兒的。寶玉在馮紫英家和他們酒肉徵逐，行新酒令，作者寫得十分熱鬧。曹雪芹對於九流三教的人物，寫來無不得心應手。馮紫英和薛蟠是物以類聚，這位神武將軍馮唐之子，也是鬥雞走狗的人物，不過不像薛蟠那麼粗。倒是妓女雲兒唱的曲子不俗，是喝了幾滴墨水的風塵女子，比薛蟠高明多了。二十六回裏曹雪芹曾把薛蟠挖苦了一頓，在這一回裏又讓他原形畢露。

別人編唱曲子都能順口成章，輪到他，說了一句：「女兒悲——」悲了半天纔想出一句渾話：「嫁個男人是烏龜。」底下的「女兒愁——」他又說出：「繡房鑽出大馬猴。」惹得眾人哈哈笑，第三句：「女兒喜，洞房花燭朝慵起。」眾人都詫異：「這句何其太雅？」但是第四句：

「女兒樂，一根××往裏戳。」就令人噴飯。這真是一句砂糖，一句狗屎。隨後他又唱：「一個蚊子哼哼哼，兩個蒼蠅嗡嗡嗡……」真的笑痛人的肚皮。曹雪芹真是個幽默家，他輕輕地勾畫出這麼一個渾人，令人拍案叫絕！他能寫極雅的事，也不避粗話，完全因人而施，所以讀來格外自然真切，毫無牽強附合之處，更無半點誨淫之意。

唱小旦的蔣玉函，生得嫵媚溫柔，寶玉心中十分留戀，「便緊緊的攥著他的手」，向袖中取出扇子，將玉玦扇墜兒解下送給他，蔣玉函也送他一塊大紅汗巾子，寶玉又將自己的一條松花汗巾送給他，作者又畫龍點睛地畫出寶玉的性格，他和蔣玉函這一番糾葛，就是以後挨打的伏筆。

元妃送端午節禮，寶玉得了上等宮扇兩柄，紅麝香珠二串，鳳尾羅一端，芙蓉簟一領。寶釵和他的一樣。黛玉和二姑娘、三姑娘、四姑娘一樣。這裏面就大有文章，是曹雪芹的重要伏筆，暗示寶玉和寶釵結合，而不是和黛玉，所以寶玉自己也奇怪：「這是怎麼個緣故？怎麼林姑娘的倒不和我的一樣，倒是寶姐姐的和我的一樣？別是傳錯了罷？」因此寶玉叫紫鵑來拿了他那份節禮給黛玉，要她愛甚麼就留下甚麼，這是寶玉的愛心。但是黛玉沒有收，她心裏明白，當寶玉問他時，她說得非常清楚：

「我沒有這麼大福氣禁受，比不得寶姑娘甚麼金哪玉的，我們不過是個草木人兒罷了。」

寶玉賭咒發誓，說他心裏沒有這個想頭，除了老太太、老爺、太太三個人，第四個就是她了。

作者的節禮安排巧妙，因此我們又看到一段絕妙的好文章。當寶玉要看寶釵的那份禮物時，她左腕上正籠著一串，寶釵肌膚豐澤，一時褪不下來。寶玉在旁看著她雪白的肐膊不免動心，再看看寶釵臉若銀盆，眼同水杏，唇不點而含丹，眉不畫而橫翠，比黛玉另具一種嫵媚風流，不覺又呆了。寶釵褪下串子給他，他也忘了接，曹雪芹描寫寶玉心猿意馬的心理，十分深刻。

寶釵見他呆呆的，自己倒不好意思起來，扔下串子，回頭纔要走，祇見黛玉蹬著門檻子咬著絹兒笑呢。這真是「冤家路窄」，作者這一安排又巧又好！先是讓寶玉、黛玉兩人談節禮和金哪玉的事，被寶釵看見，祇裝作未見，低著頭過去了。隨後又讓寶玉看寶釵看得發呆，被黛玉撞見，黛玉卻不走，故意蹬著門檻子，咬著絹子笑，這種動作神情，就和寶釵裝作未見，低頭過去完全不同。當寶釵對她說：「妳又禁不得風吹，怎麼又站在那風口裏？」黛玉卻笑道：

「何曾不是在房子裏來著？祇因聽見天上一聲叫，出來瞧了瞧，原來是個獃雁！」

寶釵道：「獃雁在那裏？我也瞧瞧。」

黛玉道：「我纔出來，他就忒兒的一聲飛了。」（見第二十八回）

黛玉的俏皮和聰明，真的寫絕了！而她口裏說著，還將手裏的絹子一甩，向寶玉臉上甩來，這種動作，配合那種話語，就彷彿一個聰明伶俐，一身靈氣，情竇初開的少女，站在我們面前。曹雪芹寫人物，真是畫龍點睛，破壁飛去。此處寫林黛玉，我們看來真有這種感覺。

二十四 醋海興波唇槍舌劍 負荊請罪指桑罵槐

第二十九回、三十回，作者寫寶玉、黛玉大哭大鬧，寶釵潑醋，扣人心弦。清虛觀打醮，張道士提起寶玉的親事，寶玉心裏不自在，回家來生氣，口口聲說：「從今以後，再不見張道士了！」別人雖然不知道是甚麼緣故，但是我們讀者看來，卻十分明白，因為寶玉心裏早有黛玉。

黛玉從清虛觀回家中暑生病，寶玉不去看戲，不時來探問，怕她有個好歹。黛玉對他說：

「你祇管聽你的戲去吧，在家裏做甚麼？」

寶玉心想：「別人不知道我的心還可恕，連他也奚落起來！」因此立刻沈下臉說：「我白認得你了，罷了罷了！」

黛玉聽了，冷笑兩聲：

「你白認得我了，我那裏能夠像人家有甚麼配得上你呢？」（見第二十九回）

就這樣兩人吵鬧起來，曹雪芹寫他們兩人瞞著真情實話不講，祇兜著圈子生氣的心理，細膩深刻。

兩人為「金」、「玉」之事，不知生了多少閒氣，但這次愈吵愈兇，寶玉賭氣摘下「通靈玉」，狠命往地上摔，摔不破又找東西砸。黛玉見他如此，早已哭起來，說：
「何苦來，你砸那啞吧東西?有砸他的，不如來砸我！」
寶玉冷笑道：「我是砸我的東西，與你甚麼相干！」
襲人見寶玉臉都氣黃了，眉眼都變了，拉著他的手笑道：
「你合妹妹拌嘴，不犯著砸他，倘或砸壞了，叫他心裏臉上怎麼過去呢？」
襲人的話正中黛玉心思，她想寶玉連襲人都不如，愈發傷心大哭起來。吃的香薷飲解暑湯也吐了。紫鵑說：
「雖然生氣，姑娘到底也該保重些，纔吃了藥好些兒，這會子因和寶二爺拌嘴又吐出來了。倘或犯了病，寶二爺心裏怎麼過的去呢？」
紫鵑的話也正中寶玉心思，他想黛玉還不如紫鵑，又見黛玉臉紅頭脹，一行是淚，一行是汗，自己又替不了他，也由不得落下淚來。
曹雪芹利用兩人的丫頭，旁敲側擊，描寫兩人的心理反應。兩人本來就是因愛生氣，所以兩人都哭了。連襲人、紫鵑也心酸的哭了，這又是用的烘雲托月的寫法。下面襲人向寶玉說的：「你不看別的，你看看這玉上穿了穗子，也不該和林姑娘拌嘴呀！」又觸痛了黛玉的心，她奪過去把穗子剪了幾段，又哭又說：
「我也是白效力，他也不稀罕，自有別人替他再穿好的去呢！」九九歸一，這又是一罈兒醋。愛得愈深，醋意愈大，林黛玉為情所苦，惟曹雪芹能一分一毫曲曲道出。

薛蟠生日，家裏擺酒唱戲，賈府諸人都去了，寶玉、黛玉兩人都不去，賈母「不是冤家不聚頭」的話傳到他們兩人耳內，兩人低頭細嚼這句話，又不覺潸然淚下。一個在瀟湘館臨風灑淚，一個在怡紅院對月長吁，一面是襲人勸寶玉陪禮，一面是紫鵑派黛玉的不是。作者利用兩個丫頭，一唱一和，又使兩個冤家見面，不然《紅樓夢》就寫不下去了。

寶玉來時黛玉還賭氣說「不許開門」。寶玉進來她又傷心落淚，寶玉走近床沿陪小心，作者寫得入情入理，層次分明。黛玉說：「你也不用來哄我，從今以後，我也不敢親二爺。權當我去了。」寶玉笑道：「你往那裏去？」黛玉道：「我回家去。」寶玉笑道：「我跟了去。」黛玉說：「我死了呢？」寶玉道：「你死了，我做和尚。」

「你死了，我做和尚。」是曹雪芹的伏筆。以後黛玉死了，寶玉真的出家，可見寶玉是情有獨鍾，不是薄倖人。作者在結構上處處呼應。即使沒有林語堂先生的新考證，我還是決不相信後四十回《紅樓夢》是高鶚寫的。因為在創作上像《紅樓夢》這樣絲絲入扣，表裏如一，是絕對不可能的事。高鶚的貢獻是修補輾轉抄傳錯誤的抄本，與一百二十回《紅樓夢》的創作無關，考據家之穿鑿附會，完全是由於他們不瞭解創作是怎麼回事。

黛玉聽寶玉說要做和尚的話，登時放下臉，問道：

「想是要死了，胡說的是甚麼？你們家倒有幾個親姐姐妹妹呢？明兒都死了，你有幾個身子做和尚呢？等我把這些話告訴人家評評理！」

寶玉臉上紅漲，低了頭，不敢作聲，黛玉兩眼直瞪瞪地瞅了他半天，氣的「噯」了聲，咬著牙用指頭狠命在他額頭上戳了一下，哼了一聲，說道：「你這個——」剛說了三個字，便又歎了一口氣，仍拿起絹子來擦眼淚。

上面那幾句話和這行描寫，多麼生動深刻？黛玉的心理變化，情感起伏，都從一言一語，一舉一動中表現出來。曹雪芹的文字，真有無比的魅力！使黛玉的每一句話，每一個小動作，都帶著濃厚的情感，感動當時的讀者，感動千萬年後的讀者，曹雪芹的筆尖，突破了時間，突破了空間，進入了永恒。

寶玉也有所感，不覺落淚，忘了帶絹子，便用衫袖去擦，黛玉一眼看見他穿的簇新藕合紗衫，竟去拭淚，便一面自己拭淚，一面回身將枕上的一方絹帕拿起來，向寶玉懷裏一摔，一語不發，仍掩面而泣。這段文字令人看了迴腸盪氣，黛玉沒有死，兩百年後的今天，她還活著！

寶玉見她摔了帕子來，忙接著拭了淚，又挨近前些，伸手拉了她一隻手，笑道：「我的五臟都揉碎了，你還祇是哭，走罷，我和你到老太太那裏去罷。」

黛玉將手一摔，道：

「誰和你拉拉扯扯的！一天大似一天，還這麼涎皮賴臉的，連個理也不知道。」

寶玉雖然涎皮賴臉，陪小服低，黛玉在這種情形下，仍不忘禮，令人起敬，此林黛玉之所以為林黛玉，不是濫情的人。

曹雪芹的妙筆還不止於此，黛玉的話未完，祇聽嚷道：「好了！」寶玉、黛玉嚇了一跳，回頭看時，祇見鳳姐兒跑進來，笑道：

「老太太在那裏抱怨天，抱怨地，祇叫我們瞧瞧你們好了沒有……有這會子拉著手兒哭的，昨兒為甚麼又成了烏眼雞似的呢？還不跟著我到老太太跟前，叫老人家放心點兒呢。」

寶玉和黛玉兩人已經夠我們瞧的，曹雪芹還突然插進一個伶牙俐齒的鳳姐，自然更是筆底生花了。鳳姐把他們兩人弄到老祖宗賈母跟前，笑道：

我說他們不用人費心，自己就會好的，老祖宗不信，一定叫我去說和，趕我到那裏說和，誰知兩人在一塊兒對陪不是呢。倒像黃鷹抓住鷂子的腳，兩人都扣了環了，那裏還要人去說呢？

鳳姐的俏皮話，自然惹得滿屋的人都笑，曹雪芹用的「黃鷹抓住鷂子的腳，兩個人都扣了環了」是活生生的語言，形容兩人拉手親密，再恰當沒有，這種活的語言，在小說裏特別有用，自然透著一股生氣。能不能寫好人物？就看作者會不會運用語言，曹雪芹是此中第一高手。

寶釵很少吃醋，這回她卻說了幾句酸話。先是寶玉向她道歉，推說身體不好，沒有去向薛蟠磕頭。又問寶釵怎麼不聽戲去？寶釵馬上回答說她怕熱，「我少不得推身上不好，就躲了。」這是給寶玉的現世報。寶玉又搭訕著把她比作楊妃，寶釵登時紅了臉，冷笑兩聲：「我倒像楊妃，祇是沒有個好哥哥兄弟可以做得楊國忠的。」恰巧這時小丫頭靚兒不見了扇子，以為是寶釵藏了，要寶釵還她，寶釵指著她厲聲說道：

「你要仔細！你見我和誰玩過？有和你素日嘻皮笑臉的那些姑娘們，你該問他們去！」這簡直是脣槍舌劍，指桑罵槐。寶玉沒趣，和別人搭訕。黛玉問她：「寶姐姐，你聽了兩齣甚麼戲？」

寶釵看黛玉面有得意之色，知道是寶玉奚落她，遂了黛玉的心願，便笑道：

我看的是李逵罵宋江，後來又陪不是。

這是以牙還牙。寶玉不識趣，還對她說甚麼這叫做「負荊請罪」。寶釵一箭雙鵰，把他們兩人都奚落了：

原來這叫做「負荊請罪」！你們通今博古，纔知道「負荊請罪」！我不知甚麼叫負荊請罪！（見第三十回）

寶玉、黛玉兩人都羞紅了臉。這是寶釵和他們兩人第一次正面衝突，打翻了一罈兒醋。曹雪芹的安排很妙，先讓寶玉、黛玉兩人鬧彆扭，又讓兩人和好，然後使他們和寶釵碰面，引起衝突，使三角關係更加尖銳。鳳姐雖不懂「負荊請罪」的意思，但她最會察言觀色，笑著打趣：「這麼大熱的天，誰還吃生薑呢？」她一面說一面用手摸腮。「既沒人吃生薑，怎麼這麼辣辣的呢？」

這真是名副其實的「鳳辣子」，二十九回她在清虛觀一掌把個小道士打了一個觔斗，還罵：「小野雜種，往那裏跑？」這回她又打趣寶玉、黛玉，弄得他們兩人愈發不好意思。

鳳姐寶釵走後，黛玉向寶玉說：

「你也試著比我利害的人了。誰都像我心拙口夯的，由著人說呢？」黛玉這些話自然是指寶釵，她也被人說過像小戲子，當時沒有回嘴，祇是生悶氣，不像寶釵反唇相譏。

二十九回三十回情海興波，再加上王熙鳳的打趣，更是有聲有色。

二十五　黃狗吃肉　白狗當差

寶玉來到王夫人房裏，王夫人在涼床上睡覺，金釧兒坐在旁邊捶腿，斜著眼亂晃。寶玉輕輕地走到跟前把她的耳墜子一摘，金釧兒叫他出去，他仍然胡鬧，將自己荷包裏的香雪潤津丹掏了一粒出來向金釧兒嘴裏一送，拉著她的手，說要討了她，兩人在一處。金釧兒說：「你忙甚麼？金簪兒掉在井裏，有你的祇是有你的。」她要寶玉到東院裏拿環哥兒和彩雲去。王夫人翻身起來，照金釧兒臉上就打一個嘴巴，罵了幾句，把金釧兒趕了出去。

寶玉這次胡鬧，卻闖了大禍，以後金釧兒投井，他挨打，都和這件事有關。

他溜出王夫人的房間，忙進大觀園來，看見一個女孩子在薔薇架下用簪子在地上寫字，看那女孩子：「眉蹙春山，眼顰秋水，面薄腰纖，嬝嬝婷婷，大有黛玉之態。」他又癡著，直到雨淋頭，他禁不住說：「不用寫了，你看身上都濕了。」他卻不知道自己也在雨裏，那女孩子提醒他，他纔噯喲一聲，跑回怡紅院。曹雪芹寫寶玉的「癡」，寫到了家。

丫頭們都在院內玩耍，以為寶玉不會回來，寶玉叫門不開，襲人見是寶玉，成了雨打雞，忙來開門，彎腰拍手笑，寶玉一肚子氣，也沒有看清是誰，一腳踢在襲人肋上。這是他頭一遭打人，偏偏誤踢了襲人。

襲人的賢慧，作者在這裏又有很好的描寫。她當著眾人，忍著羞、氣、痛，說沒有踢著，要寶玉去換衣裳。晚上卻吐出一口鮮血。寶玉要叫人燙黃酒，要藥丸，襲人又不要他鬧，說明兒打發小子問問王夫人，弄點藥吃，人不知鬼不覺，遮蓋過去。

寶玉的十四個丫頭，以襲人、晴雯的份量最重，襲人性格似寶釵，晴雯性格近黛玉。晴雯失手把扇子掉在地上，將骨子折斷，又惹來一場吵鬧。晴雯嘴不饒人，連寶玉也不肯讓。她和寶玉吵時，襲人過來勸解，她又把襲人奚落一番。襲人忍著性子說：

「好妹妹，你出去逛逛兒，原是我們的不是。」

晴雯冷笑幾聲說：

我倒不知道你們是誰，別叫我替你們害臊了！你們鬼鬼祟祟幹的那些事，也瞞不過我去！不是我說正經，明公正道的，連個姑娘還沒有掙上去呢，也不過和我似的，那裏就稱起

「我們」來了。（見第三十一回）

這話說得多重，簡直是掀襲人和寶玉的底牌。但她還是一句不饒人，因此寶玉說要打發她。襲人跪著央求，寶玉無奈，三人都哭泣流淚。寶玉在黛玉和寶釵之間左右為難，在襲人、晴雯之間，又無決斷，這證明他自己說的那兩句名言：「女人是水做的骨肉，男人是泥做的骨肉。」一泥見了水不就化了？他在女人之中就是爛泥。曹雪芹最能把握他這種氣質。

晚上寶玉從薛蟠家吃酒回來，踉蹌來至自己屋內。見涼榻上有人睡著，他以為是襲人，一面在榻沿坐下，一面推她，想不到是晴雯，她翻身起來，又沒有好氣對他。他又和晴雯胡扯，晴雯要去洗澡，寶玉笑道：

「我纔又喝了些酒，還得洗洗，你既沒洗，拿水來，偺們兩個洗。」

晴雯搖手笑道：

「罷，罷，我不敢惹爺！還記得碧痕打發你洗澡啊，足有兩三個時辰，也不知道做些甚麼呢，我們也不好進去，後來洗完了，進去瞧瞧，地下的水淹著床腿子，連蓆子都汪著水，也不知是怎麼洗的，笑了幾天……」晴雯又掀了寶玉和碧痕的底。

隨後他們又談到扇子上去，晴雯說她最喜歡聽撕扇子的聲音，寶玉便將扇子遞給她撕，還說：「撕的好，再撕響些。」

寶玉和丫頭們也是這樣胡鬧。

曹雪芹不但將他和黛玉鬥氣的情形寫得好，和丫頭們的胡鬧也寫得十分生動，但是兩種情懷，兩種手法，不落故套，實在難得。

二十六　史湘雲良言逆耳　賈寶玉下令逐客

史湘雲在十二金釵當中，是獨樹一幟的人物，十分可愛。她性格爽朗，心直口快。曹雪芹之偉大，就在於他不僅將寶玉、黛玉、寶釵、鳳姐等人寫得好，而是每一位落到他筆底下的人物，都呈現出獨特的性格形態，絕不相同，即使是小丫頭，亦各有生命，寶玉一個人就有十四個丫頭，就沒有兩個相同，雖說襲人性近寶釵，晴雯性近黛玉，但她們一舉一動，乃至說話的口氣，都和寶、黛不同，為甚麼有這種差別？那是教養和身分的關係。曹雪芹就能把她們區分出來，這是曹雪芹不同凡響之處。

史湘雲的才學和寶釵、黛玉相去不遠，但她的性格和她們兩人完全不同，所以寶釵、黛玉也掩蓋她不住。她敢說出黛玉像戲子，敢穿寶玉的袍子、靴子，敢披賈母的大紅猩猩氈的斗篷，拿了條汗巾子攔腰繫上，和丫頭們在院子裏撲雪人。而且愛說愛笑，「二」、「愛」不分。曾經被黛玉取笑一頓。三十一回、三十二回曹雪芹寫她又入木三分。

她給襲人帶絳紋石戒指來，又和黛玉鬥嘴，說出一番道理來，寶玉笑道：「還是這麼會說話，不讓人。」

黛玉聽了又使小性兒，冷笑道：

「他不會說話就配戴金麒麟了？」一面說著，便起身走了。

原來史湘雲有個金麒麟，寶釵在清虛觀提到時，黛玉就諷刺了寶釵兩句，黛玉對於「金」、「玉」之事最不放心，因為寶釵有金鎖，湘雲有金麒麟，她自己甚麼也沒有。偏偏寶釵、湘雲均非弱者，與她可謂旗鼓相當，而湘雲又口沒遮攔地「寶哥哥」、「愛哥哥」地叫的怪親熱，寶玉和湘雲也很親近，那親近的程度雖不如黛玉，卻遠勝寶釵。毋怪黛玉小心眼兒。曹雪芹能把握這種心理，不是無的放矢。

湘雲的丫頭翠縷，是個渾人，這一主一僕襯托起來，真是相得益彰。曹雪芹會用對比手法，他寫人物的成功，有兩大法寶，一是語言，二是對比。

翠縷和湘雲大談陰陽，令人噴飯。她說：「怎麼東西都有陰陽，偺們人倒沒有陰陽呢？」湘雲沈下臉，罵她幾句，她又說：「我也知道了，不用難我！」湘雲問她知道甚麼，翠縷道：「姑娘是陽，我就是陰。」湘雲拿著絹子掩著嘴笑，她又說：「說的是了，就笑的這麼樣！」

這樣一個傻丫頭，配上湘雲那樣聰明，能說會道的主子，不是一絕嗎？

翠縷在薔薇架下拾到寶玉遺失的金麒麟，這是清虛觀的張道士送給他的。寶玉恰好走來，說要拿給緗雲看，還不知道自己丟了。湘雲笑道：

「幸而是這個，明日倘或把印也丟了，難道也就罷了不成！」

寶玉笑道：

「倒是丟了印平常，若丟了這個我就該死了。」

不要看寶玉回答得輕鬆平常，其實這是他性格中最重要的一部分，他除了愛女人之外，還是一個最鄙視功名利祿的人。

湘雲送襲人戒指，襲人說已經得了。湘雲問她：「是誰給你的？」襲人道：「是寶姑娘給我的。」

從這件小事上，作者又向我們洩漏了寶釵收買襲人的祕密，連史湘雲也沒有識破寶釵這一手，她還歎道：

「我祇當是林姐姐送給你的，原來是寶姐姐給了你。我天天在家裏想著這些姐姐們，再沒有一個比寶姐姐好的……」

大概祇有寶玉心裏明白，所以他說：

「罷、罷、罷！不用提起這個話了。」

史湘雲道：

「提起這個便怎樣？我知道你的心病：恐怕你的林妹妹聽見，又嗔我讚了寶姐姐了，可是為這個不是？」

襲人說她如今大了，愈發心直嘴快，寶玉笑道：

「我說你們這幾個人難說話，果然不錯。」

湘雲馬上頂他：

「好哥哥，你不必說話，叫我惡心。祇會在我跟前說話，見了你林妹妹，又不知怎麼好了。」

史湘雲心直，自然沒有寶釵那種心機，寶釵無形中也把她爭取過去。黛玉失去了襲人和湘雲，處境就更加不利了。

賈雨村要會寶玉，寶玉不願見他，嘴裏抱怨。

湘雲笑道：

「主雅客來勤，自然你有些驚動他的好處，他纔要會你。」

寶玉道：

「罷，罷，罷！我不過是俗中又俗的一個俗人罷了，並不願和這些人來往！」

湘雲笑道：

「還是這個性兒，改不了。如今大了，你就不願意去考舉人、進士的，也該常會會這些為官作宦的，談講談講那些仕途經濟，也好將來應酬事務，日後也有個正經朋友。讓你成年家祇在我們隊裏，攪的出甚麼來？」

寶玉聽了，大覺逆耳，便道：

「姑娘，請別的屋裏坐坐罷，我這裏仔細腌臢了你這樣知經濟的人！」

寶玉一向憐香惜玉，對姐姐妹妹慣於陪小服低，但是湘雲一提到仕途經濟，他就下逐客令，一點也不含糊。

襲人連忙解說：

「姑娘快別說他。上回也是寶姑娘說過一回，他也不管人臉上過不去。咳了一聲，拿起腳來就走了。寶姑娘的話也沒說完，見他走了，登時羞的臉通紅，說不是，不說又不是。——幸而是寶姑娘，那要是林姑娘，不知又鬧的怎麼樣，哭的怎麼樣呢。提起這些話來，寶姑娘叫人敬重，——自己過了一會子去了。我倒過不去，祇當他惱了。誰知過後還是照舊一樣。真真是有涵養，心地寬大的！誰知這一位，反倒和他生分了。那林姑娘見他賭氣不理，他後來不知陪多少不是呢。」

寶玉道：

「林姑娘從來說過這些混賬話嗎？要是他也說過這些混賬話，我早和他生分了！」（見第三十二回）

這幾段話非常重要，寶玉大事不糊塗，他除了在林黛玉等女性面前是一團稀泥，實在是一個有性格有主見的人。讀《紅樓夢》要從這種地方著眼。曹雪芹沒有把《紅樓夢》的主題明白寫出來，但在這些話裏卻透露了不少消息。傷心人別有懷抱，曹雪芹寫《紅樓夢》豈是寫到那裏算那裏?信筆所之的?寶玉、黛玉的投緣，不僅是一般的兒女之情，而是基於共同的思想氣質。這一點特別重要，作者在那些話裏已經說的十分明白了。

黛玉知道湘雲在怡紅院，又知道寶玉近日看些才子佳人外傳野史，都由小巧玩物上撮合，怕寶玉、湘雲也做出那些才子佳人的事來，便悄悄走來察看。恰好聽見寶玉說：「林妹妹不說這些混賬話，要說這話，我也和他生分了!」這是作者故意安排，讓他們兩人的感情更推進一步，讓故事向前發展。

黛玉聽了這些話，又驚又喜，又悲又歎。這裏作者解說了一番。黛玉一面拭淚，一面抽身走。寶玉出來看見她在前面拭淚，連忙趕上去，笑道：

「妹妹，往那裏去?怎麼又哭了?又是誰得罪了你了?」

黛玉回頭看見寶玉，便勉強笑道：

「好好的，我何曾哭來?」

寶玉笑道：

「你瞧瞧，眼睛上的淚珠兒沒乾，還撒謊呢。」一面說，一面抬起手來替她拭淚。

黛玉忙向後退了幾步，說道：

「你又要死了!又這麼動手動腳的。」

寶玉笑道：

「說話忘了情，不覺的動了手，也就顧不得死活。」

黛玉又提到甚麼金，甚麼麒麟，寶玉急得筋都暴起來，一臉的汗，黛玉近前伸手拭他面上的汗。作者寫他們兩人的真情，委婉曲折，黛玉的矜持，和自動替寶玉拭汗，可敬可愛。

以後兩人的談話，表情，曹雪芹寫的十分細膩，黛玉走後，寶玉發呆，自言自語，連襲人都沒有看見，是神來之筆。寶玉走後，襲人想到那些話，也自發怔，寶釵過來，問她為甚麼出神？襲人說：「我纔見兩個雀兒打架，倒很有個玩意兒，就看住了。」作者真有顆玲瓏心，想得出許多妙言妙語，由襲人口裏說出來，更是渾然天成。

史湘雲之來，更加強了寶玉、黛玉的情感。寶釵雖得別人的歡心，可得不到寶玉的真情，寶玉對她實在冷淡得很。

二十七　冰凍三尺寶玉挨打　母恩如天賈政叩頭

金釧兒的投井，是寶玉挨打的導火線，再加上以前和忠順府小旦琪官蔣玉函的那段糾葛，兩罪俱發，是非打不可。

賈政正為忠順親王長府官查問琪官的事生寶玉的氣，偏偏看見賈環帶著幾個小廝一陣亂跑，賈政喝命小廝：「給我快打！」賈環乘機說出金釧兒投井的事，而且添油加醋地講寶玉的壞話：

「我母親告訴我說：寶玉哥哥前日在太太屋裏，拉著太太的丫頭金釧兒強姦不遂，打了一頓，金釧兒便賭氣投井死了。」

曹雪芹寫賈環的進讒，賈政的盛怒，十分生動。賈政一疊連聲大叫：

拿寶玉來！拿大棍，拿繩來！把門都關上！有人傳信到裏頭去，立刻打死！（見第三十三回）

寶玉知道要挨打，抓住一個老媽子要她到裏面傳話，偏偏她是個聾子，和寶玉顛三倒四瞎扯，急驚風遇著慢郎中，這個懸宕製造得好，曹雪芹真是高手。

寶玉被賈政打得氣弱聲嘶，門客勸不住，王夫人趕來，更是火上加油，板子下得又狠又快，寶玉早已動彈不得。王夫人一勸，賈政便要用繩子把他勒死，王夫人抱著寶玉哭賈珠，李紈、鳳姐等也相繼趕來，李紈聽王夫人哭賈珠，也抽抽搭搭哭起來，賈政的眼淚也似走珠一般。

賈母趕來，高潮迭起，她先說：「先打死我，再打死他，就乾淨了。」

賈政躬身陪笑說道：

「大暑熱的天，老太太有甚麼吩咐，何必自己走來？祇叫兒子進去吩咐便了。」

賈母止步喘息，厲聲說：

「你原來和我說話？我倒有話吩咐，祇是我一生沒養個好兒子，卻叫我和誰說去？」

賈母到底是個能說會道的人，她這幾句話重得很，賈政連忙跪下解釋，賈母又教訓他一頓，還命人看轎回南京去。又叫王夫人道：

「你也不必哭了。如今寶玉兒年紀小，你疼他；他將來長大，為官作宦的，也未必想著你是他母親了。你如今倒是不疼他，祇怕將來還少生一口氣呢！」

賈政連忙叩頭說：「母親如此說，兒子無立足之地了。」

三十三回寶玉挨打，作者寫出賈政的嚴和孝，寫出祖孫、母子、父子、夫妻之間的複雜情感，盤根節錯，治絲不亂，纔見功夫。賈環的進讒，則表現了人性的另一面：妒忌。

二十八　一人挨打　兩位關心

寶玉挨打，寶釵首先送藥問傷。如果是黛玉先來，那以後的文章就不好寫。寶釵份量太輕壓不住腳，太重又喧賓奪主。作者讓寶釵先來，很有道理。

寶釵見寶玉好些，便點頭歎道：

「早聽人一句話，也不至有今日！別說老太太，太太心疼、就是我們看著，心裏也——」她剛說了半句，又忙嚥住，眼圈微紅，雙腮帶赤，低頭不語。

寶釵這種情態，洩漏了心中的祕密。寶玉看見這種情形，早將疼痛丟到九宵雲外。心裏想：「我不過挨了幾下打，他們一個個就有憐惜之態，令人可親可敬！假若我一時竟別有大故，他們還不知何等悲感呢！既是他們這樣，我便一時死了，得他們如此，一生事業，縱然盡付東流，也無足歎惜了。」

寶玉真是個情感重於一切的人，作者讓他在這種關頭說這種癡話，最能表現寶玉的性格。

曹雪芹寫寶釵來看寶玉時，手裏托著一粒丸藥。寫黛玉卻大不相同，兩人的份量，從這種地方就可以看出來。

天色將晚，寶玉昏昏沈沈，半夢半醒，忽覺有人推他，聽得悲切之聲，寶玉睜眼一看，不是別人，卻是黛玉。祇見她兩隻眼睛腫得桃兒一般，滿面淚光。黛玉的深情，遠非寶釵可比，作者這種寫法，十分明顯。

寶玉呢，也不是先前聽了寶釵的話的那種想法。他支持不住，噯喲一聲，仍舊倒下，歎了口氣，說道：

「你又做甚麼來了?太陽纔落，那地上還是怪熱的，倘或又受了暑，怎麼好呢?我雖然挨了打，卻也不很覺疼痛。這個樣兒是裝出來哄他們，好在外頭散佈給老爺聽。其實是假的，你別信真了。」

寶玉這番話十分親切、細心、體貼，決非先前那種想法可比，而黛玉也不像寶釵說了那麼多，她心中有千言萬語，要說，一時卻不能說得半句，半天方抽抽噎噎的道：

「你可都改了罷！」

這一句勝過寶釵十句，聽了她這一句，就覺得寶釵那些話淡如水了。曹雪芹的對比寫法十分成功。他像一個大斗，能夠量出兩人感情的深淺。

黛玉聽說鳳姐來了，連忙起身，要從後院出去。寶玉一把拉住道：

「這又奇了，好好的，怎麼怕起他來了？」

黛玉急得跺腳，悄悄的說道：

「你瞧瞧我的眼睛，又該他們拿俗們取笑兒了。」

黛玉的真情、慧心，作者寫得細膩自然之至，沒有半點斧鑿痕跡。寫人物寫到這種地步，歎觀止矣！

寶玉支使襲人向寶釵借書，打發晴雯送兩條舊手絹給黛玉，細心體貼，親疏之分，至為明顯。黛玉也是解人，瞭解寶玉送絹子心意，而且在絹子上題了三首情意綿綿的詩，就在這時，作者寫出黛玉肺病的徵兆。

在這一回裏，作者穿插了襲人對王夫人說怎麼變個法兒叫寶玉搬到園外來住，這個建議對黛玉顯然不利，襲人暗中已經倒向寶釵。寶釵為寶玉挨打的事一再勸哥哥薛蟠，薛蟠氣了找起一根門閂要打死寶玉，又揭露寶釵的心思：「好妹妹，你不用和我鬥，我早知道你的心了。從先媽媽和我說：你這金鎖要揀有玉的纔可配。你留了心，見寶玉有那勞什子，你自然如今行動護著他。」這番話剛好擊中寶釵的要害，所以她氣得哭了一夜。作者利用薛蟠這個渾人，揭發寶釵的陰私，是一妙著。而更妙的是第二天清早起來，寶釵遇著黛玉，黛玉看她無精打彩，眼上有哭泣之狀，便在後面笑道：

「姐姐也自己保重些兒。就是哭出兩缸淚來，也醫不好棒瘡！」

黛玉這幾句話俏皮極了，可是話中有刺，比薛蟠的那幾句話刺得更深。黛玉伶牙俐齒，嘴不饒人，這幾句話最能表現她的性格。

寶玉的挨打，使他和黛玉、寶釵的三角關係更加尖銳了，作者暗中在步步推進，使寶玉、黛玉靠得更近，但週圍的形勢卻在支援寶釵。三十五回裏這種趨勢就更明顯了。

寶釵母女和賈母等在怡紅院看寶玉，賈母說鳳姐拿著官中的錢做人情，惹得大家笑了，寶釵卻乘機奉承賈母：

「我來了這麼幾年，留神看起來，二嫂子憑他怎麼巧，再巧不過老太太。」

這個馬屁拍個正著，換了賈母一聲「我的兒」。寶玉原想勾著賈母讚黛玉，所以他說：「要說單是會說話的可疼，這些姐妹裏頭也衹鳳姐姐和林妹妹可疼了。」可是適得其反，賈母卻讚的是寶釵：

「提起姐妹，不是我當著姨太太的面奉承，千真萬真，從我們家裏四個女孩兒算起，都不如寶丫頭。」

賈母是榮國府的老祖宗，她的話自然很有份量，作者利用賈母的口說出來，大有文章。以後王夫人又指名送兩盌菜給襲人吃，襲人說：「從來沒有的事，倒叫我不好意思的。」寶釵抿嘴一笑，說道：「這就不好意思了？明兒還有比這個更不好意思的呢！」

賈母誇獎寶釵，王夫人指名送菜給襲人吃，這是作者的雙重暗示，兩道伏筆。在形勢上寶玉、黛玉已經輸了。

而在三十六回裏，王夫人將襲人的月例錢提升到和趙姨娘、周姨娘一樣，趙、周是賈政的妾，這一提升，襲人的妾侍地位便確定了。襲人是擁薛的，又得王夫人寵信，黛玉的困難就更大了。

寶玉午睡，襲人坐在他旁邊繡鴛鴦兜肚，旁邊還放著一柄提蚊蠅的白犀麈。寶釵來探望寶玉，襲人出去，寶釵就坐在襲人的位置繡起鴛鴦來。曹雪芹這一暗示很巧。而更巧的是，寶釵坐在寶玉旁邊繡鴛鴦，寶玉卻在夢中暗罵：

和尚道士的話如何信得？甚麼「金玉姻緣」！我偏說「木石姻緣」！（見第三十六回）

言為心聲，寶玉愛誰？實在太明顯了。這種話給寶釵聽是多大的難堪！

寶釵的客觀形勢，黛玉的愛情力量，這兩種勢力的相激相盪，更見寶玉在爭取婚姻自由的掙扎中的痛苦。

曹雪芹的高明，是他給終不置一詞，祇是客觀的描寫。一切訴之讀者，讓讀者自己肚皮裏打官司。《紅樓夢》之為千萬人熱愛，之為千萬人討論，其故在此。

二十九　海棠詩社寶釵請客　菊花題詠黛玉奪魁

探春在迎春、惜春三姐妹中，是最出色的一個，在十二金釵中也可與黛玉、寶釵、湘雲等相提並論，她是趙姨娘生的，但完全不像母親。他知書達禮，而且是個雅人，她發起組織海棠詩社，是大觀園裏一大雅事。

曹雪芹利用海棠詩社，又讓黛玉、寶釵爭奇鬥勝。萬變不離其宗，一切都繞著主要人物轉。這是寫小說的最基本法則。探春雖有詩才，如果以探春為中心，那就是喧賓奪主。所以海棠詩雖然讓寶釵得了第一，菊花詩都被黛玉包辦了前三名，因為她們兩人纔是主角，如再細分，寶釵祇算得是第二女主角，真正的女主角還是林黛玉。作者寫黛玉的高才，可從兩次作詩中看出。

第一次海棠詩限韻限時，別人都悄然各自思索，獨黛玉撫弄梧桐，或看秋色，或和丫頭們嘲笑，等大家都做好了，她纔提筆一揮而就，擲與眾人。她的詩雖然屈居第二，實在比寶釵的出色。李紈不取她的風流別致，卻取寶釵的含蓄渾厚。不是就詩論詩。

自然那些詩都是曹雪芹一個人寫的，但他的詩能切合各人的身份性格，正如說話一樣，各人口氣不同。曹雪芹不賣弄學問，卻真有學問。

湘雲來參加詩社，寶釵邀她到蘅蕪院安歇，這是有心結納；湘雲要設東請客，他知道湘雲一個月幾吊錢不夠使，要哥哥弄幾簍大螃蟹，取幾罈好酒，再備四、五桌果碟子，替湘雲充裏子，這更是討好賣乖。襲人、湘雲都傾向她，黛玉就更加孤立。

當賈母進入藕香榭，說：「這菜想的很好，且是地方東西都乾淨。」湘雲就說：「這是寶姐姐幫著我預備的。」賈母就讚寶釵：「我說那孩子細緻，凡事想的妥當。」這更增加了寶釵的分量。

在藕香榭吃蟹喝酒，作者寫得十分細膩生動。鳳姐的討好賈母，挺起脖子喝酒，和鴛鴦打趣，以及平兒、琥珀的笑鬧，穿插得很好。

菊花詩十二題，寶玉、黛玉、寶釵、湘雲、探春五人分詠。黛玉一個人寫了三首，又包辦前三名，這是作者欲揚先抑的寫法，寶釵兩首落到第七、第八，這就分出高下。寶玉聽李紈評黛玉奪魁，喜得拍手叫道：「極是！極是！」可見寶玉真情。

湘雲、探春的詩也寫的極好，衹是在這裏衹作陪襯。亦如其人，不是主是賓。

三十　王熙鳳貪污盤剝　劉姥姥賣傻裝瘋

鳳姐的弄權、貪污，作者在十五回已經有很好的描寫，那一次就是三千兩銀子。她不僅貪大的，也貪小的，僕人們為了想自己的女孩子頂上金釧兒每月一兩銀子的月例。她也「送甚麼我就收甚麼」（三十六回）。作者在三十九回又寫她拿丫頭們的月例放利。襲人問平兒：

「這個月的月錢，連老太太，太太屋裏還沒有放，是為甚麼？」

平兒見問，忙轉身至襲人跟前，又見無人，悄悄說道：

「你快別問，横豎再遲兩天就放了。」

襲人道：「這是為甚麼？唬你的這個樣兒。」

平兒悄聲告訴他道：

「這個月的月錢，我們奶奶早已支了，放給人使呢，等別處利錢收了來，湊齊了纔放呢。因為是你，我纔告訴，可不許告訴一個人去！」

平兒是鳳姐陪嫁的丫頭，又是賈璉的妾，鳳姐甚麼祕密她都知道。作者利用她的嘴講出來，更是使讀者相信。大觀園的小姐們固然出色，丫頭們也是百中挑一，平兒就是一個。她是鳳姐的助手，但她比鳳姐忠厚、賢德。

在第六回裏作者寫了劉姥姥一進榮國府，三十九回她又來了。這一次她佔了不少篇幅，作者在這裏插進劉姥姥一角，講些村言村語，有清脾醒胃的作用。

劉姥姥這次帶了些棗兒、倭瓜、野菜來，她聽周瑞家的說湘雲她們吃了七、八十斤大螃蟹，她就盤算：「這樣螃蟹，今年就值五分一斤，十斤五錢，五五二兩五，三五一十五，再搭上酒菜，一共倒有二十多兩銀子！阿彌陀佛！這一頓的銀子，夠我們莊稼人過一年了！」這些話一方面說明了「富人一席酒，窮人半年糧」，一方面也吻合劉姥姥的身份，和賈母、王夫人、鳳姐等人的口氣完全不同。

這次劉姥姥又結識了賈母，賈母留她解悶兒，劉姥姥是個老世故，為了討賈母的歡心，故意編了一個「梳著溜油兒的頭，穿著大紅襖兒，白綾子裙兒……」的十七、八歲極標緻的姑娘雪夜抽柴的故事。這故事卻正對寶玉的口味，他連忙問劉姥姥：

那女孩兒大雪地裏做甚麼抽柴火？倘或凍出病來呢？（見第三十九回）

這麼兩句話，又完全表現出寶玉的性格。而當他說：「偺們雪下吟詩，也更有趣了。」黛玉馬上頂他：

「偺們雪下吟詩？依我說，還不如弄一捆柴火，雪下抽柴，還更有趣兒呢。」

黛玉真是個可人，這幾句俏皮話，又表現了黛玉的小心眼兒，曹雪芹寫得真絕！

寶玉還信劉姥姥胡扯，派茗煙去訪那姑娘的祠堂，準備替她修廟。

劉姥姥逗了寶玉，還編了一個吃齋唸佛，感動了觀音菩薩的故事迎合賈母。

賈母設宴大觀園，又讓劉姥姥同去。作者在這一回裏描寫景物最見功夫。到現在「劉姥姥進大觀園」，已成為一般人的口頭禪了。作者寫劉姥姥為了討賈母及眾人歡喜，故意裝傻，讓人取笑，其妙無比。

鳳姐橫三豎四插了劉姥姥一頭的花，賈母和眾人笑的不得了。她也笑道：

「我這頭也不知修了甚麼福，今兒這樣體面起來。」

眾人笑道：「你還不拔下來摔到他臉上呢，把你打扮的成老妖精了！」

她不以為忤，反而笑道：

「我雖老了，年輕時也風流，愛個花兒粉兒的，今兒索性做個老風流！」

這是何等幽默？何等胸襟？

鴛鴦和鳳姐商量了拿她取笑，拿了一雙老年四楞象牙鑲金的筷子給她，又揀了一盌鴿子蛋，放在她桌上。賈母說聲「請」，她站起來高聲說：「老劉，老劉，食量大如牛。吃個老母豬不抬頭！」說完，鼓著腮幫子，兩眼直視。這都是鳳姐、鴛鴦事先告訴她的「規矩」。惹得賈母和眾人大笑。曹雪芹寫各人笑態，各不相同，維妙維肖，生動極了。劉姥姥拿起筷子，祇覺不聽使，又道：

「這裏的雞兒也俊，下的這蛋也小巧，怪俊的，我且得一個兒。」

這話又惹的眾人大笑。鳳姐又說「一兩銀子一個呢，你快嘗嘗罷。」她好不容易夾起來，偏又滑落地上，她歎道：

一兩銀子，也沒聽見個響聲兒就沒了！

事後鳳姐對她說：「你可別多心，剛纔不過大家取樂兒。」鴛鴦也笑著道歉：「劉姥姥別惱，我給你老人家陪個不是兒罷。」劉姥姥忙笑道：

姑娘說那裏的話？偺們哄著老太太開個心兒，有甚麼惱的？你先囑咐我，我就明白了，不過大家取笑兒。我要惱，也就不說了。（見第四十回）

劉姥姥真是大智若愚！真正的老世故。其實是整個大觀園的人都被她耍了一下，連鳳姐、賈母在內。曹雪芹生於富貴人家，不僅會寫富貴人物，寫鄉下老太婆寫到這種地步更令人歎服。劉姥姥的每一句話，都帶著泥土氣，與眾不同，因此這個人物在大觀園裏就顯得特別突出。曹雪芹祇費三兩筆功夫，也勾出板兒這個土頭土腦的孩子。

鴛鴦行酒令時，賈母以至黛玉諸人，吐屬無不典雅，劉姥姥又獨樹一幟。

鴛鴦說：「左邊『大四』是個人。」劉姥姥想了半日說：「是個莊稼人罷？」眾人哄堂，劉姥姥笑道：「我們莊稼人不過是現成的本色兒，姑娘姐姐別笑。」這是活的文學，曹雪芹深知此中奧妙，如果劉姥姥也跟著黛玉她們咬文嚼字，引用詩詞，那不是「一粒老鼠屎，攪壞一鍋羹」？《紅樓夢》還成其為《紅樓夢》？因此，以下劉姥姥和鴛鴦的對答，就更有價值：

鴛鴦：「中間『三四』綠配紅。」

劉姥姥：「大火燒了毛毛蟲。」

鴛鴦：「右邊『么四』真好看。」

劉姥姥：「一個蘿蔔一頭蒜。」

鴛鴦：「湊成便是一枝花。」

劉姥姥：「花兒落了結個大倭瓜。」

這真是莊稼人的本色，和榮國府的公子、小姐完全不同。這兩種人物強烈的對比，就顯出更大的差異。差異愈大，就愈成功。曹雪芹真是天生的小說家。

劉姥姥在大觀園真正丟醜的事是吃飽了酒菜瀉肚子和醉臥寶玉床上兩件事，這兩件事作者寫得生動有趣，現出鄉下老太婆的原形。

在四十一回作者寫了櫳翠庵道姑妙玉。她也是十二金釵中人物，她的「雅」和「潔」有點不近人情，劉姥姥喝清茶的杯子她就不要，寶玉說要人抬水給她洗地，她說祇擱在山門外頭牆根下，別進門來。這就有點心理變態。曹雪芹寫眾生相，無一不工。生活經驗的豐富，見識之廣，表現能力之強，真不可及。

三十一 薛寶釵八面周到 林黛玉一語雙關

劉姥姥又吃又拿，落了黛玉給她取了個「母蝗蟲」的綽號走了以後，大觀園又恢復軟玉溫香的生活。

寶釵叫黛玉，問那從《牡丹亭》、《西廂記》裏溜出的兩句酒令，黛玉羞得滿臉飛紅，滿口央告，寶釵說了一篇大道理，甚麼「連做詩寫字等事，這也不是你我分內之事，……至於你我，祇論做些針線紡績的事纔是，……既認得字，不過揀那正經書看也罷了。最怕見些雜書，移了性情，就不可救了」！可見寶釵滿腦世俗觀念，功利思想。和黛玉的詩人氣質，至情至性，相去甚遠。

惜春奉命畫大觀園圖，黛玉說了不少打趣的刁話，惹得眾人大笑，湘雲笑倒。寶釵代惜春開畫筆顏料等清單，黛玉看了笑著拉探春，悄悄的道：「你瞧瞧，畫個畫兒又要起這些水缸箱子來，想必糊塗了，把他的嫁粧單子也寫上了。」這話更刁，寶釵把她按在炕上要擰他的臉，她笑著央告：

> 好姐姐，饒了我吧！顰兒年紀小，祇知說，不知道輕重，做姐姐的教導我！姐姐不饒我，我還求誰去呢？（見第四十二回）

一語雙關，作者也說「話內有因」，黛玉真是可人。這話不到節骨眼兒，她是不會輕易出口的，她是聰明絕頂的人，客觀形勢她自然瞭解，賈母大宴大觀園，又特別送寶釵案頭擺設，水墨字畫以及白綾帳子等，她心裏怎麼會不明白？那兩句話看來輕鬆有趣，實在是她內心的哀鳴。作者用這種方式出之，更見匠心，既含蓄俏皮，又符合黛玉好強的性格。

三十二　熙鳳做壽尤氏辣心　賈璉偷腥內人潑醋

鳳姐因為很會逢迎賈母，所以賈母十分疼她。從賈母發起湊分子替她做生日這件事，可見賈母是怎樣捧她。自賈母以下，以至丫頭，每人都攤一份，鳳姐意猶未足，還拉出趙姨娘、周姨娘也各出一份，還說漂亮話，怕小看了她們。尤氏悄悄的罵她：

「我把你這沒足戳的小蹄子兒！這麼些婆婆嬸子湊銀子給你做生日，你還不彀，又拉上兩個苦瓠子！」

尤氏說的是公道話。賈母要尤氏替鳳姐辦生日的事，尤氏笑道：「……出了錢不算，還叫我操心，你怎麼謝我？」

鳳姐卻說：「別扯臊！我又沒叫你；謝你甚麼？你怕操心，你這會子就回老太太去，再派一個就是了。」

尤氏笑道：「你瞧瞧，把他倖的這個樣兒！我勸你收著些兒好！太滿了，就要流出來了。」

鳳姐一向拍上壓下，祇供著賈母這個老祖宗，連王夫人面前她也耍花樣，其餘的人更玩弄於股掌之上，全不放在眼裏，尤氏的話自是有感而發。

當鳳姐把銀子封好，交給尤氏時，她說都有了，尤氏當面一點，卻少了李紈一份，因為這一份是她當著眾人的面說要代李紈出的，現在留下李紈的，是要了面子又要裏子，尤氏偏給她當面揭穿，而且對平兒說：

「我看著你主子這麼細緻，弄這些錢，那裏使去，使不了，明兒帶了棺材裏使去！」

這是曹雪芹的春秋之筆。他寫鳳姐的貪和刻薄，總是一針見血。而且在這裏又以尤氏的厚道來襯托鳳姐的刻薄。尤氏將平兒、鴛鴦、彩雲等丫頭的份子退還她們，又把趙姨娘、周姨娘的退還，她們兩人還不敢收。尤氏說：「你們可憐見的，那裏有這些閒錢？鳳丫頭便知道了，有我應著呢。」這一對比，鳳姐的那份德行，自然昭彰顯著了。鳳姐雖然拍得賈母團團轉，隻手遮天。可是曹雪芹總不饒她，不聲不響地拖出她的狐狸尾巴。他在鳳姐身上花的工夫，不在寶玉、黛玉之下，鳳姐的特別突出，是作者的苦心經營。

在這一回裏，作者又寫出寶玉的至情至性，他不給鳳姐行禮湊熱鬧，一大早就一個人帶著茗煙，悄悄地跑到水仙庵偷祭金釧兒，在庵裏吃過飯纔回來。寶玉的身份不比別人，他這一突然的行動，自有文章，一是曹雪芹故意澆鳳姐一頭冷水，二是寶玉本人不值鳳姐為人，作無聲的抗議。照以前他們兩叔嫂那樣親密的情形看，他這一行動更是不凡。妙在作者不加褒貶，不著痕跡。

替鳳姐做生日是賈母發起的，賈母自然捧場，她要尤氏等人進酒，鳳姐多喝了幾鍾，借故出席回家，卻遇上賈璉和鮑二的女人偷雞摸狗，鮑二的女人說：

「多早晚你那閻王老婆死了就好了，……他死了，你倒是把平兒扶了正，祇怕還好些。」

賈璉說：「如今連平兒他也不叫我沾一沾了，平兒也是一肚子委屈不敢說，我命裏怎麼就該犯了夜叉星！」（見第四十四回）

鳳姐先前已經打了兩個把風的小丫頭。作者寫小丫頭的「怯」和鳳姐的「狠」，生動有趣。鮑二女人和賈璉的話也表現了鳳姐的「狠」、「辣」。她隔窗聽見那些話，氣得混身亂顫，又回頭打了平兒兩下，一腳踢開門進去，抓著鮑二家的就撕打，又怕賈璉走了，堵著門，站著罵。隨後又一頭撞在賈璉的懷裏。這都表現鳳姐的「潑辣」。賈璉在牆上拔出劍來，仗酒逞威要殺她，她看見眾人來了，又化「潑」為「弱」。哭著往賈母那邊跑，爬在賈母懷裏，祇說：「老祖宗救我，璉二爺要殺我呢！」隨後又添油加醋，編了一些話，儼然弱者，賈母自然護她，但賈母不是個糊塗人，她的老祖宗的權威不是單靠生了那麼多兒孫建立起來的，她本身自有一套。以才能講，她也能說會道，不在鳳姐之下，但待人比鳳姐寬厚得多，又不像王夫人那樣的老好，她通權達變，也會運用。寶玉挨打時她教訓賈政的那些話，就有斤有兩。鳳姐向她哭訴，她先說：「這還了得！快拿了那下流種子來！」隨後又說：

「甚麼要緊的事？小孩們年輕，饞嘴貓兒似的，那裏保的住呢？從小兒人人都打這麼過。——這多是我的不是，叫你多喝了兩口酒，又吃起醋來了！」

這是多麼世故幽默？第二天賈璉來在她面前跪下請罪，她先啐道：

「下流東西，灌了黃湯，不說安分守己的挺屍去，倒打起老婆來了？鳳丫頭成日家說嘴，『霸王』似的一個人，昨兒唬的可憐！……」

賈璉不敢分辯，她又說：

「鳳丫頭和平兒還不是個美人胚子？你還不足？成日家偷雞摸狗，腥的臭的都拉了你屋裏去！為這起娼婦打老婆，又打屋裏的人，你還虧是大家子的公子出身，活打了嘴了！你若眼睛裏有我，你起來，我饒了你！乖乖的替你媳婦陪個不是兒。拉了她家去，我就歡喜了，要不然，你祇管出去，我也不敢受你的頭！」

一場醋海風波，就被她這樣平息，她這個老祖宗可不簡單，王夫人就辦不到。作者寫賈母這個老祖宗，完全是用說話的口氣表現出來。鮑二家的白賠了一條命。這條命是賈璉、鳳姐造成的。

作者在這一回裏還穿插了寶玉對平兒的憐惜。因為平兒是賈璉的愛妾，鳳姐的心腹，他平日不肯和她親近，平兒挨他們兩夫妻的打，他要替他們兩人賠不是，又服侍平兒搽脂胭，替她熨衣服，洗絹子，這是基於平兒「獨自一人，供應賈璉夫婦二人，賈璉之俗，鳳姐之威，他竟能周全妥貼，今兒還遭荼毒，也就薄命的很了」的同情心理。作者穿插寶玉的偷祭金釧兒，憐惜平兒，正是襯托賈璉之「俗」，鳳姐之「威」、之「辣」，相反的也表現了寶玉的至情，一片純真。曹雪芹的創造人物，不是三刀兩斧砍成的，而是經之營之，細琢細磨的。所以《紅樓夢》的人物都是精工出細貨，眉是眉，目是目，一點也不籠統含糊。

三十三 李紈罵鳳姐「下作」 寶釵吐自己心聲

李紈和鳳姐是妯娌，但這兩妯娌的性格學養不大相同。李紈知書達禮，性情恬澹，與人無爭，和黛玉、寶釵等住在大觀園，是海棠詩社的社長，雖無寶釵、黛玉等的詩才，卻能評判詩的好壞，比鳳姐高明多了。鳳姐是不識字的，卻不學有術，她那份心機，自然是李紈所不及。賈母對鳳姐是疼愛，對李紈是同情，因為李紈少寡，又不會討好賈母。曹雪芹在四十五回纔讓這兩妯娌發生一點瓜葛。從這裏看，李紈並不是一個頭腦簡單的人，而且富有正義感，敢於說話。前兩回作者利用賈珍的太太尤氏罵了鳳姐，這回又用李紈罵鳳姐。還三位平輩媳婦，兩位是厚道人，相形之下，更顯得鳳姐的精明潑辣與喜弄權術。而李紈罵她的話又與尤氏不同，這又可見曹雪芹的筆下多彩多姿。

李紈為了海棠詩社的事和眾姐妹去找鳳姐，一是要她作監社御史，二是要她出錢。鳳姐聽了探春的話心裏自然明白，她說：

「你們別哄我，我早猜著了。那裏是請我做監察御史，分明叫了我去做個進錢的銅商罷咧。你們弄甚麼社，必是要輪流做東道兒。你們的錢不夠花，勾了我去，好和我要錢。可是這個主意不是？」

眾人都笑了，李紈笑道：

「真真你是個水晶心肝玻璃人兒。」

李紈一語道出鳳姐的「精明」，這和別人嘴中的鳳姐又是一種說法，曹雪芹的語彙之豐富生動，明清以來的小說家，無人能及。

李紈說了一句話，鳳姐就說了一大套，計算精得很。所以李紈說：

……真真泥腿光棍，專會打細算盤，分金掰兩的！你這個東西，虧了還託生在詩書仕宦人家做小姐，又是這麼出了嫁，還是這麼著；要生在貧寒小門小戶人家，做了小子丫頭，還不知怎麼下作呢！天下人都叫你計算了去！昨兒還打平兒，虧你伸的出手來！……你們兩個，很該換一個纔是！（見第四十五回）

李紈的這番話雖是笑著說的，可罵的很重，把鳳姐的「德性」都掀了出來。巧的是她也和鮑二家的一般看法，認為她應該和平兒調換一下。鳳姐雖得賈母寵愛，在一般下人和其他人眼裏卻看的比平兒還輕。李紈是一個不愛月旦別人的人，因此她的話更值得我們重視。可見曹雪芹對於鳳姐這個人，心裏是深惡痛絕。她的生日，寶玉偏去祭金釧兒，這簡直是咒她，尤氏罵了不算，李紈又罵她「下作」，對於榮國府的大總管鳳姐，用這種字眼，曹雪芹之鄙視她，可想而知。

作者在同一回裏又寫到寶釵和黛玉。黛玉的病勢漸重，寶釵看她，說了些安慰和醫學方面的話，黛玉是個重情感的人，說了一些感激她的真心話，又感懷身世，自知寄人籬下，不敢再熬甚麼燕窩粥。寶釵笑道：

「將來也不過多費得一副嫁粧罷了，如今也愁不到那裏？」

作者筆底生花，又暗暗透露寶釵的心意。寶釵不同鳳姐，滿腹經論，含蓄深沈，她能感動情敵，自是高鳳姐一等。

曹雪芹突然把唇槍舌劍，變為互剖金蘭，不過是在讀者面前要一下花槍，變換一下口味而已。他寫寶玉披簑戴笠來看黛玉，黛玉把他比作漁翁，寶玉隨後說也送她一頂斗笠，黛玉笑道：

「我不要他。戴上那個，成了畫兒上畫的和戲上扮的那個漁婆兒了。」

作者讓黛玉失言說出「漁婆兒」，羞得臉飛紅。如此林黛玉，既鬥不過寶釵，又有肺病，除死而外，還有甚麼路可走！《紅樓夢》的結局，作者早有安排，也祇有這樣巧妙的安排，纔會使天下人同聲一哭。林黛玉纔能活到現在，活到將來。

三十四　賈赦飽暖思淫　鴛鴦斷髮明志

賈母有兩個兒子，老大賈赦，是賈璉的父親，鳳姐的公公，作者著筆很少。四十六回他要太太邢夫人討鴛鴦作妾，露了嘴臉，邢夫人問媳婦鳳姐有甚麼法子？鳳姐數落了賈赦一頓：「……如今兄弟、姪兒、兒子、孫子一大群，還這麼鬧起來，怎麼見人呢？」邢夫人愚弱，祇知奉承賈赦，反而替丈夫說話。鳳姐在婆婆面前又耍了一手，讓她自己去講。邢夫人真的和鴛鴦當面講，鴛鴦始終不作聲。當她和平兒、襲人三人在一塊時，卻透露了心聲。

平兒、襲人、鴛鴦，是賈府裏三個最得人愛的俏丫頭，除了鳳姐、寶釵、黛玉、湘雲、探春等人之外，作者在她們身上所費筆墨也最多。她們三人的情感也好，鴛鴦對她們兩人說：

「……別說大老爺要我做小老婆，就是太太這會子死了，他三媒六證的娶我去做大老婆，我也不能去！」

鴛鴦為甚麼說這樣的話？可從襲人的話裏去求解答。襲人說：

「這個大老爺，真真太下作了，略平頭正臉的，他就不能放手了。」

作者這麼幾句話，就把賈赦性好漁色表現出來，賈璉之俗、之和下人胡來，竟是有其父必有其子。

鴛鴦不但生得俏，而且性烈，這是她和襲人、平兒不同的地方。她嫂嫂來勸她，她立起身來，照她嫂嫂臉上下死勁啐了一口，指著大罵。沒有幾分烈性，不敢這樣。她又跪在賈母面前，當著嫂嫂、王夫人、薛姨媽、鳳姐等人的面，把邢夫人和她嫂嫂怎麼說，以及賈赦說她戀著寶玉的閒話說了，接著表示決心說：

……當著眾人在這裏，我一輩子別說是寶玉，就是寶金、寶銀、寶天王、寶皇帝——橫豎不嫁人就完了！就是老太太逼著我，一刀子抹死了，也不能從命……（見第四十六回）

她身上藏了一把剪子，一面說一面打開頭髮就鉸。

作者寫她的「烈」和寫她的「美」一樣經濟，突出。這是賈母死後她以身殉的伏筆。前後照應週到。

鴛鴦之所以如此，是迫於賈赦的主人權威。賈赦曾對她哥哥說：

「……自古「嫦娥愛少年」，他必定嫌我老了，大約他戀著少爺們……祇怕也有賈璉。若有此心，叫他早早歇了！我要他不來，以後誰敢收他？這是一件。第二件：想著老太太疼他，將來外邊聘個正頭夫妻去。叫他細想：憑他嫁到誰家，也難出我的手心，除非他死了，或是終身不嫁男人，我就服了她……」

鴛鴦和襲人、平兒不同，她是賈府的「家生女兒」，賈府的世僕，賈赦又襲榮國公世職，賈母一死，她如何跳得出賈赦的手掌心？她既不願屈於淫威，祇好不嫁了。

賈赦和賈政兩兄弟，是兩個不同典型的人物。曹雪芹在賈赦兩夫妻身上所費筆墨甚少，兩人的個性都不含糊。

三十五 湘蓮巧打薛蟠 賈蓉調侃霸王

薛蟠在南京打死了人，跑到賈府來安然無事。這位無法無天的太保，又愛男色、愛戲子。可是走多了夜路總會碰見鬼，終於他挨了柳湘蓮一頓好打。曹雪芹的這段文字也十分出色，決不下於《水滸傳》武松景陽崗打虎。

柳湘蓮原是世家子弟，好耍鎗舞劍，吹笛彈箏，生得又美，不知者都誤認為優伶。賴大家請酒，湘蓮作陪，酒後薛蟠又犯了老毛病。柳湘蓮雖恨不得一掌把他打死，但還是用計把他帶出北門人煙稀少的葦塘旁邊。柳湘蓮並不立刻就打，還笑著要他發誓不告訴別人，薛蟠跪下起誓：

「我要日久變心，告訴人去的，天誅地滅！」

話猶未了，柳湘蓮在他背後鏜的一聲，砸了一掌，打得他滿眼金星亂迸，倒在地下。隨後祇用三分力氣，在他臉上拍了幾下，登時便開了果子鋪。薛蟠想掙扎起來，又被湘蓮用腳尖點倒。「原來是兩家情願，你不依，祇管好說，為甚麼哄出我來打我？」薛蟠一面說一面罵。湘蓮道：「我把你瞎了眼的！你認認柳大爺是誰！你不說哀求，你還傷我！我打死你也無益。祇給你個利害罷！」柳湘蓮說著取了馬鞭過來，打了三、四十下，一面打，一面問，直到薛蟠叫饒，還要他把塘裏髒水喝兩口，薛蟠喝了一口，還未嚥下，就把肚裏的東西吐了出來。柳湘蓮這纔丟下他走開。

薛蟠遍身傷痛，滾得似個泥母豬，賈蓉找來，還要調侃他：

> 薛大叔天天調情，今日調到葦子坑裏，必定是龍王爺也愛上你風流，要你招駙馬去，你就碰到龍犄角上了！（見第四十七回）

曹雪芹用這個巧法子懲罰無法無天的薛蟠，也是別具匠心。柳湘蓮不在大庭廣眾中打他，把他騙到沒有人煙的葦塘旁邊，又打又問，這纔打得過癮。妙在打之前還要薛蟠起誓不告訴別人，讓他啞子吃黃蓮。最後又用賈蓉來調侃他，令人會心一笑。鳳姐毒設相思局，也是用賈蓉冒充她。賈蓉在賈府的公子哥兒中，是個聰明、漂亮、淘氣，又有幾分幽默的人，紈絝氣息中還有幾分可愛。不像薛蟠一身粗氣，不像賈璉一身俗氣，也不像寶玉那麼癡情那麼文雅，他是自成一格：風流輕佻還帶著一點書卷氣。曹雪芹安排他來找獃霸王薛蟠，也是一大妙筆。

三十六　智者千慮一失　寶琴錦上添花

薛蟠是個把「唐寅」認作「庚黃」的粗人，作者曾兩次奚落這位世家子弟。他的妾香菱卻愛作詩，這對薛蟠也是一大諷刺。香菱是他強橫霸道奪過來的，而且出了人命。他捱了柳湘蓮的打，無臉見人，跟隨夥計出門學做生意後，香菱就住進大觀園跟黛玉學詩，作者寫她的詩「迷」寫得很好。但四十八回除了穿插了一點賈赦勒索石獃子的扇子，雨村助紂為虐，四十九回寶琴等來大觀園外，以及五十回，幾乎全是讀詩、寫詩、聯句，這固然表現了作者的詩才，聯句詩寫得更生動熱鬧，但所佔篇幅太多，五十一回寶琴十首懷古絕句，更顯得累贅。如果這三、四回緊縮成一回，那就精彩多了。而這三、四回的另一個缺點是故事重、人物輕，缺少以前四十幾回全心全力表現人物的一貫優點。加重寶琴的份量，也不能製造寶玉、寶釵、黛玉之間的矛盾，因為寶琴已經許配梅家，不可能成為寶玉妻子的候選人。寶琴的到來，祇能增加大觀園的熱鬧，對於寶玉、寶釵、黛玉的三角關係不能起甚麼作用，既不能加強主題，也不能加強主要人物。倒是四十九回寫湘雲的裝束，蜂腰猿背，鶴勢螂形，以及吃酒吃烤鹿肉的那份豪放性格，頗為突出。五十回寫賈母鳳姐要分薛姨媽的五十兩治酒銀子的風趣幽默，仍然妙筆生花，對於賈母、鳳姐兩人的性格仍然扣得很緊，韻味十足。

三十七　晴雯剛烈無花草　寶玉真情惜嬌娃

襲人的母親生病，襲人回家，輪到晴雯唱重頭戲，麝月也露頭露臉，曹雪芹連寫了三回小姐們作詩、聯句、製燈謎之後，轉而寫丫頭們，可以調換口味。

麝月伏侍寶玉睡下，三更以後，寶玉夢中叫襲人，麝月不應，晴雯罵她挺屍，麝月笑道：「他叫襲人，與我甚麼相干？」這表現了麝月的淘氣。

麝月單穿著紅綢小綿襖兒替寶玉倒茶，寶玉怕她冷，要她穿了自己的皮襖去。麝月出去看月色，晴雯想唬她，不穿衣服跟了出去，寶玉又說：「罷呀！凍著不是玩的！」又怕麝月受驚，高聲說：「晴雯出來了！」作者寫寶玉的憐香惜玉，和晴雯、麝月的淘氣，寫得生動有趣。

晴雯和襲人的性格完全不同，她對寶玉這位主子和襲人同樣忠，可不像襲人那麼柔順，她聽了寶玉通風報信，忙抽身回來，笑道：

「那裏就唬死了他？偏慣會這麼蠍蠍螫螫，老婆子的樣兒！」

這完全不像襲人的口氣，也不像奴才對主子的態度，完全是平輩姐妹的說法，而且帶著教訓意味，此晴雯之所以為晴雯，曹雪芹筆下沒有相同的人物。

寶玉除了解釋一番，又叫他「快進被來渥渥罷」。晴雯自然渥在他的被裏，寶玉和晴雯不避嫌疑，不讓襲人。晴雯病了，他又怕王夫人要她搬回去養病，告訴李紈偷偷地請御醫來看。老嬤嬤傳來李紈的話：「兩劑藥好了便罷，若不好時，還是出去為是。如今時氣不好，沾染了別人事小，姑娘們的身子要緊。」

晴雯聽了氣的嚷道：

「我那裏就害瘟病了？生怕招了人！我離了這裏，看你們這一輩子都別頭痛腦熱的！」

晴雯個性之強、之不饒人，於此可見。

晴雯臥病，平兒來把麝月叫去，晴雯疑心。平兒是說墜兒偷了她的蝦鬚鐲的事，為了顧全寶玉的面子，又怕晴雯知道打罵墜兒，嚷了出去，告訴麝月等襲人回來，變個法子打發出去。寶玉偷聽了平兒的話又告訴晴雯，晴雯聽了「娥眉倒蹙，鳳眼圓睜，即時就叫墜兒」，雖經寶玉勸住，後來趁寶玉不在，還是抓住墜兒用「一丈青」在墜兒手上扎了一頓，打發出去，宋嬤嬤勸她等花姑娘回來再打發，晴雯卻說：

「甚麼『花姑娘』、『草姑娘』的，我們自然有道理，你祇依我的話，快叫他家的人來領他出去。」

晴雯的剛強烈性，與襲人的溫柔和順，恰是強烈的對比。寶玉身邊有這麼兩個丫頭就夠瞧的了。可是麝月也是伶牙俐齒。墜兒的母親諷刺晴雯背地直叫寶玉的名字，麝月就擋了回去：

「嫂子，你祇管帶了人出去，有話再說。這個地方，豈有你叫喊講理的？……就是叫名字從小兒直到如今，都是老太太吩咐過的。……嫂子原也不得在老太太、太太跟前當些體統差使，成年家祇在三門外頭混，怪不得不知道我們裏頭的規矩！……家裏上千的人，他也跑來，我也跑來，我們認人問姓還認不清呢！」

寶玉的十四個丫頭，作者隨便寫到那一位，都各有特色，看來容易，寫起來卻是最難的事，批評家與作家的區別，關鍵亦在此。作者寫晴雯抱病替寶玉補玉孔雀裘事，更表現了晴雯的能幹、忠心和剛強。

三十八　侯門深似海　靈犀一點通

一座大觀園，使劉姥姥眼花撩亂，醉臥怡紅院，曹雪芹已盡了描寫景物的能事。而五十三回「寧國府除夕祭宗祠，榮國府元宵開夜宴」也是大手筆寫大場面。這種大場面《金瓶梅》裏沒有，別的小說裏也很少見。要拍大場面的電影，這一回就夠瞧的。如再加上大觀園那是何等氣魄？我們有比《飄》更好更偉大的《紅樓夢》，就是沒有能拍出比《亂世佳人》更好的電影製片家！而把《紅樓夢》拍成黃梅調，其幼稚無知令人髮指！《紅樓夢》之被蹧踏無過於此！

我們先看黑山莊莊頭烏進孝送給寧國府的年禮：

大鹿三十隻。獐子五十隻。麅子五十隻。暹豬二十個。湯豬二十個。龍豬二十個。野豬二十個。家臘豬二十個。野羊二十個。青羊二十個。家湯羊二十個。家風羊二十個。鱘鰉魚二百個。各色雜魚二百斤。活雞、鴨、鵝，各二百隻。風雞、鴨、鵝，二百隻。野雞、野貓，各二百對。熊掌二十對。鹿筋二十斤。海參五十斤。鹿舌五十條。牛舌五十條。蟶乾二十斤。榛、松、桃、杏瓤，各二口袋。大對蝦五十對，乾蝦二百斤。銀霜炭上等選用一千斤，中等二千斤。柴、炭三萬斤。御田胭脂米二擔。碧糯五十斛。白糯五十斛。粉秔五十斛。雜色梁穀各五十斛，下用常米一千擔。各色乾菜一車，外賣梁穀牲口各項，折銀二千五百兩。外門孝敬哥兒玩意兒：活鹿兩對，白兔四對、黑兔四對，活錦雞兩對，西洋雞兩對。

（見第五十三回）

這些東西和銀子平常百姓家那能看見？我們也祇在紙上一飽眼福，但賈珍還說烏進孝：「今年你這老貨又打擂臺來了。」「我算定你至少也有五千銀子來。這夠做甚麼的？……真真是叫別過年了。」而烏進孝說：「今年年成實在不好。從三月下雨，接連著直到八月，竟沒有一連晴過五、六日。九月一場碗大的雹子，方近二、三百里地方，連人帶房，並牲口糧食，打傷了上千上萬的，所以纔這樣，小的並不敢說謊。」

如果是年成好，那當然更不止此數了。而榮國府的莊地比寧國府更多幾倍。這兩府的家當也就可想而知，無怪能造大觀園，能錦衣玉食。

賈珍將各項東西除留出供祖宗的、家用的、送榮府的，多餘的分給族中沒有進益的人，賈芹有了事也來領，被賈珍訓了一頓，攆走。這個穿插很好，顯出賈府族中貧富不一，子弟良莠不齊，不是清一色的富貴，也不是清一色的聖賢。文學作品最忌一面倒，必須多樣性。賈府裏如果沒有焦大說「爬灰的爬灰，養小叔子的養小叔子」的事，《紅樓夢》也就不會這樣多彩多姿，也就沒有這麼高的文學價值。曹雪芹的高明，也應從這些地方去看。

作者寫寧國府從大門、儀門、大廳、暖閣、內廳、內三門、內儀門、內垂門、直到正堂、一路正門大開，給人一種「侯門深似海」的印象。賈氏宗祠的氣派和御筆對聯金匾，也非比尋常。而祭祖時的左昭右穆，排班立定，那許多規矩，更非小戶人家所能得見。「俟賈母拈香下拜，眾人方一齊跪下，將五間大廳，三間抱廈，內外廊簷，階上階下，兩丹墀內，花團錦簇，塞的無一些空地、鴉雀無聲，祇聽鏗鏘叮噹，金鈴玉珮微微搖曳之聲，並起跪靴履颯沓之響……」賈府人口之多。陣容之盛，以及莊嚴肅穆氣氛，於此可見。曹雪芹會寫小兒女，也會寫大場面。

榮府唱戲，用大籮筐抬錢向臺上撒，也是大手面。

賈母看戲、聽說書、講笑話、擊鼓傳梅，以及鳳姐的討她歡心，寫得細膩，也可以看出曹雪芹一肚皮的學問。

五十四回熱鬧場中作者筆下還寫出寶玉的體貼鴛鴦和襲人，容忍下人，以及寶玉、黛玉的深情。

賈母命寶玉替姐姐妹妹斟酒，都要她們乾杯，寶玉一一按次斟上。至黛玉前，偏她不飲，拿起杯來，顫在寶玉唇邊。寶玉一氣飲乾。黛玉笑說「多謝」。這寫出「心有靈犀一點通」，和「相敬如賓」的心情。作者很多回沒有專寫寶玉、黛玉了，祇在字裏行間透露一點消息。此其一例。但這麼寥寥幾筆，卻勝過許多累贅筆墨，「顫在寶玉唇邊」這一句就包涵了許多情感，而「顫」字用得尤其妙，使我們彷彿看到黛玉的心跳。曹雪芹不僅在一章一回上用功夫，甚至在每一個字上都用功夫。「寶塔不是一天造成的」，「精工出細貨」，曹雪芹「在悼紅軒中披閱十載」，一部《紅樓夢》嘔盡了他的心血！乃至死時無以為殮，令人擲筆三歎！他為我們留下這部傑作，又令人五體投地。千百年後，西洋人若都認識方塊字，曹雪芹還要大走死運。

三十九 探春鐵肩擔道義 熙鳳慧眼識英雄

鳳姐小產，王夫人命李紈、探春接替她的職務，託寶釵照顧大觀園中事務，這無異是三人執政團，但李紈是好人，寶釵是客卿，重頭戲就落在探春身上。作者以五十五、五十六兩回的篇幅來寫探春，以前她在黛玉、寶釵之中隱而未露，這次作者卻讓她出人頭地。探春的能幹、公正、嚴謹，寫得十分出色，和寫鳳姐協理寧國府異曲同工，而分量更重。

探春是趙姨娘所生，因為趙姨娘是個不識大體的人，平時她心裏就覺得矮人三分。作者又先用趙姨娘來和她過不去。這是絕妙的寫法。

趙姨娘的兄弟趙國基去世，吳新登的媳婦來回她，不表示意見，存心看她的笑話。李紈說照襲人的媽例賞四十兩，探春卻問吳新登媳婦老例如何？她說忘了，探春笑道：

「你辦事老了的還不記得，倒來難我們？……還不快找了來我瞧！再遲一日，不說你們粗心，倒說我們沒有主意了。」

這是探春給刁僕初顯顏色。隨後她參酌舊賬賞趙國基二十兩。趙姨娘卻趕來一頓數落。趙姨娘祇講私情，探春卻講公理。一個從小處著眼，一個從大處著手，因此造成母女衝突。趙姨娘氣得問道：

「誰叫你拉扯別人去了？你不當家，我也不來問你。你如今現在說一是一，說二是二！如今你舅舅死了，你多給二、三十兩銀子，難道太太就不依你？分明太太是好太太，都是你們尖酸刻薄！可惜太太有恩無處使！——姑娘放心！這也使不著你的銀子。明日等出了閣，我還想你額外照看趙家呢！如今沒有長翎毛兒就忘了根本，祇揀高枝兒飛去了。」

探春氣得臉白氣噎，愈發嗚嗚咽咽的哭起來，因問道：

誰是我舅舅？我舅舅早陞了九省的檢點了！那裏又跑出一個舅舅來？我倒素昔按禮尊敬，怎麼敬出這些親戚來了！——既這麼說，每日環兒出去，為甚麼趙國基又站起來？又跟他上學？為甚麼不拿出舅舅的款來？何苦來！誰不知道我是姨娘養的？必要過兩三個月尋出由頭來，徹底翻騰一陣，怕人不知道，故意表白表白！……

那時的社會，妾侍沒有地位，世家的禮數又嚴，探春這番話仍然是圍著理字講，她認王夫人是娘沒有錯，賈政向女兒元春行跪禮，口稱娘娘，禮制如此，不得不然。

作者為了表現探春一是一，二是二，又用平兒傳話：「奶奶說：趙姨奶奶的兄弟沒了，恐怕奶奶和姑娘不知有舊例。若照常例，祇得二十兩，如今請姑娘裁度著，再添些也使得。」

探春忙說道：

「又好好的添甚麼？誰又是二十四個月養的……你主子真個倒巧：叫我開了例，他做好人，……你告訴他：我不敢添減，混出主意。他添，他施恩，等他好了出來，愛怎樣添怎麼添！」

作者寫探春做人做事都有分寸，不徇情枉法，先以她母親趙姨娘和鳳姐作試金石，再以賈環和賈蘭學裏的八兩銀子問題難她，頗見匠心。賈環是她的同胞兄弟，賈蘭是她的姪兒，是李紈的兒子，李紈又是和她共同當家的主子，這都是棘手的人事。但是她當機立斷地處理了。她說：

凡爺們的使用，都是各屋裏月錢之內：環哥的是姨娘領二兩，寶玉的是老太太屋裏襲人領二兩，蘭哥兒是大奶奶屋裏領。怎麼學裏每人多這八兩？原來上學去的是為這八兩銀子？從今日起，把這一項蠲了。——平兒，回去告訴你奶奶，說我的話，把這一條務必免了。

從那些話中可以看出探春的精明和魄力。打蒼蠅不算好漢，打老虎纔是英雄。曹雪芹的這種寫法，正是擒賊擒王，如果祇在丫頭和老媽子身上下手，那就表現不出探春的能幹、公正和處事的魄力了。

鳳姐雖然生病，作者卻把鳳姐的替身平兒置身其間，也是高明的安排。平兒的聰明賢慧，作者也充分表現出來。她往往在一旁打邊鼓，替探春樹威。如她指著眾媳婦悄悄地說：

「你們太鬧的不像了，她是個姑娘家，不肯發威動怒，這是他尊重，你們就藐視欺負他。果然招他動了大氣，不過說她一個粗糙就完了，你們就現吃不了的虧！他撒個嬌兒，太太也讓她一二分，二奶奶也不敢怎麼。你們就這麼大膽子小看他，可是雞蛋往石頭上碰？」

這些話說得多麼得體？曹雪芹不是把平兒寫活了？

還有秋紋來催問寶玉和她們的月錢，平兒又對她說：「這是甚麼大事？你快回去告訴襲人，說我的話：憑有甚麼事，今日都別回。若回一件，管駁一件，回一百件，管駁一百件。」秋紋問為甚麼？平兒和眾媳婦告訴她緣故，平兒又說：

「正要找幾處利害事與有體面的人來開例，作法子鎮壓，與眾人作榜樣呢。何苦你們先來碰在這個釘子上？……你聽聽罷，二奶奶的事，他還要駁兩件，纔壓得眾人口聲呢！」

平兒又將探春的作法告訴鳳姐，鳳姐連聲讚她：

「好，好！好個三姑娘！我說不錯！……」

鳳姐是榮國府的總管，賈府第一等能人，一經她品評，探春治事的才能也就確定了。而且她把探春估價得比自己高，可謂英雄識英雄。我們再看鳳姐對兄弟姐妹們的批評：

……這正碰了我的機會，我正愁沒個膀臂！雖有個寶玉，他又不是這裏頭的貨，縱收伏了他，也不中用。大奶奶是個佛爺，也不中用。二姑娘更不中用，亦且不是這屋裏的人。四姑娘小呢。蘭小子和環哥兒更是個燎毛的小凍貓子，祇等有熱灶火炕讓他鑽去罷。……林丫頭和寶姑娘，他兩個人倒好，偏又都是親戚，又不好管偺們家務事。況且一個是美人燈兒，風吹吹就壞了；一個是拿定了主意，『不干己事不張口，一問搖頭三不知』，也難十分去問他。倒祇剩了三姑娘一個，心裏嘴裏都也來得；又是偺家的正人，太太又疼他；雖然臉上淡淡的，皆因是趙姨娘那老東西鬧的，心裏卻是和寶玉一樣呢。……按正禮天理良心上論，偺們有他這一個人幫著，偺們也省些心，與太太的事也有益。若按私心藏奸上論，我也太行毒了，也該抽回退步，回頭看看。……趁著緊溜之中，他出頭一料理，眾人就把往日偺們的恨暫可解了。還有一件，我雖知你極明白，恐怕你心裏挽不過來，如今囑咐你：他雖是姑娘家，心裏卻事事明白；不過是言語謹慎。他又比我知書識字。更利害一層了。如今俗語說「擒賊必先擒王」，他如今要作法開端，一定是先拿我開端。倘或他要駁我的事，你可別分辯，你祇越恭敬越說駁的是纔好。千萬別想著怕我沒臉，和他一強就不好了。（見第五十五回）

鳳姐的這番話，固然把寶玉、李紈、迎春、惜春、賈蘭、賈環、黛玉、寶釵、探春諸人，一針見血地評了出來，也表現了她自己的大奸雄的性格和胸襟。曹雪芹這一竹篙真打倒一船人！用鳳姐一人的嘴，把許多人都描繪出來，連她自己的心理性格都和盤托出，這真是橫掃千軍的大手筆。而語言的生動活潑，形容人物之妙，更是曹雪芹的「絕招」！他以「佛爺」形容李紈的老好，以「美人燈兒」形容林黛玉的多愁多病身，以「不干己事不張口，一問搖頭三不知」形容薛寶釵的世故圓滑，真是再恰當沒有。五十五回最後他寫鳳姐和平兒的對話，更加傳神，這一主一僕，他更寫絕了。

五十六回她接著寫探春興利除弊，他為了表現探春能幹，比寫鳳姐協理寧國府所費的筆墨還多。鳳姐針對寧國府的五大弊端，料理秦可卿的喪事。探春也減了姑娘們每月有名無實的二兩頭油脂粉錢，還指定專人管理園內花果、竹子、稻田等事。每年可省下四、五百銀子。寶釵也替園子裏的媽媽們分享了一點小利，使眾人皆大歡喜。

至於這一回裏賈寶玉夢中會甄寶玉，完全是一種襯托，是一百十五回「證同類寶玉失相知」的伏筆。

四十 紫鵑慧心試真假 寶黛激情見肺肝

作者有很多回沒有直接寫寶玉、黛玉的戀情。自四十五回「金蘭契互剖金蘭語」後，連寶釵、黛玉的勾心鬥角也沒有了，而黛玉反而感激寶釵，這可以說是寶釵的勝利。但是寶玉對黛玉仍然是實心實意，而且他心裏比黛玉還明白。五十七回「慧紫鵑情辭試莽玉」，作者又寫得特別好，寶玉、黛玉的真情完全公開了。

黛玉的丫頭紫鵑，作者以前著墨不多，因此沒有鳳姐的丫頭平兒，寶玉的丫頭襲人、晴雯，賈母的丫頭鴛鴦他們給讀者留下那麼深刻的印象。但在五十七回作者卻將她派了大用場。他的彩筆一點，紫鵑又活在讀者的心上，不讓平兒、襲人、晴雯、鴛鴦。

寶玉來看黛玉，黛玉正睡午覺，不敢驚動，問紫鵑「昨日夜裏的咳嗽可好些？」紫鵑說：「好些了。」寶玉笑道：「阿彌陀佛，寧可好了罷！」紫鵑笑道：「你也念起佛來，真是新聞！」這可見寶玉的關心。

寶玉見她穿著彈墨綾薄綿襖，外面衹穿著青緞夾背心，寶玉便伸手向他身上抹了一抹，說道：「穿這樣單薄，還在風口裏坐著，時氣又不好，你再病了，越發難了。」

寶玉的憐香惜玉，卻遭紫鵑正言譏彈：

「從此偺們衹可說話，別動手動腳的。一年大，二年小的，叫人看著不尊重，打緊的那起混賬行子們背地裏說你，你總不留心，還自管和小時一般行為，如何使得？姑娘常吩咐我們，不叫和你說笑。你近來瞧他，遠著你還恐遠不及呢！」說著，便起身攜了針線，進別的房裏去了。

黛玉知書識禮，自己建立起一道禮的防線，不讓寶玉越雷池一步，總是發乎情，止乎禮。近朱者赤，近墨者黑，她的丫頭紫鵑的這番話和舉止，分明是受了她的影響。寶玉像澆了一盆冷水，一個人坐在一塊石上出神落淚。恰被黛玉另一個丫頭雪雁路過看見，心裏疑惑：「怪冷的，他一個人在這裏做甚麼？春天凡有殘疾的人肯犯病，敢是他也犯了獃病了……」一邊想，一邊就走過來，蹲著笑道：「你在這裏做甚麼呢？」

蹲著笑道：「你在這裏做甚麼呢？」寫得多麼親切傳神？一個聰明、活潑、天真，不拘形跡的少女，便躍然紙上了。

雪雁問寶玉不得要領，以為他是受了黛玉的委屈，回來告訴紫鵑，紫鵑又來找他，解釋一番，並且問他前日和黛玉正說「燕窩」為甚麼趙姨娘一進來就不說了?寶玉道：

「也沒甚麼要緊。不過我想著寶姐姐也是客中，既吃燕窩，又不可間斷，若祇管和他要，也太托實……」寶釵送黛玉燕窩後，黛玉確實對她表示好感，以為她並未藏奸，足見黛玉的天真；而寶玉的「若祇管問他要，也太托實」的話，卻比黛玉自己明白得多。「燕窩」之事，拖到現在纔對紫鵑說明，又是曹雪芹使的伏筆，不讓它一瀉而盡，而寶玉當時話未說完，卻先在老太太跟前露了風聲，因此一天給黛玉一兩燕窩。這裏寫出寶玉是個有心人、明白人，而對黛玉又是一片真情。同時也給讀者一個暗示，寶釵送燕窩是「藏奸」，因為他再也沒有提到寶釵繼續送。《紅樓夢》要仔細揣摩，不是一目瞭然，所以耐人尋味，小說家手法的高低，這些地方也可見端倪。但是「含意未盡」，不同於「晦澀難懂」，有些作者往往「誤入歧途」鑽牛角尖，實在是會錯了意。

寶玉對黛玉雖然如此實心，紫鵑還要用話試他：

……我們姑娘來時，原是老太太心疼他年小，……大了該出閣時，自然要送還林家的。終不成林家女兒在你賈家一世不成?……所以早則明年春，遲則秋天，這裏縱不送去，林家亦必有人來接的了。前日夜裏姑娘和我說了：叫我告訴你，將從前小時玩的東西，有他送你的，叫你都打點出來還他，他也將你送他的打點在那裏呢。（見第五十七回）

紫鵑這番話可把寶玉驚獃了！他一頭熱汗。滿臉紫脹，兩個眼珠兒直直的起來，口角邊津液流出，皆不知覺。作者步步進逼，絲絲扣緊，直逼出寶玉這番形象，我們看來都有點不忍，曹雪芹如不狠心就不會寫得這麼好。

寶玉的奶娘李嬷嬷，在他人中上著力掐了兩下，他也不覺得痛，她放聲大哭起來，說不中用了。

襲人趕到瀟湘館找紫鵑，滿面急怒，臉有淚痕。黛玉問是怎麼回事，襲人問道：

「不知『紫鵑姑奶奶』說了些甚麼話，那個獃子眼也直了，手腳也冷了，話也不說了！李媽媽掐著也不痛了，已死了大半個了！連媽媽也說不中用了，那裏放聲大哭，祇怕這會子都死了！」

黛玉聽了襲人這番話，將剛纔所服之藥，一口吐出，啞聲大嗽了幾陣，面紅髮亂，目腫筋浮，喘得抬不起頭來。紫鵑替她搥背，黛玉伏枕喘息了半晌，推紫鵑道：

「你不用搥，你竟拿繩子來勒死我是正經！」

曹雪芹用黛玉的丫頭紫鵑，把寶玉整得那樣，又用寶玉的丫頭襲人，把黛玉弄得不想活命，兩相對照，如見肺腑。他把這一對戀人和這一對丫頭，寫得活龍活現，以言語動作，表現了他們的心理狀態，比意識流小說家的自說自話，不知高明多少。現代主義靜態的說明，怎麼比得上曹雪芹的動態表現？不信，請把喬伊斯的《尤利西斯》，卡繆的《異鄉人》，海明威的《老人與海》，和《紅樓夢》同時閱讀，便知高下。所謂「不怕不識貨，祇怕貨比貨」，《紅樓夢》的價值將來會愈比愈高。

寶玉再見紫鵑就嗳呀一聲哭了出來；聽了一個「林」字，便滿床鬧起來說：「了不得了！林家的人接他們來了，快打出去罷！」而且：「除了林妹妹，都不許姓林了！」看見十錦槅子上陳設的金西洋自行船，便說：「那不是接他們來的船來了，灣在那裏呢！」賈母忙命取下來遞給他，他便掖在被中，笑道：「這可去不成了！」這些都寫得非常生動逼真，刻畫出寶玉深愛黛玉的心理。

後來紫鵑又告訴寶玉：

「你知道我並不是林家的人，我也和襲人、鴛鴦一夥的。偏把我給了林姑娘使，偏偏他又和我極好——比他蘇州帶來的還好十倍——一時一刻我們兩個離不開。如今我心裏卻愁他倘或要去了，我必要跟了他去的。我是合家在這裏，我若不去，辜負了我們素日情長；若去，又棄了本家。所以我疑惑，故說出這謊話來問你，誰知你就傻鬧起來！」

寶玉笑道：

「原來是你愁這個，所以你是傻子！從此後別再愁了！我告訴你一句打躉兒的話：活著，咱們一處活著；不活著，咱們一處化灰，化煙，如何？」

寶玉的話使塵埃落地，曹雪芹費了許多筆墨，弄得人仰馬翻，祇在逼出寶玉這麼幾句話。

紫鵑伏侍寶玉好了，又回到黛玉身邊，把寶玉的情形告訴黛玉，勸她趁老太太在日：「拿主意要緊。」

「姑娘是個明白人，沒聽見俗話說的『萬兩黃金容易得，知心一個也難求』？」

黛玉聽了，反而說：「這個丫頭今日可瘋了！怎麼去了幾日，忽然變了一個人？我明日必回老太太，退回你去，我不敢要你了。」

黛玉口裏雖如此說，卻暗自哭了一夜。這就是黛玉的個性。事實上她是千金小姐，也不能自媒。又沒有一個親人長輩替她說話，這就是她的苦處。所以薛姨娘和寶釵來看她，她看著寶釵在薛姨娘懷裏撒嬌，又傷心流淚。薛姨媽說心裏也很疼她，她就說要認薛姨媽做娘。

寶釵卻取笑她說：

「真的媽媽明日和老太太求了，聘作媳婦，豈不比外頭尋的好？」

這個玩笑開得真不簡單，而薛姨媽又說：

「……我想你寶兄弟，老太太那樣疼他，他又生得那樣，若要外頭說去，老太太斷不中意，不如把你妹妹定給他。……」

黛玉紅了臉。紫鵑卻忙跑來笑道：

「姨太太既有這個主意，為甚麼不和老太太說去？」

薛姨媽笑道：

「這孩子急甚麼？想必催著姑娘出了閣，你也要早些尋一個小女婿子去了。」

薛姨媽、寶釵這對母女，一拉一唱，無異是尋黛玉開心，吊黛玉的胃口，有傷忠厚，薛姨媽何嘗有半點真心為黛玉說親？所以紫鵑那兩句話問得好，最後一句：「姨太太真個倚老賣老的！」罵得也好。

作者安排這一對母女來看黛玉，表現了她們的假猩猩，可謂匠心獨運。表面上看不出寶釵、黛玉的鬥爭，實際上是她們母女兩人玩弄黛玉一人，而黛玉還要認薛姨媽作娘，這是黛玉的天真，也使讀者更加同情她。曹雪芹對這一對母女的「藏奸」，真的寫得含而不露。不仔細推尋，真會被他瞞天過海了。

五十七回曹雪芹費的筆墨多，也寫得真好，他一觸及寶玉、黛玉、寶叉的三角關係，便有神來之筆。

四十一　大魚吃小魚　小魚吃蝦米

五十八回「杏子陰假鳳泣虛凰」，作者寫藕官焚紙錢祭藥官，一個婆子走來干涉，寶玉設詞掩飾，以及芳官和乾娘齟齬，襲人贈花露油等物，晴雯、麝月替芳官說話，要芳官替寶玉吹湯，寶玉要芳官嚐湯等情節，寫得都很細膩生動，表現了老婆子剋扣小丫頭，襲人的賢慧，晴雯、麝月的伶牙俐齒，和寶玉的憐香惜玉，仍是一脈相承的大好筆法。而曹雪芹在語言方面又有突出的表現。加芳官的乾娘罵她：

「不識抬舉的東西！怪不得人人都說，戲子沒有一個好纏的。憑你甚麼好的，入了這一行，都學壞了！這一點子小崽子，也挑么挑六，鹹嘴淡舌，咬群的騾子似的！（見第五十八回）

這完全是老婆子的口吻「咬群的騾子似的」是活的語言，新鮮而有具體形象。五十九回寫寶釵的丫頭鶯兒編柳籃、掐花兒，和寶玉的丫頭春燕姑媽心痛花木，用枴棍打春燕，以及春燕的母親因芳官之氣未平，打女兒耳刮子出氣的心理，刻畫的很好。

小娼婦！你能上了幾年臺盤？你也跟著那起輕浪小婦學！怎麼就管不得你們？乾的我管不得，你是我自己生出來的，難道也不敢管你不成？既是你們這起蹄子到得去的地方我到不去，你就死那裏伺候，又跑出來浪漢子！（見第五十九回）

她這一打，又被麝月等人弄得灰頭灰臉，真的吃不了兜著走。麝月以寶玉作春燕的護身符，以平兒嚇阻何媽，作者輕輕寫出這丫頭的刁鑽。

這兩回作者主要的是寫丫頭老媽子的瑣事。作者又給我看了大觀園裏大魚吃小魚，小魚吃蝦米的眾生相。如這兩回併作一回，在結構上會更緊湊一些。

四十二 賈環母子難為主 探春姑娘一片天

曹雪芹最會運用語言，他所用的多是活生生的語言，因此他筆下的人物也是活生生的。鳳姐病後，平兒更忙，六十回開頭，她正和襲人說話，李紈的丫頭又來找他，襲人等笑道：

「他奶奶病了，他又成了香餑餑了，都搶不到手。」

以「香餑餑」和「都搶不到手」來形容平兒的「吃香」和「忙」，新鮮具體。這種以日常事物作比，比咬文嚼子和陳詞濫調高明百倍。這一回「茉莉粉替去薔薇硝」寫麝月、芳官目無賈環，趙姨娘使氣大鬧，又令人叫絕。

賈環和賈琮來問候寶玉，恰巧春燕帶來蕊官送芳官的薔薇硝，芳官遞給寶玉看，賈環伸頭瞧了一瞧，又聞得一股清香，便彎腰向靴筩內掏出一張紙來，托著笑道。

「好哥哥，給我一半兒！」

寶玉想給他，芳官連忙攔住，想另外拿些給賈環，偏又不見，問別人都說不知，麝月便說：

「這會子且忙著問這個，不過是這屋裏人一時短了使了，你不管拿些甚麼給他的，那裏看的出來?快打發他們去了，偺們好吃飯。」

芳官便將茉莉粉包了一包拿來，賈環喜得伸手來接，芳官忙向炕上一擲。賈環也衹得向炕上拾了，揣在懷內。麝月、芳官之輕視賈環，賈環之無半點主子骨氣，作者輕輕點出。

賈環拿了茉莉粉，興沖沖地來找彩雲獻殷勤，彩雲正和趙姨娘閒談，打開一看，嗤的一笑，說不是薔薇硝，是茉莉粉，賈環笑說橫豎比外頭買的好。趙姨娘說：

「有好的給你?誰叫你要去了?怎麼怨他們耍你?依我，拿了去照臉摔給他去。趁這會子撞喪的撞喪去了，挺床的挺床，吵一出子!大家別心靜，也算是報報仇……寶玉是哥哥，不敢沖撞他罷了;難道他屋裏的貓兒、狗兒，也不敢去問問?」

趙姨娘的性格心理，躍然紙上，她想出氣，賈環卻沒有膽量，聽了她的話，便低了頭。趙姨娘又指著賈環道：

「呸!你這下流沒剛性的東西，也祇好受這些毛丫頭的氣!平白我說你一句兒，或無心中錯拿了一件東西給你，你倒會扭頭暴筋，瞪著眼，撴摔我，這會子被那起毛崽子耍弄，倒就罷了。你明日還想這些家裏人怕你呢!你沒有甚麼本事，我也替你恨!」

賈環聽了，不免又愧又急，又不敢去，祇摔手說道：

「你這麼會說，你又不敢去，支使了我去鬧。他們倘或往學裏告去，我捱了打，你敢自不疼?遭遭兒調唆我去，鬧出事來，我捱了打罵，你一般也低了頭，這會子又調唆我和毛丫頭們去鬧!你不怕三姐姐，你敢去，我就服你!」（見第六十回）

曹雪芹寫這一對母子，入木三分。一個雖身為賈政的姨太太，仍然不識大體，不脫丫頭的小家氣。一個雖為主子，卻窩窩囊囊，為無半點主子骨氣，這一對母子都予人一種又可憐又可厭的感覺。因此也愈發顯出探春的通情達理，可敬可愛。

趙姨娘聽了賈環激她的話，便嚷道：

「我腸子裏爬出來的，我再怕了，這屋裏越發有活頭兒了！」一面說，一面飛也似往園中去了。

這麼幾句話，和「飛也似往園中去了」的動作，把趙姨娘又寫得活龍活現。路上她又遇著夏婆子的挑撥，更是火上加油。她一上來，便將粉照芳官臉上摔來，指著芳官罵：

「小娼婦養的！你是我們家銀子買了來學戲的，不過娼婦粉頭之流，我家裏下三等奴才也比你高貴些！……」

她這一罵，卻招來芳官的反譏：

「……我一個女孩家，知道甚麼粉頭麵頭的！姨奶奶犯不著來罵我，我又不是姨奶奶買的。梅香拜把子，都是奴才罷咧。這是何苦來呢？」

這種對罵，寫得十分精彩。而寫芳官、藕官、蕊官、葵官、荳官等人圍攻趙姨娘，打群架，以及襲人真心拉勸，晴雯一面笑，一面假意拉，又是妙筆生花，更加熱鬧有趣。直到探春、尤氏、李紈三人帶著平兒眾媳婦走來，這場鬧劇纔告結束。而作者又用趙姨娘的親生女兒探春的嘴巴把趙姨娘描寫一番：

「這麼大年紀，行出來的事總不叫人敬佩！這是甚麼意思，也值的吵一吵，並不留體統？耳朵又軟，心裏又沒有算計，這又是那起沒臉面的奴才調唆的，作弄出個獃人，替他們出氣！」

知母莫若女，探春不但把趙姨娘的性格說出來，而且表現了她自己的見識。作者這一著，寫出了絕不相同的母女兩個人，是很經濟有效的手法。

芳官雖是個留在大觀園裏給寶玉使喚的小女伶，曹雪芹寫她的聰明淘氣，伶牙俐嘴很成功。她和趙姨娘的口角，打滾撒潑，撞在趙姨娘懷裏，以及直挺挺地躺在地上，哭得死過去，和後來拿著糕餵雀兒，還說風涼話，這個小人物也被曹雪芹寫活了。而與別的小丫頭、女伶又不相同。曹雪芹的筆真像魔術師的棒，有點石成金的法力。

四十三　熙鳳酷吏性格　寶玉菩薩心腸

六十回芳官向寶玉要了半瓶玫瑰露送柳五兒，六十一回柳五兒又將她舅舅送給她的茯苓霜包了一半送芳官。回來時恰巧被林之孝家的看見，因為王夫人失了一瓶玫瑰露，又在她母親廚房裏搜到了露瓶子，便把柳五兒當賊拿下。瓶子是蓮花兒提供的線索，因為她先要柳五兒的母親蒸盌蛋給司棋吃，柳五兒的母親不肯，得罪了她，告訴司棋帶了小丫頭把箱櫃裏所有的菜蔬「扔出去餵狗」，先有這段過節。作者在一盌蛋上寫出丫頭與老婆子之間的恩恩怨怨，司棋之類的丫頭祇能算是二等奴才，柳家之類的老媽子祇能算是三等奴才，這兩種奴才之間的「尊」、「卑」，曹雪芹不止一次寫到，而且每次都寫得很好，這一盌蛋的事件，寫得也很生動。

林之孝家的拿了柳五兒，當作人贓俱獲的正犯，找著平兒回了鳳姐。在處理這件事情上，作者寫出鳳姐、寶玉、平兒等人的不同性格。

鳳姐一聽見此事，就吩咐平兒：

「將他娘打四十板子，攆出去，永不許進二門；把五兒打四十板子，立刻交給莊子上，或賣或配人。」

這表現了鳳姐對於下人，完全視作奴隸，毫無德意，而後來又對平兒說這樣的話：

依我的主意，把太太屋裏的丫頭都拿來，雖不便擅加拷打，祇叫他們墊著磁瓦子跪在太陽地下，茶飯也不給他們吃，一日不說跪一日，就是鐵打的，一日也管招了。

這更是崇尚嚴刑峻法，刑求逼供，鳳姐的「狠心」，就完全暴露出來，這和寶玉完全不同，寶玉聽芳官告訴柳五兒的事就慌了說：

「露雖有了，若勾起茯苓霜來，他自然也實供。若聽見了是他舅舅門上得的，他舅舅又有了不是，豈不是人家的好意，反被偺們陷害了？」這就是一片仁心。隨後他又央求平兒叫柳五兒說茯苓霜也是芳官給的。平兒告訴他柳五兒已經說了茯苓霜是她舅舅給的。晴雯說是彩雲偷給賈環的，平兒又說告失盜的就是賊。寶玉便往自己頭上攬，代人受過了：

也罷，這件事，我也應起來，就說原是我要嚇他們玩，悄悄的偷了太太的來了，這件事

就都完了。（見第六十一回）

寶玉這種代人受過的作法，鳳姐就批評他：

「雖如此說，但寶玉為人，不管青紅皂白，愛兜攬事情。別人再求求他去，他又擱不住人兩句好話。給他炭簍子戴上，甚麼事他不應承？」

在鳳姐眼裏，寶玉是個爛好人。

平兒對這件事的處置，都和他們兩人不同。襲人對寶玉那種代人受過的作法，認為是一件陰騭事，保全人的賊名兒。祇怕王夫人說他孩子氣。平兒笑道：

「也倒是小事，如今就打趙姨娘屋裏起了贓來也容易，我祇怕又傷了一個好人的體面。別人都不必管，祇這一個人，豈不又生氣？我可憐的是他，不肯為『打老鼠傷了玉瓶兒』。」說著，把三個指頭一伸。

平兒是「投鼠忌器」，怕傷了探春的體面，她不明說探春，而把三個指頭一伸，是多麼聰明伶俐的人？曹雪芹寫得多麼傳神？

而當鳳姐說出要把太太的丫頭墊著磁瓦子跪在太陽地下逼供之後又說：

「蒼蠅不抱沒縫兒的雞蛋，雖然這柳家的沒偷，到底有些影兒，人纔說他。雖不加賊刑。也革出不用。朝廷原有罣誤的，到底不算委屈了他。」

鳳姐是連沒有偷東西的柳家的也不肯放過。平兒卻勸她：

「何苦來操這心？『得放手時須放手』，甚麼大不了的事？樂的施恩呢。……」

鳳姐祇好隨她辦，他便吩咐林之孝家的說：

「大事化為小事，小事化為沒事，方是興旺之家。要是一點子小事便揚鈴打鼓，亂折騰起來，不成道理，如今將他母女帶回，照舊去當差……祇是每日小心巡察要緊。」

平兒不像寶玉那樣的爛好人，也不像鳳姐那樣嚴酷，她寬大而不失法度，她處理彩雲和玉釧兒兩人尤其得體：

「也須得把彩雲和玉釧兒兩個孽障叫了來，問準了他方好；不然，他們得了意，不說為這個，倒像我沒有本事，問不出來。就是這樣完事，他們以後越發偷的偷，不管的不管了。」

平兒是恩威並濟，合乎天理、法度、人情，又是那麼漂亮聰明伶俐，無怪李紈說鳳姐該和她調換一個位置。曹雪芹借玫瑰露和茯苓霜的事，不但把賈府的複雜情形，恩恩怨怨，都寫出來，故事處理得好，鳳姐、平兒、寶玉的性格寫得尤其突出。彩雲的勇於認錯，敢作敢當，賈環的吃飛醋，使小性兒，更使人有彩鳳隨鴉之感。趙姨娘央求彩雲偷王夫人的東西，顯出她的無知和上不得臺盤。曹雪芹描寫這些人物，始終沒有走樣，而且像彫塑一樣，愈彫愈精細。

四十四　湘雲醉臥青石凳　香菱滾濕石榴裙

寶玉、寶琴、平兒、岫煙的生日，作者又寫得相當熱鬧，探春特別囑咐內廚房備了兩桌酒，為平兒祝壽，在這種熱鬧場合中，作者又把湘雲寫得很突出。行酒令、猜拳，她都是要角。她有學問，又愛笑會鬧，逗得大家開心大笑，自己喝醉了又一個人躺在山子後頭一塊青石凳上。她的睡相，曹雪芹又作了一番描寫：

四面芍藥花飛了一身，滿頭臉衣襟上皆是紅香散亂。手中扇子掉在地下，也半被落花埋了。一群蜜蜂蝴蝶，鬧嚷嚷的圍著，又用鮫帕包了一包芍藥花瓣枕著。

曹雪芹筆下的湘雲渾身灑脫、高雅。包著芍藥花瓣作枕頭的「雅」，和黛玉葬花的「雅」又不相同。一個是樂觀的享受，一個是悲觀的愛惜。這就是湘雲和黛玉不同的氣質。作者從這些小地方就把這兩個重要人物區分出來。

寶釵在這回祇表現了她的謹慎。她和寶玉一進角門，就把門上鎖，因為寶玉那邊常丟東西，她不讓那邊的人過來，也免得賴著她這邊的人，這還是她「自掃門前雪」的作風。

行酒令時，寶玉一時說不出來。黛玉要他喝酒，代他說了。後來他們兩人又站在花下談論探春，黛玉說：「你家三丫頭倒是個乖人……」寶玉說：「……最是心裏有計算的人，豈止乖呢！」這是作者間接寫探春。隨後黛玉又讚探春的措施好，「如今若不省儉，必致後手不接。」

寶玉笑道：

「憑他怎麼後手不接，也不短了偺們兩個人的。」

這兩句話是寶玉的心聲，有非卿莫屬之意。他對寶釵從來沒有說過這類的話。「黛玉聽了，轉身就往廳上尋寶釵說笑去了。」這是黛玉的可敬可愛之處，這份含蓄矜持，正是她與眾不同的地方，作者寫得絲絲入扣，十分傳神。

寶玉能吃酒，芳官也能吃酒，作者在這一回裏也寫到芳官，聽了這女孩子的幾句話，她的性格就更突出了。

「你們吃酒，不理我，叫我悶了半天，可不來睡覺罷了。……若是晚上吃酒，不許叫人管我，我要盡力吃夠了纔罷，我先在家裏，也能吃二三斤好惠泉酒呢；如今學了這勞什子，他們說怕壞嗓子，這幾年也沒聞見，趁今兒，我可是要開齋了。」

這份豪放性格和湘雲有幾分相似。衹是她是學戲的，不是讀書的，所以和趙姨娘打架時纔顯出「潑」來，而湘雲吃醉了酒仍不失其「雅」，這是後天的教育薰陶之功。曹雪芹筆下的人物，是經得起「科學」的分析的。

香菱是甄士隱的女兒，從小被人拐走，後來又落入薛蟠之手，她是連自己的姓都不知道的可憐女兒。曹雪芹寫她學詩的廢寢忘食，那種捧著豬頭進廟門的誠心，十分可愛。這一回又寫她和芳官為了「夫妻蕙」在地上打滾，弄濕了新的紅綾石榴裙，別人一鬨而散，她一個人低頭弄裙時，寶玉走來，說他有枝並蒂菱，香菱說：

「甚麼夫妻不夫妻，並蒂不並蒂，你瞧瞧這裙子！」

寶玉知道「姨媽老人家的嘴碎」，要襲人拿一條同樣顏色的裙子給她。她換裙子命寶玉別過臉去，以及和寶玉分手時，走了幾步，又把寶玉叫住，寶玉問「作甚麼」？她紅了臉祇管笑，要說甚麼又說不出口來，直到小丫頭臻兒來叫她，她又臉一紅，纔向寶玉說：

「這裙子的事，可別和你哥哥說，就完了。」

這種地方作者寫女兒心理十分細膩。香菱說的「你哥哥」不是別人，是霸王薛蟠。所以寶玉說：

「可不是我瘋了，往虎口裏探頭兒去呢！」

四十五　寶玉做壽無顧忌憚　芳官同榻不避嫌

六十三回裏寶玉的丫頭襲人、晴雯等八人又為寶玉做生日，這一回的上半段兩頁多的文字，其實可以併入六十二回裏面，在結構上就更緊密。作者之所以又費了許多篇幅，大概是餘興未盡，因為這天晚上的吃酒笑鬧寫得也極生動有趣。寶玉和丫頭們的情感之好，也可以在生日上看出來。作者寫他們主僕融洽無間，真情真意，韻味十分醇厚。

寶玉聽說芳官碧痕她們也出分子替他做生日，喜的忙道：

「他們那裏的錢？不該叫他們出纔是。」

晴雯馬上頂他：

「他們沒錢，難道我們是有錢的？這原是各人的心，那怕他偷的呢，祇管領他的情就是了。」

寶玉笑說：「你說的是。」襲人笑道：

「你這個人，一天不捱他兩句硬話村你，你再過不去。」這份親切，兄弟、姐妹、夫妻也莫過如此，也祇有寶玉纔配享受這種艷福。

作者寫林之孝家的查夜，對寶玉講的那些話，倚老賣老，嘮嘮叨叨，包涵了不少人情世故。他寫襲人等卸粧吃酒。別人都是一筆帶過，對寶玉、芳官卻特別描寫了一番。寶玉穿著大紅棉紗小襖兒，下面綠綾彈墨夾褲，散著褲腳，繫著一條汗巾，靠著一個各色玫瑰、芍藥花瓣裝的玉色夾紗新枕頭，和芳官兩個先搳拳。芳官呢？作者描寫得更詳細：

當時芳官滿口嚷熱，祇穿一件玉色紅青駝絨三色緞子拼的水田小夾襖，束著一條柳綠汗巾；底下是水紅灑花夾褲，也散著褲腿；頭上齊頭編著一圈小辮，總歸至頂心，結一根粗辮，拖在腦後；右耳根內祇塞著米粒大小的一個小玉塞子，左耳上單一個白菓大小的硬紅鑲金大墜子；越顯得面如滿月猶白，眼似秋水還清。（見第六十三回）

上面對他們兩人的特別描寫，就是一種暗示。所以後來芳官吃醉了又和寶玉同榻，讀者就不以為怪了。曹雪芹和讀者往往心照不宣，意到即止。而說他們兩人像兄弟，以及後來寶玉說：「我竟也不知道了；若知道，給你臉上抹些墨。」都是作者故亂人意。他除了明寫寶玉和襲人初試雲雨情之外，和其他丫頭的關係寫得都很含蓄，餘意未盡，樂而不淫。

他為了使場面更熱鬧，又把寶釵、黛玉、湘雲等拉進來。他很會寫遊戲，無論俗的、雅的，都寫得生動、有趣，不使人厭膩。寫她們拈花籤遊戲多暗合個人身份際遇，與人物性格及故事結構有關，這是作者的高明處，不然就是遊戲筆墨了。

這一回他把檻外人妙玉也帶上一筆，她沒有來吃酒，卻送了一個粉紅箋紙的拜壽帖子，事後寶玉看見，直跳了起來。晴雯她們卻說：

「我當是誰！大驚小怪，這也不值的。」

隨後寶玉見妙玉的老鄰居岫煙，便將妙玉下帖的事告訴她，岫煙說妙玉放誕詭僻。又上上下下細細打量寶玉半日，方笑道：

「……聞名不如見面，又怪不的妙玉竟下這帖子給你，又怪不的上年竟給你那些梅花……」

岫煙除說出妙玉的性格，也說明了他們兩人氣味相投。

賈敬煉丹，終於吞靈砂送命，他的死並不重要，作者卻藉此牽出二尤來，這兩位人物一出場，曹雪芹又妙筆生花。

賈蓉母親的這兩個妹妹，是繼母的拖油瓶，尚未出嫁。賈蓉一聽說兩位姨娘來了，就喜得笑容滿面。很久沒有出現的這位紈絝子弟，作者祇用「喜的笑容滿面」這六個字，就給人一種不平常的感覺。他一見了兩位姨娘就更妙了。

從二姨娘、三姨娘見他來了，都道煩惱。賈蓉的「德行」，從「煩惱」二字可知。賈蓉嘻嘻的望二姨娘笑說：

「二姨娘，你又來了，我父親正想你呢。」

曹雪芹這兩句話就寫出了賈蓉的「寶」氣，和他父親賈珍的「德行」。比長篇累牘的說明，高明萬倍。他二姨娘紅了臉，罵道：

「好蓉小子！我過兩日不罵你幾句，你就過不得了，越發連個體統都沒了！還虧你是大家公子哥兒，每日念書學禮的，越發連那小家子的也跟不上。」

這位二姨娘說話的口氣和寶釵、黛玉等不同，和襲人、晴雯等也不同，有點野生氣。而她順手拿起一個熨斗，兜頭就打，更不是寶釵、黛玉等人物的舉動，也不是襲人、晴雯等人的舉動，湘雲也沒有這麼「野」。曹雪芹的高明是能使每一人物都有獨特的性格。這種創造力是驚人的。

作者寫賈蓉比以前寫他和鳳姐的情形更原形畢露。二姨娘拿熨斗打他，他抱著頭滾到她懷裏告饒。尤三姐說要告訴他母親，他又笑著跪在炕沿上求饒。又和二姨娘搶砂仁吃，尤二姐嚼了一嘴渣子，吐了他一臉，他用舌頭都舔著吃了。丫頭看不過，笑說：

「熱孝在身上，老娘纔睡了覺。他兩個雖小，到底是姨娘家。你太眼裏沒有奶奶了！回來告訴爺，你吃不了兜著走！」

賈蓉撇下他姨娘，便抱著那丫頭親嘴，說：

「我的心肝！你說得是，咱們饒他們兩個。」

賈蓉一身紈絝氣，曹雪芹完全把他刻畫出來了。丫頭罵他：「短命鬼！你一般有老婆、丫頭，祇和我們鬧……吵嚷到那府裏，背地嚼舌，說偺們這邊混賬。」於是他又說出「髒唐臭漢」，賈璉和小姨娘不乾淨，賈瑞想鳳姐的事。這就恬不知恥了。

曹雪芹寫賈蓉和二尤，祇費了幾百字的筆墨，在別人的長篇大著裏也難看到這麼突出的人物。但如果將這幾百字併入六十四回，將六十七回上半回「見土儀顰卿思故里」，和六十四回的「幽淑女悲題五美吟」併在一起，另寫一回，結構上就更緊湊，而尤二姐、尤三姐的故事就一氣呵成，順理成章，不像現在這麼支離了。

四十六　剛烈女子尤三姐　俠義男兒柳湘蓮

六十三回後面幾百字寫尤二姐、尤三姐和賈蓉已很突出，六十四回撇開「幽淑女悲題五美吟」，從下半回「浪蕩子情遺九龍珮」以至六十六回，作者寫尤氏姐妹和賈璉、賈珍、賈蓉父子以及柳湘蓮等人，又精彩百出。

尤氏姐妹極美，三姐性烈，二姐性柔，賈珍、賈蓉父子「聚麀」，賈璉又垂涎二姐，雙方的心理、動作，十分微妙。

賈璉不住的拿眼瞟看二姐兒。二姐兒低了頭，祇含笑不理，賈璉又不敢造次動手動腳的，因見二姐手裏拿著一條拴著荷包的絹子擺弄，便搭訕著，往腰裏摸了摸：說道：「檳榔荷包也忘記帶了來？妹妹有檳榔，賞我一口吃。」二姐道：「檳榔倒有，就衹我的檳榔從來不給人吃。」賈璉便笑著，欲近身來拿。二姐兒怕有人來看見不雅，便連忙一笑，撂了過來。賈璉接在手裏，都倒了出來，揀了半塊吃剩下的，撂在口裏吃著，又將剩下的都揣了起來。剛要把荷包親身送過去，衹見兩個丫鬟倒了茶來，賈璉一面接了茶吃茶，一面暗將自己帶的一個漢玉「九龍珮」解了下來，拴在手絹上，趁丫頭回頭時，仍撂了過去。二姐兒亦不去拿，衹裝看不見，坐著吃茶。衹聽後面一陣簾子響，卻是尤老娘三姐兒帶著兩個丫鬟自後面走來。賈璉送目與二姐兒，令其拾取，這二姐亦衹是不理。賈璉不知二姐兒是何意思，甚是著急，衹得迎上來與尤老娘三姐兒相見。一面又回頭看二姐時，衹見二姐兒笑著，沒事人似的；再又看一看，絹子已不知那裏去了，賈璉方放了心。」（見第六十四回）

以上這段文字，表現了尤二姐的多種風情，和賈璉的浪蕩輕薄。「揀了半塊吃剩下的，撂在口裏吃了。」和暗解九龍珮，拴在手絹上，趁丫頭回頭時，仍撂了過去。都表示賈璉是偷香竊玉的老手。

賈蓉替賈璉向尤老娘說媒時，悄悄指著賈璉，和他二姨娘努嘴，尤三姐似笑非笑，似惱非惱的罵道：「壞透了的小猴兒崽子！沒了你的娘了！多早晚我纔撕他那嘴呢！」寫出賈蓉的刁、壞和尤三姐的說話神態。

賈璉金屋藏嬌後，賈珍趁賈璉不在時，就悄悄過來。賈璉回來識破，不以為意，反而想叫尤三姐也和賈珍成其好事，賈家重要子孫賈珍、賈璉以及賈蓉之浪蕩荒淫無行，作者秉筆直書。當賈璉要尤三姐和賈珍吃雙鍾兒，給他們兩人道喜時，尤三姐跳起來，站在炕上，指著賈璉冷笑道：

你不用和我「花馬掉嘴」的！咱們清水下雜麵，你吃我看。提著影戲人子上場兒，好歹別戳破這層紙兒。你別糊塗油蒙了心，打量我們不知道你府上的事呢！這會子花了幾個臭錢，你們哥兒兩個，拿著我們姐妹兩個權當粉頭來取樂兒，你們就打錯了算盤了！我也知道你那老婆太難纏。如今把我姐姐拐了來做二房，「偷來的鑼鼓兒打不得」，我也要會會這鳳奶奶去，看他是幾個腦袋，幾隻手！若大家好取和便罷；倘若有一點叫人過不去，我有本事先把你兩個的牛黃狗寶掏出來，再和那潑婦拼了這條命！喝酒怕甚麼？咱們就喝！」說著，自己拿起壺來斟了一杯，自己先喝了半盞，揪過賈璉來就灌，說：「我倒沒有和你哥哥喝過，今兒倒要和你喝一喝，咱們也親近親近。」嚇得賈璉酒都醒了……（見第六十五回）

這段文字把尤三姐寫活了，我們彷彿看見一位剛烈能說會道的美人揪著賈璉的耳朵灌酒，而尤三姐說的都是活生生的語言。「花馬掉嘴」，「偷來的鑼鼓兒打不得」，「提著影戲人子上場兒」，「好歹別戳破這層紙兒」。這類的話特別富有形象美，具體而生動。可又與大觀園的小姐、丫頭的語言大不相同，特別富有野生力量。

尤三姐把賈璉鎮住以後：

索性卸了粧飾，脫了大衣服，鬆鬆的挽個髻兒。身上穿著大紅小襖，半掩半開的，故意露出蔥綠撲胸，一痕雪脯。底下綠褲紅鞋，鮮艷奪目。忽起忽坐，忽喜忽嗔，沒半刻斯文，兩個墜子就和鞦韆一般，燈光之下越顯得柳眉籠翠，檀口含丹。本是一雙秋水眼，再吃了幾杯酒，越發橫波入鬢，轉盼流光。真把那珍、璉二人弄的欲近不敢，欲遠不捨，迷離恍惚，落魄垂涎，再加方纔一席話，直將二人禁住。弟兄兩個全然無一點兒能為，別說調情鬥口齒，竟連一句響亮話都沒有了。三姐自己高談闊論，任意揮霍，村俗流言，灑落一陣，由著性兒，拿他兄弟二人嘲笑取樂。一時，他的酒足興盡，更不容他弟兄多坐，竟攆出去了。自己關門睡去了。（見第六十五回）

尤三姐的大膽、潑辣、暴露、色相，曹雪芹寫得淋灕盡致。尤三姐和大觀園的丫頭、小姐是兩種社會人物，兩類典型。他對於人物的背景屬性也把握得很穩很準。此所以劉姥姥不同於賈母，尤氏姐妹不同於賈氏姐妹。足見曹雪芹是一位知識廣泛而有深度的人，不是一個半瓶醋，也不是書獃子。否則連一回《紅樓夢》也寫不出來。

六十五回除寫尤二姐、尤三姐外，作者也利用興兒的嘴向尤二姐描述鳳姐等重要有關人物，加強讀者的印象。對鳳姐的描寫更是一針見血：

「如今合家大小，除了老太太、太太兩個，沒有不恨他的……或有好事，他就不等別人去說，他先抓尖兒，或有不好事，或他自己錯了，他就一縮頭，推到別人身上去，他還在旁邊撥火兒……嘴甜心苦，兩面三刀，上頭笑著，腳底下就使絆子；明是一盆火，暗是一把刀：他都占全了。祇怕三姨兒這張嘴還說不過他呢！奶奶這麼斯文善良人，那裏是他的對手？」

對於鳳姐的性格，為人，作者寫的十分深刻。後來，尤二姐的死於鳳姐的借刀殺人，吞金自盡，此處就是伏筆。

尤三姐和尤二姐的性格完全不同，一剛一柔，所以死法也兩樣，二姐吞金自盡，三姐仗劍自刎，這兩位絕色美人，如此下場，令人惋惜，在《紅樓夢》裏也是一件大事。六十六回作者寫三姐暗戀柳湘蓮，矢志等待，折簪明心，非禮不動，非禮不言，杜絕賈璉、賈珍的歪念，就顯出尤三姐是個奇女子。《紅樓夢》的男女，剛烈俠義的無如尤三姐和柳湘蓮。柳湘蓮打了薛蟠逃走避禍，後來又在路上打走了強盜救了薛蟠的財物生路，這完全是豪俠行徑。由於賈璉的說合，索取證物；柳湘蓮便以祖傳鴛鴦劍交與賈璉轉給尤三姐。後來柳湘蓮聽寶玉說尤氏姐妹是一對絕色尤物，是賈珍的姨妹，他便跌腳道：「這事不好，斷乎使不得！你們東府裏，除了那兩個石獅子乾淨罷了！」

柳湘蓮輕視寧國府人物，因而輕視尤三姐，因此悔婚。他和賈璉說的那些話，又被尤三姐在房內聽見。

連忙摘下劍來，將一股雌鋒隱在肘後，出來便說：「你們也不必出去再議，還你的定禮！」

一面淚如雨下，左手將劍並鞘送與湘蓮！右手回肘，衹往項上一橫，可憐「揉碎桃花紅滿地，玉山傾倒再難扶。」（見第六十六回）

一個秉性剛烈的絕色美人尤三姐就這樣死了。而柳湘蓮也後悔不及，削髮出家。曹雪芹安排這一對剛烈俠義的奇男女，一洗大觀園裏的脂粉氣；又使讀者耳目一新。

四十七　王熙鳳借刀殺人　尤二姐吞金自盡

尤三姐死後，尤二姐被鳳姐賺進大觀園，擺佈折磨，借刀殺死。鳳姐的陰險、惡毒、潑辣，喪盡天良，花樣百出，曹雪芹寫得令人髮指。寫大奸大惡，如此風雲詭譎變化多端，真的令人歎服！

鳳姐聽到一點風聲就訊問賈璉的小廝來旺、興兒。她滿口的「忘八崽子」，她對付下人的淫威，能使興兒自動打嘴，在磚石地上咕咚咕咚磕響頭。

她訊問清楚之後，又用計去賺尤二姐。她對尤二姐左一句妹妹，右一句妹妹，假情假意，連說帶笑：

……妹妹這樣伶透人，要肯真心幫我，我也得個臂膀。不但那起小人堵了他們的嘴，就是二爺回來一見，他也從今後悔，我並不是那種吃醋調歪的人，你我三人，更加和氣，所以妹妹還是我的大恩人呢。要是妹妹不合我去，我也願意搬出來和妹妹住；祇求妹妹在二爺跟前替我好言方便方便，留我們站腳的地方兒。就叫我伏侍妹妹梳頭洗臉，我也是願意的！

（見第六十八回）

這真是大奸大惡的口吻，再加上眼淚鼻涕，和四疋上色尺頭，四對金珠簪環禮物，老實的尤二姐便認她作好人。被她帶進了大觀園。她卻將自己的丫頭表面送尤二姐使喚，實際是暗中監視，還吩咐園裏媳婦：

「好生照看著他，若有走失逃亡，一概和你們算賬！」

她的丫頭善姐對尤二姐不聽使喚，又故意奚落。她自己又使了二十兩銀子收買尤二姐指腹為婚的未婚夫，告賈璉國孝家孝，背旨瞞親，仗財倚勢，強逼退親，停妻再娶。來旺回說張華不敢，她氣得罵道：

「真是他娘的話！怨不得俗語說：『癩狗扶不上牆的。』你細細說給他，就告我們家謀反也沒要緊。不過是借他一鬧，大家沒臉；要鬧大了，我這裏自然能夠平服的。」

她不但玩弄家人於股掌之上，也買通官府，玩弄王法。一切打點妥當，她又來東府取鬧。她一見賈珍太太尤氏，就照臉一口唾沫，啐道：

「你尤家的丫頭沒有人要了，偷著衹往賈家送……」

這完全是潑婦行狀。她又編了一番話，說官府要提她、休她，一面說，一面大哭，拉尤氏一同見官。賈蓉急得跪在地下碰頭，她又罵賈蓉，揚手就打。

作者寫賈蓉自打嘴巴，自說自罵，生動極了，活生生地刻畫出了這個輕薄的紈絝子弟。他說的「姪兒百日的不好，還有一日的好」，這裏面又大有文章。她和鳳姐也沒有做甚麼好事，鳳姐毒設相思局害死賈瑞，賈蓉就扮她的替身，出賈瑞的醜，又倒賈瑞一頭尿糞，就是他們嬸姪串通幹的。兩人的眉來眼去，也不會有甚麼好事。作者插進這麼兩句話就是口誅筆伐。

隨後她又滾到尤氏懷裏，嚎天慟地，大放悲聲，以大義責備尤氏，卻乘機敲尤氏一竹槓。其實她買通官府衹花三百兩銀子，卻向尤氏開價五百兩，這上面她又賺兩百兩。簡直是棺材裏伸手。她說了又哭，哭了又罵，又要撞頭尋死，把尤氏揉成一個麵粉團兒，衣服上全是眼淚鼻涕。尤氏賈蓉母子兩人，完全被她鎮住，姬妾、丫頭、媳婦黑壓壓跪了一地。給她捧上茶，她又把茶摔了。

曹雪芹寫鳳姐的潑辣、奸詐、貪污，極盡能事。

她在尤氏賈蓉母子面前做下圈套達到目的之後，還要奚落尤氏：

「既沒有本事，誰叫你幹這樣事？這會子這個腔兒，我又看不上！待要不出個主意，我又是個心慈面軟的人，憑人撮弄我，我還是片傻心腸兒……」

她把尤氏作弄夠了，還說別人作弄她，她心狠手辣，還說心慈面軟。尤氏賈蓉還一齊說：

「到底是嬸娘寬宏大量，足智多謀！等事妥了，少不得我們娘兒過去拜謝。」

尤氏留她吃飯，她執意回去，賈蓉在旁邊笑著勸道：

「好嬸娘，親嬸娘，以後蓉兒要不真心孝順你老人家，天打雷劈！」

鳳姐瞅了他一眼，啐道：

「誰信你這——」說到這裏又嚥住了。鳳姐瞅了賈蓉一眼，說了半句突然剎住，揆情奪理，她和賈蓉不也是狗屁倒灶？

大奸大惡的王熙鳳，祇有曹雪芹能剝得她一絲不掛。

六十九回作者寫鳳姐調唆張華，叫他要回尤二姐，察院當堂批准。利用成功，又使錢要張華逃回原籍，後來想到把柄在張華手裏，怕他告訴別人，或日後再尋出這由頭來翻案，又後悔不迭。悄命來旺遣人尋張華，要將他治死。寫鳳姐的惡毒，令人髮指。她挑撥賈璉新妾秋桐對付尤二姐，借刀殺人，終於送了尤二姐的性命。她還假意哭道：

「狠心的妹妹，你怎麼丟下我去了？辜負了我的心！」

這真是貓兒哭老鼠，虧她哭得出來。而當賈璉向她要銀子料理尤二姐喪事時，她反而向賈璉訴苦：

「甚麼銀子？家裏近日艱難，你還不知道？偺們的月例一月趕不上一月。昨兒我把金項圈當了三百銀子，使剩了還有二十幾兩，你要就拿去。」說後又借故走了。

恨得賈璉無話可說，祇得開了尤氏的箱籠去拿自己的體己（當初賈璉曾經將自己歷年體己交給尤二姐收藏），但是打開箱籠，祇有尤二姐素日穿的衣裳，那些體己還不是被鳳姐拿去了。倒是平兒心地善良，她曾一再暗中周全安慰尤二姐，這時又偷了二百兩碎銀子給賈璉辦理喪事。

曹雪芹寫鳳姐這個人物，有如醫生解剖，一刀一刀，把她全部支解，又把她的心剖開，放在讀者面前，讓大家看個明白。

曹雪芹創造了尤氏姐妹這兩位個性絕不相同的女性，剛烈的尤三姐，令人凜然生畏，肅然起敬；柔弱的尤二姐，令人惋惜同情。她們兩個在《紅樓夢》裏不是重要人物，但他寫得非常突出成功。很多幾十上百萬字的鉅著裏，也難有尤氏姐妹一般成功的人物，曹雪芹的這份功力，是深湛的。

他利用尤氏姐妹，把賈氏兄弟賈珍、賈璉奚落了一番，這兩位紈絝子弟的荒淫、庸俗、無能，完全暴露出來。鳳姐的大鬧東府，賈珍偷偷溜走；鳳姐逼死尤二姐，奪取賈璉的體己，賈璉不敢罵鳳姐一句，祇是「恨的無話可說」，「不禁又傷心哭了」，這那裏像個男子漢大丈夫？林語堂先生認為《紅樓夢》裏祇有薛蟠有男子氣，我認為薛不配稱為男子漢，他祇是一個惡霸、太保。他被柳湘蓮痛打時，他還是屈服求饒。柳湘蓮倒真是一個富有血性和俠義的心腸的男子漢，他不齒寧國府的那班人，罵寧國府祇有那兩對石獅子乾淨。薛蟠無人敢惹，他卻把薛蟠痛打一頓，後來又打走強盜，救了薛蟠財物性命。這種不畏強暴，見義勇為，不僅是男子漢大丈夫，簡直是遊俠一般人物。而他的愛好戲劇音樂，又是他風雅的一面。這也是薛蟠那種傖夫俗子所不能的。尤三姐自刎，他也削髮出家，是真性情，更非薛蟠賈璉之流的俗物所能辦到。而作者以尤二姐的死，更刻畫出鳳姐的陰險狠毒。他寫尤二姐的死和賈瑞的死又不相同。鳳姐使的手段又不一樣，鳳姐在寧國府向尤氏賈蓉母子放潑使奸，以及將尤二姐賺進大觀園虐待，借刀殺人，和騙賈瑞入黑房，又使賈蓉作替身並兜頭潑下尿糞，陰險狠毒如一，手法互異，前者輕鬆幽默，後者緊張，令人髮指。作者寫鳳姐置兩人於死地，各有巧妙不同，在故事的處理上，也是獨具匠心。

四十八　若將人淚比桃花　漂泊亦如人命薄

尤氏姐妹帶來幾回精彩熱鬧文章後，作者的筆鋒又轉到「林黛玉重建桃花社，史湘雲偶填柳絮詞」上來，這又是姐姐妹妹，文雅風流的文章，這原是作者的「拿手好戲」，他一開始寫晴雯、麝月兩人按住芳官「隔肢」，就寫的十分精彩：

「那晴雯祇著蔥綠杭綢小襖，紅綢子小衣兒，披著頭髮，騎在芳官身上。麝月是紅綾抹胸，披著一身舊衣，在那裏抓芳官的肋肢。芳官仰在炕上，穿著撒花緊身兒，紅褲綠襪，兩腳亂蹬，笑的喘不過氣來。」這就把她們的裝束、動作、神態，表現出來。再加上寶玉，說她們：「『兩個大的欺負一個小的，等我來撓你們！』說著，也上床來隔肢晴雯。晴雯觸癢，笑的忙丟下芳官，來合寶玉對抓。芳官乘勢將晴雯按倒。」作者寫這種主僕打鬧，自然、親切、生動，沒有一點牽強。「晴雯合寶玉對抓」，正符合晴雯的性格。在寶玉的丫頭中，祇有晴雯不大守主僕的分寸，她對寶玉決不奉承，忠實而任性。這七個字就寫出這一對主僕的性格，和親和兄弟姐妹的情感。

黛玉的桃花詩，作者是曲曲道出。先是湘雲打發翠縷來「請二爺快出去瞧好詩」，並沒有說是誰寫的。後來寶玉一壁走，一壁看，看完以後，並不稱讚，癡癡呆呆，竟要滾下淚來。這表明寶玉深受感動。這比口頭稱讚更「好」。直到寶琴問他：「你猜是誰寫的？」寶玉笑道：「自然是瀟湘子的稿子了。」這纔點出是黛玉的作品。

曹雪芹的詩才以前也表現了很多，好在是他不僅是表現自己的詩才，而是借詩表現人物的性格，這首桃花詩也是表現黛玉多愁善感的悲劇性格。

……若將人淚比桃花，淚自長流花自媚。淚眼觀花淚易乾，淚乾春盡花憔悴。憔悴花送憔悴人，花飛人倦易黃昏。……

桃花是一種冶艷的花。給予人一種愉悅歡欣，她的感覺恰好相反。柳絮是一種薄命花，而寶釵的臨江仙詞，毫無自悲自歎之意，反而有「好風憑借力，送我上青雲」，這表現了寶釵是一個怎樣會利用環境，利用機會的人？黛玉的唐多令，就完全不同：

……漂泊亦如人命薄，空繾綣，說風流！草木也知愁，韶華竟白頭，歎今生誰收？嫁與

東風春不管，憑爾去，忍淹留！（見第七十回）

這是黛玉的心聲，黛玉的本色，完全吻合人物性格。如果作者祇是賣弄詩詞，而不能恰當地表現人物，縱然勝過杜甫、李白，也無是處。因為寫小說是寫小說，處處要扣緊故事人物，詩詞在小說裏也變成了表現人物聯繫故事的工具，是人物故事的附屬品，不能單獨存在。

在七十回裏，作者還寫了放風箏，又借風箏描寫寶玉。寶玉的「美人兒」風箏放不起來，他摔在地上，指著風箏說道：

「要不是個美人兒，我一頓腳跺個稀爛！」

這就是寶玉。他之所以在姐姐妹妹和丫頭之間，委屈自己，失去男子氣概，不擺主子架子，就因為他憐香惜玉，因為她們都是「美人兒」。此外如寫寶釵、探春、黛玉代他寫字，搪塞賈政，都是間接表現寶玉不肯讀書的性格。

四十九　刁僕欺主尤氏碰壁　夫人報復鳳姐蒙羞

賈母八月初三，八十大壽，自七月二十八日至八月初五止，寧榮兩府齊開筵宴，大觀園幾處大地方作為退居處所。這番排場熱鬧，作者寫來自然游刃有餘。

這幾天賈珍的太太尤氏，也日夜在榮國府大觀園照顧。一天晚上她見園中正門和各處角門仍未關好，還吊著各色彩燈，便命小丫頭叫值班的女人。班房中不見人影，又命傳管家的女人，小丫頭卻碰了一鼻子灰。兩個老婆子聽說是東府奶奶，便說：

「我們祇管看屋子，不管傳人；姑娘要傳人，再派傳人的去。」

小丫頭說：

「嗳喲！這可反了……璉二奶奶要傳，你們也敢這麼回嗎？」

婆子回口說：

> 扯你的臊！我們的事傳不傳，不與你相干！……各門各戶的，你有本事排揎你們那邊的人去！我們這邊，你離著還遠些呢！

作者寫刁僕欺主的心理，和探春接替鳳姐時的情形，異曲同工。寫周瑞家的拿著雞毛當令箭和討好賣乖的心理，也入木三分。

鳳姐聽了周瑞家的報告。便命她將兩個婆子的名字記下，過幾日送到東府，憑尤氏開發，周瑞家的一面命林之孝家的見尤氏，一面又傳人立刻綑起那兩個婆子，交到馬圈裏看守。作者把奴才的嘴臉，和人性的弱點，活生生地刻畫出來。

那兩個老婆子的女兒輾轉求到鳳姐的婆婆邢夫人求情。邢夫人因為替丈夫討鴛鴦的事，鳳姐要了她一手，受了賈母的冷淡，已經挾怨。而在平時，鳳姐眼中也沒有這位婆婆，所以邢夫人就藉著這個機會教訓鳳姐幾句。作者寫邢夫人的報復鳳姐，可不像趙姨娘報復芳官那種上不得臺盤的行徑。邢夫人直到晚間散時，當著眾人，陪笑和鳳姐求情：

我昨日晚上，聽見二奶奶生氣，打發周管家的奶奶兒細了兩個老婆，可也不知犯了甚麼罪。論理，我不該討情。我想老太太好日子，發狠的還要捨錢、捨米，周貧濟老，偺們先倒挫磨起老奴才來了?就不看我的臉，權且看老太太，暫且竟放了他們罷!(見第七十一回)

說畢，上車去了。

趙姨娘的報復是把茉莉粉朝芳官臉上摔去，破口大罵。而且和芳官、葵官等人打了起來。這實在有失體統。邢夫人的話裏有刺，但表面上包了一層溜光的紙，說出來冠冕堂皇，一點不失身份。說完上車去了，更是夫人的架子。曹雪芹寫人物真是一點也不含糊，如果邢夫人也破口大罵，或是朝鳳姐臉上唾一口，扯著鳳姐的頭髮一頓亂打，那就不是婆婆和夫人的行徑了。那和趙姨娘又有甚麼分別?作者不但把人物寫得好，七十一回又把大家庭的複雜情形和邢氏、鳳姐婆媳之間的恩怨曲曲道出。

鳳姐當眾受了婆婆的羞辱，回房哭泣。賈母打發琥珀來叫她。她忙擦了眼淚，洗面另施了脂粉，同琥珀過來。鴛鴦忽過來向鳳姐臉上細瞧，引的賈母問：「你不認得他?祇管瞧甚麼?」鴛鴦笑道：「我看他的眼腫腫的，所以我詫異。」賈母便叫過來，也細細的看，鳳姐笑道：「纔覺的發癢，揉腫了些。」鴛鴦笑道：「別又是受了誰的氣了罷！」鳳姐笑道：「誰敢給我氣受？就受了氣，老太太好日子，我也不敢哭啊！」

這段文字寫得十分細膩，鴛鴦的細心，鳳姐的乖巧，都表現出來。

鴛鴦把鳳姐受氣的事，對大觀園裏的姐妹們說了。探春羨慕小戶人家，天天娘兒歡天喜地，大家快樂。寶玉勸她不要聽那些俗話，想那些俗。尤氏道：

「誰都像你是一心無罣礙，祇知道和姐妹們玩笑？餓了吃，困了睡，再過幾年，不過是這樣，一點後事他不慮？」

寶玉笑道：

「我能和姐妹們過一日是一日，死了就完了，甚麼後事不後事！」

這就是寶玉的人生哲學。眾人說他「不是獃話，就是瘋話」。

鴛鴦回來，不意在園裏一棵大桂花樹後，撞見迎春的丫頭司棋和一個小廝作不可告人的事。那小廝磕頭如搗蒜，司棋拉住她苦求哭道：「我們的性命，都在姐姐身上，祇求姐姐超生我們罷！」

鴛鴦道：

「你不用多說，快叫他去罷。橫豎我不告訴人就是了。你這是怎麼說呢？」

寶玉也在東府裏遇見茗煙按著一個丫頭幹那種事。賈府的複雜情形，作者在這一回裏又寫得多彩多姿。如果曹雪芹把賈府寫成大成殿，把大觀園寫成一片聖潔之地，那《紅樓夢》便不足觀了。因為那不近情理，不合事實。如果把賈府都寫成男盜女娼，大觀園寫成藏垢納污之地，同樣的不盡情理。人類社會就是一個善惡交織的社會，不是清一色的好與壞。作家必須深入觀察體驗，纔能寫出有深度的作品。

五十 賈璉借錢 鳳姐貪利

七十二回，作者又寫鳳姐。先是平兒和鴛鴦聊天，說鳳姐「血山崩」，恃強不肯吃藥，還察三訪四。

賈母生日，花了幾千兩銀子，賈璉要送南安府的禮，預備娘娘的重陽節，和幾家紅白大禮，求鴛鴦偷運賈母用不著的金銀傢伙，押千數兩銀子使用。話未說完，賈母恰好命小丫頭來找鴛鴦。鴛鴦去了，賈璉進房來看鳳姐，要鳳姐再向鴛鴦說一說，鳳姐笑道：

「我不管這些事。倘若說准了，這會子說著好聽，到了有錢的時節，你就撂在脖子後頭了，誰和你打饑荒去?倘或老太太知道了，倒把我這幾年的臉面都丟了！」

這些話推得一乾二淨。可是賈璉一說：「好人!你要說定了，我謝你。」

鳳姐笑道：

「你說謝我甚麼?」

這一下就表現了鳳姐的「貪」，她把夫妻情份撂在一邊，一聽說「謝」就問謝甚麼?鳳姐是個多麼現實的人物！平兒替鳳姐開價一二百兩銀子，鳳姐笑道：「幸虧提起我來，就是這麼也罷了。」

賈璉不過要她向鴛鴦說句話，她就要賈璉一二百兩銀子，無怪賈璉說：

你們也太狠了！你們這會子別說一千兩的當頭，就是現銀子，要三五千，祇怕也難不倒。我不和你們借就罷了，這會子，煩你說一句話，還要個利錢，難為你們和我——（見第七十二回）

賈璉還沒有說完，鳳姐就翻身起來說道：

「我三千五千，不是賺的你的……把我王家的縫子掃一掃，就夠你們一輩子過的了！說出來的話也不害臊！現有對證：把太太和我的嫁粧細看看，比一比，我們那一種是配不上你們的？」王熙鳳的反臉無情和潑辣，把刻薄貪吝說成有理，作者真是一刀見效，沒有一句話浪費。賈璉說先拿給她，再說去如何？她又說：「我不等著啣口墊背，忙甚麼呢？」這是欲擒故縱，落得大方。王熙鳳的「奸」，作者刻畫更深，賈璉說：「何苦來？犯不著這麼肝火盛！」他又笑起來說：

「不是我著急，你說的話，戳人的心。我因為想著後日是二姐的週年，我們好了一場，雖不能別的，到底給他上個墳，燒張紙，也是姐妹一場。她雖沒個兒女留下，也別『前人灑土，迷了後來的眼睛』纔是。」

這是多麼有情有義的話？但讀者如果想起她是怎樣把尤二姐賺進大觀園？怎樣折磨她？又怎樣借刀殺人？那就會更覺得王熙鳳的「奸」了。曹雪芹寫這個人物，真是針針見血。

除了寫她的「貪」和「奸」，這回又寫她的「弄權」。旺兒媳婦是她的陪房，旺兒有個十七歲的兒子，想娶王太太房裏的彩霞，彩霞已經發出去，給她老子隨便擇女婿。旺兒媳婦求親不成，來找鳳姐作主，鳳姐把彩霞的母親找來，彩霞的母親心裏雖不願意，也祇好笑應了。

旺兒媳婦是她的陪房，她在外面放債盤剝時，也都交由旺兒經手。她說一句話就要丈夫賈璉一二百兩銀子，其他可想而知。不但賈璉被她玩弄於股掌之上，寧榮兩府無人不在她玩弄之中，老祖宗賈母亦不例外。不是大奸，怎麼辦得到？不是曹雪芹，也寫不出王熙鳳這樣的人物來。

五十一　迎春讀《感應篇》　探春物傷其類

曹雪芹不但能寫出大奸大惡的王熙鳳，也能寫出懦弱無能的賈迎春。大觀園裏的小姐、丫頭中，沒有一個像她這樣懦弱無能。

她奶娘把她的金鳳偷去賭錢，她的丫頭繡橘叫她去回鳳姐，迎春說道：「罷，罷！省事些好。寧可沒有了，又何必生事？」繡橘道：「姑娘怎麼這麼軟弱？都要省起事來，將來姑娘還騙了去！我竟去的是。」說著便走。

隨後迎春奶娘的媳婦來要挾迎春替她婆婆討情，揭邢夫人之私，她又忙說：「罷，罷！不能拿了金鳳來，你不必拉三扯四的亂嚷。我也不要那鳳了。就是太太問時，我祇說丟了，也妨礙不著你甚麼，你去歇歇兒去罷，何苦呢？」一面叫繡橘倒茶來。繡橘又氣又急，數說一頓，司棋也幫著問那媳婦，迎春勸止不住，自拿一本《太上感應篇》去看。這種懦弱無能怕事，與駝鳥無異。

曹雪芹為了寫她的懦弱，又用對比手法。一是寫繡橘的精明能幹，不怕事。二是用幹練的探春來襯托迎春的懦弱。

當繡橘她們三人吵嚷時，寶釵、黛玉、探春等人來了。探春問明原委，笑道：「姐姐既沒有和他要，必定是我們和他要了不成？你叫她進來，我倒要問問她。」迎春反而說：「這話又可笑，你們又無沾礙，你必如此？」探春一面和玉柱兒媳婦說話，早使了眼色與侍書，把平兒召來。平兒把玉柱兒媳婦訓斥了幾句，探春接著說：

我且告訴你，要是別人得罪了我，倒還罷了；如今這柱兒媳婦和他婆婆，仗著是嬤嬤，又瞅著二姐姐好性兒，私自拿了首飾去賭錢，而且還捏造假賬，逼著去討情，和這兩個丫頭在臥房裏大嚷大叫，二姐姐竟不能轄治。——所以我看不過，纔請你來問一聲：還是他本是天外的人，不知道理？還是有誰主使他如此？先把二姐姐制伏了，然後就要治我和四姑娘

了。（見第七十三回）

這番話說得多麼利落？有斤有兩？

平兒忙笑道：

「姑娘怎麼今日說出這話來？我們奶奶如何擔得起！」

探春冷笑道：

「俗語說的『物傷其類，脣亡齒寒』，我自然有些心驚麼！」

而迎春祇和寶釵看《感應篇》，連探春的話也沒聽見，平兒問她怎麼樣？她笑道：

「問我，我也沒甚麼法子。……………如有好主意八面週全，不叫太太們生氣，任憑你們處治，我也不管。」

眾人聽了都好笑，這是一個怎樣的人？和探春比較起來，相去真不可以道里計。曹雪芹用探春介入這件事，是高明的手法。

七十三回上半回寫傻大姐誤拾繡春囊，不認得是春意兒，心下打量：「敢是兩個妖精打架？不，就是兩個人打架呢？」寫得幽默有趣。

賈母處罰聚賭的人，是老薑本色。寶玉熬夜讀書應付賈政，還忘不了饒小丫頭，還怕麝月冷，要她穿一件大衣裳，以及晴雯罵小丫頭，要寶玉借故裝病，都是妙筆。各人性格的表現都很突出。

五十二　熙鳳夜抄大觀園　探春明施下馬威

七十三回裏的繡春囊，卻帶出七十四回大好文章，這一回不但幾個人物寫得好，結構佈局尤其妙，令人拍案叫絕。

傻大姐拾到的繡春囊，是被邢夫人拿去的。邢夫人不滿鳳姐，派她的陪房王善保家的密送王夫人，王夫人氣得來找鳳姐。

王夫人原是一個不大管事的好好先生，卻是個正派人。金釧兒調唆寶玉去捉彩霞和賈環，她翻身起來給金釧兒一耳光，把金釧兒趕了出來。這次見了十錦春意香袋，自然非同小可。曹雪芹寫她的盛怒，又氣又傷心的情形寫得很好，這也是自第一回以來王夫人表現最突出的一次。作者寫她進來時的聲勢就不像往日：

「祇見王夫人氣色變更，祇帶一個貼己小丫頭來，一語不發，走至裏間坐下。」鳳姐捧茶陪笑，王夫人喝命：「平兒出去！」

這種寫法就有先聲奪人之感。隨後她又從袖裏扔出一個香袋來，說：「你瞧！」鳳姐忙拾起一看，見是十錦春意香袋，也嚇了一跳。忙問：

「太太從那裏得來？」

王夫人見問，越發淚如雨下，顫聲說道：

「我從那裏得來？我天天坐在井裏，想你是個細心的人，所以我纔偷空兒，誰知你也和我一樣！這樣東西，大天白日擺在園裏山石上，被老太太的丫頭拾著，不虧你婆婆看見，早已送到老太太跟前去了。我且問你：這個東西如何丟在那裏？」

鳳姐反問，王夫人又義正詞嚴斥說，鳳姐又急又愧，挨著炕沿雙膝跪下，含淚申辯了一番，這番話和戲臺上法門寺賈桂跪讀狀紙一般流利精彩。

於是王夫人決定暗訪這事。送香袋來的王善保家的乘機進讒，首當其衝的是晴雯：

「別的還罷了，太太不知，頭一個是寶玉屋裏的晴雯，那丫頭仗著他的模樣兒比別人標緻些，又長了一張巧嘴，天天打扮的像個西施樣子，在人跟前能說慣道，抓尖要強，一句話不投機，就立起兩隻眼睛來罵人，妖妖調調，大不成個體統。」

作者用王善保家的嘴，把晴雯的模樣，性格刻畫出來，寫得十分具體。後來又用王夫人的話來加強描寫：

「……有一個水蛇腰，削肩膀兒，眉眼又有些像你林妹妹的……我心裏很看不上那狂樣子……這丫頭想必就是他了？」

晴雯的標緻，超過其他的丫頭，晴雯的伶嘴俐舌，好勝好強，也在他人之上，經王善保家的一挑撥，卻變成了她的罪狀。

王夫人派小丫頭找她，她正睡過午覺，連日不自在，並沒有十分粧飾，王夫人一見就火，冷笑道：

「好個美人兒！真像個病西施了！你天天作這輕狂樣兒給誰看？你幹的事，打量我不知道呢！我且放著你，自然明兒揭你的皮！——寶玉今兒可好些？」

晴雯是個聰明絕頂的人，她一聽王夫人的口氣，就知道遭了暗算，便不說實話，祇說不常和寶玉在一處，好歹她不知道，要王夫人問襲人、麝月。王夫人罵她：

「這就該打嘴！你難道是死人？要你們做甚麼？」

晴雯又回答得非常好：

「我原是跟老太太的人，因老太太說園裏空，大人少，寶玉害怕，所以撥了我去，外間屋裏上夜，不過看屋子，我原回過我笨，不能伏侍，不過十天半月之內，寶玉叫著了，答應幾句話，就散了。」

這完全是避免嫌疑的話。寶玉的丫頭中，除了襲人要算她和寶玉最親近，而且祇有她敢頂撞寶玉，不奉承，不討好。

王夫人是個忠厚人，晴雯的話又說得委婉得體，她就信以為真。忙說：

「阿彌陀佛！你不近寶玉，是我的造化！竟不勞你費心！既是老太太給寶玉的，我明兒回了老太太再攆你。」

隨後又喝她：「出去！站在這裏，我看不上這浪樣兒！誰許你這樣花紅柳綠地粧扮！」

這就表現王夫人是個正派人，也是以後王夫人把晴雯攆出大觀園的伏筆。這和以前王夫人打金釧兒的耳光寫法不同，曹雪芹真是運筆如神，變化莫測。

晴雯不但是聰明絕頂的美人，也是個性最強的丫頭，她受了這頓委屈，「一出門，便拿絹子握著臉，一頭走，一頭哭，直哭到園內去。」作者用動作來表現晴雯的性格，十分傳神。這樣的晴雯，讀者怎麼會不同情。

王熙鳳和王善保家的夜抄大觀園，先到怡紅院，抄寶玉丫頭的箱子，叫本人親自打開。襲人先打開箱子，任他搜檢，她一一搜過。到晴雯的箱子，她問：

「是誰的？怎麼不叫打開搜？」

作者又在這裏加強描寫晴雯的性格，而且寫得十分成功：

「襲人方欲替晴雯開時，祇見晴雯挽著頭髮，闖進來，豁浪一聲，將箱子掀開，兩手提著底子往地下一倒，將所有之物盡都倒出來。」

這又是以動作來表現晴雯的剛強氣盛。

王善保的自覺沒趣，寶玉的那些丫頭誰敢對她這樣，祇有晴雯例外，所以她紫脹了臉說：

「姑娘，你別生氣，我們並非私自就來的，原是奉太太的命來搜查……」

王善保家的抬出王夫人來壓晴雯，晴雯越發火上加油，指著她的臉說：

「你說你是太太打發來的，我還是老太太打發來的呢！太太那邊的人，我也都見過，就祇沒看見你這麼個有頭有臉大管事的奶奶！」

晴雯一向伶嘴俐舌，這幾句話挖苦得很重。鳳姐聽晴雯說話鋒利尖酸，心中也很高興。

這一次曹雪芹又運用語言表現了晴雯的性格。這其間作者還寫鳳姐和王善保家的勾心鬥角。王善保家的是奉邢夫人之命密送春意袋給王夫人的，原意就是給鳳姐難看，王夫人命她們兩人搜查大觀園，鳳姐心裏並不樂意和她合作。

作者在這一回裏把晴雯寫的十分突出。寫探春的精幹、威嚴、膽識、說話有條有理，擲地有聲，更是大手筆。探春和李紈代鳳姐處理家務時，已經嶄露頭角，與眾不同，這回作者所費筆墨雖然不多，卻把探春寫得格外成功。

王熙鳳和王善保家的來到探春院子時，探春「命丫環秉燭開門而待」。這種氣勢就先聲奪人。她早已知道搜查的事，見了眾人還故意問：「何事?」這也是爭取主動制敵機先的作法。鳳姐說明原委後，探春笑道：

「我們的丫頭，自然都是些賊。我既是頭一個窩主。既如此，先來搜我的箱櫃。他們所偷了來的，都交給我藏著呢。」這幾句話真是擲地有聲，有膽量，有擔當。說完又命丫環把箱子打開，請鳳姐抄閱。這種堂堂正正的作風，令人敬而且畏。

鳳姐一向作威作福，玩弄別人於股掌之上。一看見探春這樣，她就矮了一截，祇好陪笑臉說：

「我不過是奉太太的命來，妹妹別錯怪了我。」

讀者要是想起她對賈珍的太太尤氏撒潑使奸，再聽她這兩句話，就強弱分明，她對別人何嘗這樣低聲下氣?不但如此，她還命丫環：「快快給姑娘關上。」平兒、豐兒關的關，收的收。可是探春並不領情，她又對鳳姐說了一番義正詞嚴有斤有兩的話：

我的東西倒許你們搜閱！要想搜我的丫頭，這可不能。我原比眾人歹毒！凡丫頭所有的東西，我都知道，都在這裏間收著。一針一線，他們也沒得收藏。要搜，所以祇來搜我。你們不依。祇管去回太太，該怎麼處治，我去自領，你們別忙，自然你們抄的日子有呢！……

（見第七十四回）

鳳姐起身告辭，探春又說：

「可細細搜明白了。若明日再來，我就不依了。」

鳳姐笑道：

「既然丫頭們的東西都在這裏，就不必搜了。」

探春冷笑道：

「你果然倒乖！連我的包袱都打開了，還說沒有翻？……若還要翻，不妨再翻一遍！」

探春對鳳姐是步步為營，步步進攻，她理直氣，鳳姐祇好陪笑說：

「已經連你的東西都搜查明白了。」

相形之下，鳳姐簡直不是探春的對手。

鳳姐雖然說了那樣的話，探春還問眾人：

「你們也都明白了沒有？」

這就表示探春一點也不含糊，真是一步一個脚印。王熙鳳是大奸大能的人，別人都不是她的對手，但最強的王熙鳳，和探春較量，益發顯出探春的精明，能幹和威嚴，這是烘雲托月的手法，效果奇佳！假如以探春來壓倒懦弱無能的迎春，那是雖勝不武；以探春壓倒王熙鳳，探春纔真了不起。王熙鳳為甚麼在探春面前矮了一節？是否有點意外？王熙鳳固然能幹，口舌伶俐，心計多端，但她有一個致命的弱點：沒有讀書。探春不但精明能幹，有媚有威，而且正直，加上滿腹經綸，王熙鳳怎麼是她的對手？王熙鳳知己知彼，所以不敢和探春碰，愈是大奸的人，愈會見風轉舵。所以她的性格是統一的，作者並不自相矛盾，用她的弱，來表現探春的強，正是曹雪芹高明的地方。

他用王熙鳳的弱襯托探春的強已十分成功。用王善保家的放肆，襯托探春的威嚴，也是神來之筆。

王善保家的以為探春不過是個姑娘，又是庶出，自己仗著邢夫人的陪房，連王夫人也另眼相看，何況別人？因此她趁勢作臉，拉起探春的衣襟，故意一掀，嘻嘻的笑道：

「連姑娘身上我都翻了，果然沒有甚麼？」

鳳姐忙說：

「媽媽走罷，別瘋瘋癲癲的。」

一語未了，王善保家的臉上早著了探春一巴掌。探春登時大怒，指著王善保家的問道：

「你是甚麼東西，敢來拉扯我的衣裳！我不過看著太太的臉，你又有幾歲年紀，叫你一聲『媽媽』；你就狗仗人勢，天天作耗，在我們跟逞臉！如今越發了不得了，你索性望我動手動腳了！你打量我是和你們姑娘那麼好性兒，由著你們欺負，你就錯了主意！……」

探春的這番話有千鈞之力。王善保家的討了沒臉連忙躲出窗外，祇說：

「罷了，罷了！這也是頭一遭挨打，我明兒回了太太，仍回老娘家去罷！這個老命要他做甚麼？」

探春忙喝命丫環：

「你們聽著她說話！還等我和他拌嘴去不成？」

探春一點不容許王善保家的放肆，她的丫頭侍書便出去說：

「媽媽，你知道點道理兒，省一句兒罷。你果然回老娘家去，倒是我們的造化了！祇怕你捨不得去！你去了，叫誰討主子的好兒，調唆著察考姑娘，折磨我們呢？」

鳳姐笑道：

「好丫頭，真是有其主必有其僕。」

探春冷笑道：

「我們做賊的人，嘴裏都有三言兩語的，就祇不會背地調唆主子！」

曹雪芹寫人物真的寫活了！不但探春的性格，三兩句話就表現出來，連侍書那幾句話，也顯出這個丫頭不是弱者。鳳姐說「有其主必有其僕」，我說有曹雪芹纔有探春這些活生生的人物，曹雪芹值得我們學習的地方太多太多。

這一回裏作者除了在人物方面有特殊的表現之外，在結構方面也有妙著。春意袋兒是王善保家的送給王夫人的，抄大觀園是由春意袋兒引起的。原是邢夫人想給鳳姐難堪，王善保家的狗仗人勢，在大觀園作威作福。但查來查去，結果惹到自己頭上，因為在她的外孫女兒司棋箱中搜出一雙男人的錦襪，一雙緞鞋，一個同心如意，一個字帖兒上寫道：

「上月你來家後，父母已覺察了。但姑娘未出閣，尚不能完你我心願，若園內可以相見，你可託張媽媽給一信……外特寄香袋一個，略表我心，千萬收好！表兄潘又安具。」那個春意袋兒就是那天晚上鴛鴦碰見司棋和她表兄幽會時遺失的，證據確鑿，眾人訕笑，王善保家的無處煞氣。祇好打著自己的臉，罵道：

「老不死的娼婦！怎麼造下了孽，說嘴打嘴，現世現報！」

作者事先沒有走漏半點消息，看到這裏讀者纔恍然大悟。欲擒故縱，水落石出。在佈局結構上，可見曹雪芹的巧思。

五十三　兩回賞月宜合併　刪去結構自更佳

七十五回「開夜宴異兆發悲音，賞中秋新詞得佳讖」。寫寶釵借故離開大觀園，李紈和尤氏互視而笑，寶釵的世故避嫌，自然流露出來。寫寧國府賈珍聚賭，薛蟠傻大舅等人的嗜好男色、說粗話和七十四回又是一種情調。而賈珍偕妻妾作樂賞月，忽聽牆下悲歎之聲，暗示祖宗對賈珍不肖的譴責。賈母率孫兒賞月擊鼓傳花，講笑話，表現了賈母、賈政、賈赦母子的幽默。這一回比起上一回來，自然平淡多了。

七十六回「凸碧堂品笛感淒清，凹晶館聯詩悲寂寞」。也較平淡。湘雲、黛玉、妙玉聯句，除了表現這三位才女之才外，也不免落了舊套。

以上兩回寫中秋賞月，其實可以併作一回，如將這兩回刪去，接著七十七回，在結構上就緊湊多了。

五十四　茜紗帳裏公子情深　黃土壟中女兒薄命

司棋遺失了一個繡春囊，惹出夜抄大觀園，給晴雯、芳官、四兒帶來了無妄之災，和她一道被攆出去。芳官出家，晴雯重病被攆，以致送了性命，尤其冤枉。

司棋被周瑞家的帶走，寶玉碰見求情，周瑞家的不准，寶玉恨得祇瞪著她們，等走遠了纔指著恨道：

「奇怪！奇怪！怎麼這些人，祇一嫁了漢子，染了男人的氣味，就這樣混賬起來，比男人更可殺了！」

寶玉的軟弱，敢怒而不敢言的心情，和他對女人的看法，以及周瑞家的打落水狗的心理，作者適當地表現出來。

晴雯走後，寶玉大哭，和他私會晴雯的情形，寫得很好，寶玉問她有甚麼話說？晴雯嗚咽道：

「……祇有一件，我死也甘心。我雖生得比別人好些，並沒有私情勾引你，怎麼一口死咬定我是個狐狸精！我今兒既擔了虛名，況且沒了遠限，不是我說一句後悔的話，早知如此，我當日……」

晴雯是寶玉的貼身丫頭，兩人情感之好，不在襲人之下，寶玉不止和襲人初試雲雨，而晴雯卻不及於私，的確難得。

晴雯咬斷自己兩根蔥管一般的指甲，擱在寶玉的手裏，又脫下貼身的紅綾小襖贈給寶玉，她並將寶玉蓋在她身上的小襖披上，哭道：

「你去罷！這裏骯髒，你那裏受得了，你的身子要緊，今日這一來，我就死了，也不枉擔了虛名！」

作者寫晴雯的深情，和她先懊悔隨後又引以為慰的心理，表現了晴雯雖是一位艷如桃李，卻是愛情至上的人，在這方面她又高於襲人。曹雪芹寫她嫂子的要挾寶玉，那種淫蕩急色，正是襯托晴雯高貴的情操，這又是對比手法。作者對這個俏丫頭的屈死同情，盡在不言中。晴雯的屈死比金釧兒的屈死更加感人。而和尤二姐、金釧兒的屈死的寫法又完全不同。曹雪芹真有一顆七孔玲瓏心。

金釧兒死後，寶玉曾在王熙鳳生日那天偷出北門私祭。寶玉和晴雯的情感自非金釧兒可比，七十八回裏他聽小丫頭胡謅說晴雯死後成了芙蓉花神，他就用晴雯素日所喜的冰鮫縠一幅，楷字寫成一篇芙蓉誄，掛在芙蓉枝上祭奠。作者借這篇誄文，將晴雯這個俏丫頭向讀者作了一個總交代：

竊思女兒自臨人世，迄今凡十有六載。其先之鄉籍姓氏，湮淪而莫能考者久矣。而玉得於衾枕櫛沐之間，棲息宴遊之夕。親暱狎褻，相與共處者，僅五年八月有奇。憶女曩生之昔，其為質則金玉不足喻其貴；其為體則冰雪不足喻其潔；其為神則星日不足喻其精；其為貌則花月不足喻其色。（見第七十八回）

全篇誄文的重點盡在此處，晴雯這個人物典型也就完成了。

在寶玉祭晴雯時，恰巧被黛玉碰見，作者這個安排很好，如果併入同一回，而不分在七十九回的開頭，那在結構上就更緊湊。《紅樓夢》這種例子不少，這是章回小說「且聽下回分解」，故意拖個尾巴的「通病」，不僅《紅樓夢》如此。

黛玉讚寶玉：「紅綃帳裏，公子情深，黃土壟中，女兒命薄。」這一聯的意思好，卻嫌「紅綃帳裏」俗濫，將「紅綃」改為「茜紗」，寶玉說：「好極，好極！」兩人的對話，十分親切。而寶玉一改為：「茜紗窗下，我本無緣；黃土壟中，卿何薄命！」黛玉聽了，陡然變色。因為這一聯，很不吉利，無異是他們兩人的預兆，所以黛玉心驚。作者的匠心就在這裏，這是一個重要伏筆。以後鳳姐的「偷梁換柱」，讓寶釵嫁給寶玉，黛玉的屈死更令人酸鼻。

五十五　夏金桂既妒且潑　王一帖胡說八道

王熙鳳和王善保家的夜抄大觀園，寶釵借故搬出去，晴雯死，迎春嫁後，大觀園就由盛極而衰了。七十九回、八十回，作者便集中筆力寫薛家新婦夏金桂。曹雪芹寫夏金桂的「妒」和「潑」和寫王熙鳳迥然不同。這位出生富貴人家，嬌生慣養，死了父親，沒有好好教育的千金，是另外一種類型，比王熙鳳更下作，心機又遠不如王熙鳳細密深沈。作者寫她一步一步地壓制薛蟠，很好；作弄、陷害香菱，又是別出心裁，和王熙鳳對付尤二姐不同。

她先改香菱的名字為秋菱，隨後又將自己的丫頭寶蟾捨給薛蟠，排斥香菱。作者寫寶蟾倒茶給薛蟠吃，兩人的動作，心理描寫都很細膩。寫夏金桂暗示薛蟠：「要做甚麼和我說，別偷偷摸摸的，不中用。」以及薛蟠跪在被上求她將寶蟾賞給他，和故意讓薛蟠、寶蟾兩人在房裏拉拉扯扯時，支使香菱進房去拿絹子，撞破好事，使寶蟾又羞又恨，薛蟠洗澡時故意踢香菱兩腳，這些地方寫得都很生動。

夏金桂折磨香菱，讓她睡在地上，剛睡下又叫她倒茶、搥腿，一夜七、八次。此外如裝病，說是香菱氣的，又在自己枕頭裏安放紙人，寫上年庚八字，用針釘刺陷害香菱，激怒薛蟠用門閂打她。都是表現金桂的「狠毒」。寫金桂和薛姨媽拌嘴，是表現金桂的「潑」。夏金桂的性格，作者就這樣一筆一筆地刻劃出來。

夏金桂排斥香菱的目的達到（香菱跟隨寶釵，不再到薛蟠這邊來之後，又吵鬧了幾次。）。「薛蟠有時仗著酒膽，挺撞過兩次，持棍欲打，那金桂便遞身叫打；這裏持刀欲殺時，便伸著脖項。」

夏金桂對薛姨媽和薛蟠講的那些話，以及這種動作，完全不是大家的規矩禮數，曹雪芹把夏金桂這個潑婦寫活了。賈寶玉是個愛管姐妹們的閒事的人，他知道夏金桂的性情之後，便向天齊廟的當家老道士，專在江湖上賣藥的「王一帖」要膏藥，因為別人說他的膏藥靈驗，一貼病除，王一帖自己說：

「若問我的膏藥，說來話長，……其藥一百二十味，君臣相濟，溫涼兼用，內則調元補氣……外則和血脈，舒筋絡……其效如神，貼過便知。」

寶玉不信，王一帖又說：

「百病千災，無不立效，若不效，二爺祇管揪鬍子，打我這老臉，拆我這廟，如何？祇說出病源來。」

寶玉要他猜，王一帖尋思了一會，笑著悄悄地說道：

「我可猜著了！想是二爺如今有了房中的事情。要滋助的藥，可是不是？」

一語猶未了，焙茗喝道：「該死！打嘴！」王一帖就要寶玉明說，寶玉問：「可有貼女人妒病的方子？」王一帖又胡謅了「療妒湯」，而且說：

「一劑不效，吃十劑；今日不效，明日再吃；……吃過一百歲，人橫豎是要死的，死了還妒甚麼？那時就見效了！」

寶玉焙茗大笑。罵他：「油嘴的牛頭！」他這纔說實話：

……告訴你們說，連膏藥也是假的！我有真藥，我還吃了做神仙呢，有真的跑到這裏來混？（見第八十回）

曹雪芹寫人物真是妙到毫巔，不但寫出夏金桂那種潑婦，也把「王一帖」這種江湖郎中，老狐狸的嘴臉完全勾畫出來。這裏面有多大的世故學問？今天新式的「江湖郎中」，今天的新「王一帖」不知道有多少人？那些甚麼「一針見效」、「可立保單」的醫藥廣告不知道騙了多少人？曹雪芹筆下的人物，真是萬古常新，曹雪芹的不朽在此。

五十六　憐迎春放聲大哭　讀八股滿腹牢騷

迎春是個懦弱無用的人，偏偏嫁了中山狼孫紹祖，受盡侮辱折磨，這是由於她父親賈赦用了孫紹祖五千兩銀子。賈赦的為人，作者在這裏又透露了一點消息。寶玉對迎春的遭遇非常同情，他兩夜睡不著。他對王夫人說：

……咱們索性回明了老太太，把二姐姐接回來還叫她紫菱洲住著，仍舊我們姐妹兄弟們一塊兒吃，一塊兒玩，省得受孫家那混賬行子的氣。等他來接，咱們硬不叫他去，由他接一

百回，偺們留他一百回。祇說是老太太的主意——。（見第八十一回）

王夫人自然不同意，向他說了一番大道理。他憋著一肚子氣，一逕往瀟湘館來，剛進門，便放聲大哭起來。

由這一點，便可以看出寶玉不但重兒女私情，也重骨肉之情，他是一個最重情感不重理智的人。作者對他的這種特性，始終把握得很緊。大觀園裏逐漸冷落，也是使他傷感的一個原因。他的感傷也傳給黛玉，但作者寫黛玉的感傷，和寫寶玉完全不同。黛玉沒有大哭，她聽了寶玉一番感傷的話，祇是「把頭漸漸的低了下去，身子漸漸地退至炕上，一言不發，歎了口氣，便向裏躺下去了」。黛玉的情感多麼含蓄？她兩眼哭得通紅，襲人問她：

「你兩人又為甚麼？」

黛玉回答得尤其妙：

「他為他二姐姐傷心；我是剛纔眼睛發癢揉的，並不為甚麼。」

曹雪芹寫人物的個性，真的出神入化！黛玉就是黛玉，不是寶玉。寶釵、湘雲她們也不會這麼說話。曹雪芹真是鑽到每一個人物的心靈深處，把每一個人的差異，從各種角度精確地表現出來。

寶玉百無聊賴時，一發現探春、李紋、李綺、岫煙等人釣魚，又高興起來。作者寫他們一齊垂釣也生動有趣。寶玉說：「我最是個性兒急的人。他偏性兒慢，這可怎麼樣呢？好魚兒，快來吧，你也成全成全我呢！」寶玉這些話，正和對王夫人說要留迎春在大觀園紫菱洲住的話一般天真。

賈政要寶玉單學八股文章應試，重入家塾，他想起秦鐘，又悽然不樂，他一放學，見了賈母、賈政，就往瀟湘館跑，剛進門口，便拍手笑道：

「我依舊回來了。」

這句話說得很天真，一方面表示他不願上學，一方面表示他想念黛玉。他說的「一日三秋」，更可見他想念黛玉之情。黛玉倒通情達理，問他上頭去了沒有，他說去了。又問他別處去了沒有，他說沒有，黛玉說：「你也該瞧瞧他們去。」寶玉說：

「我這會子懶怠動了，祇和妹妹坐著說一會子話兒罷。……」他對黛玉的情感於此可見。

黛玉叫紫鵑：「把我的龍井茶給二爺沏一盌，二爺如今念書了，比不得頭裏。」這幾句話含有鼓勵的意思，寶玉卻不以為然，他接著說：

> 還提甚麼念書？我最厭這些道學話。更可笑的，是八股文章：拿他誆功名，混飯吃，也罷了！還要說代聖賢立言！好些的不過拿些經書湊搭湊搭還罷了；更有一種可笑的，肚子裏原沒有甚麼，東拉西扯，弄的牛鬼蛇神，還自以為博奧。這那裏是闡發聖賢的道理！目下老爺口口聲聲叫我學這個，我又不敢違拗，你這會子還提念書呢。（見第八十二回）

寶玉不願念書的原因，在這裏說的明明白白，他反對功利思想，假代聖賢立言之名，拿八股文章混飯吃。連黛玉稍一勸他，他也覺得不入耳。這就是寶玉的思想。《紅樓夢》的主題在這種地方可見蛛絲馬跡。作者寫他不願學八股文章，不敢抗命的矛盾心情，尷尬態度，生動深刻。

五十七　探口氣襲人顧忌　驚噩夢黛玉哀鳴

八十二回，八十三回，作者描寫黛玉對婚姻的耽心、噩夢、吐血，把黛玉的心理狀態完全反映出來，十分精彩。

先是襲人想到自己的終身，她是寶玉的偏房，看到鳳姐對尤二姐，夏金桂對香菱的虐待，她生怕寶玉娶了黛玉，因為黛玉是個多心的人。襲人的這種顧忌由來已久，他之擁薛，是為自己的前途著想，現在她想到要探探黛玉的口氣。

她和紫鵑談到香菱和尤二姐，把兩個指頭一伸，說夏金桂比王熙鳳還厲害。黛玉聽她話裏有因。便說：

「這也難說，但凡家庭之事，不是東風壓了西風，就是西風壓了東風。」

「做了旁邊人，心裏先怯，那裏倒敢欺負人呢？」這正是襲人的心理。

寶釵的婆子送蜜餞、荔枝來給林黛玉，看看黛玉，笑著向襲人道：

「怨不得我們太太說：這林姑娘和你們寶二爺是一對兒，原來真是天仙似的！」

出了屋門，嘴裏還咕咕噥噥地說：

「這樣好模樣兒，除了寶玉，甚麼人擎受的起！」寶釵的婆子說這種話，從正面看，寶玉和黛玉是最理想的一對，這種話出自寶釵僕人的口，更有份量。但結果恰好相反，所以更能引起讀者的同情。作者故意在這裏作反面文章，是一妙筆。而黛玉的許配別人的噩夢，完全透露了她想嫁寶玉的心理。她苦苦地求賈母，賈母也無動於衷，他說：

「我在這裏，情願自己做個奴婢過活，自做自吃，也是願意，祇求老太太作主！」見賈母總不言語，黛玉又抱著賈母哭道：「老太太，你向來最是慈悲的，又最疼我的，到了緊急的時候兒，怎麼全不管？你別說我是你的外孫女兒，又隔了一層；我的娘是你的親生女兒，看我娘分上，也該庇護些！」（見第八十二回）

黛玉的這些話令人酸鼻。他愛寶玉，但完全孤立無援，連襲人也不希望寶玉娶她，所以非死不可。

寶玉自然也真愛她，把心剖給她看，她抱住寶玉大哭。他們的愛情發展到了極點，結果是一場空，有情人自然同聲一哭。

作者寫黛玉的這個噩夢，把故事推進高潮，又是獨具匠心。

黛玉被紫鵑叫醒之後不能入睡的心理描寫，以及紫鵑發現她痰裏有血的失聲、流淚，細膩之至。紫鵑這個丫頭也寫得非常的好。

探春湘雲來看黛玉，湘雲的冒失，探春的懂事，作者三言兩語，就把她們不同的性格區分出來。

黛玉聽見外面一個人嚷：「你這個不成人的小蹄子！你是個甚麼東西，來這園子裏頭混攪！」黛玉聽了，大叫一聲道：「這裏住不得了！」一手指窗外，兩眼反插上去，黛玉的敏感、多心，作者真的寫絕了。

八十三回還寫了外間對賈府的流言，周瑞家的話很像道聽塗說，十分傳神。「寧國府，榮國府，金銀財寶如糞土。吃不窮，穿不窮，算來總是一場空。」這首歌是賈府衰敗的伏筆。此外還寫了元妃的生病，賈母等入宮請安。皇家的規矩，不比尋常百姓家，元春含淚道：「父女兄弟，反不如小家子常常親近。」正是人性的吶喊，元春省親時也說過這類的話。

夏金桂和寶蟾吵鬧，寶釵母女勸解，忍氣吞聲，金桂的悍潑，寫得很好。

五十八　賈母重釵輕黛　熙鳳提玉說金

前兩回作者寫黛玉對婚姻耽心，噩夢、吐血，八十四回接著寫賈母提親。她雖未提寶釵，也未提黛玉，但她對薛姨媽閒談到寶釵、黛玉兩人，就有重釵輕黛之意：

我看寶丫頭性格溫厚和平，雖然年輕，比大人還強幾倍。……都像寶丫頭那樣心胸兒，脾氣兒，真是百裏挑一的！不是我說句冒失話：那給人家作了媳婦兒，怎麼叫公婆不疼；家裏上上下下的不賓服呢！

林丫頭那孩子倒罷了，祇是心重些，所以身子就不大很結實了。要賭靈性兒，也和寶丫頭不差甚麼；要賭寬厚待人裏頭，卻不濟他寶姐姐有擔待，有儘讓了。（見第八十四回）

賈母的話已經說得很明白，但作者故意兜了一個圈子，讓賈政的門客王爾調提張家的小姐，賈母不同意，鳳姐就趁機說話：

「不是我當老祖宗和太太跟前說句大膽的話！現放著天配的姻緣，何用別處去找？」

賈母問：「在那裏？」鳳姐便提寶釵：

「一個『寶玉』，一個『金鎖』，老太太怎麼忘了？」

賈母笑了一笑，問她昨日姑媽在這裏怎麼不提？鳳姐說出道理，賈母又笑了。

作者不提出寶釵，祇是轉彎抹角，一波三折，吊讀者的口胃，這時黛玉已經完全失敗了！

五十九　王熙鳳錯用典故　林黛玉面斥權臣

賈母、王熙鳳、王夫人替寶玉說親，薛姨媽自然十分願意。但是薛蟠不在家，薛姨媽要和他商量商量再辦。這些事寶玉不知道，黛玉更不知道。襲人不知道說的是誰？也疑惑不定，在黛玉那邊又探聽不出甚麼。賈芸給寶玉下帖子，也是個悶葫蘆，沒有說明是誰？作者在八十五回裏是故意製造懸宕。

黛玉在賈母那邊，寶玉向她問好，黛玉也客氣地回答。寶玉提到心疼，沒有過去看她，黛玉不等他完說，早扭過去和探春說話。黛玉的矜持，作者寫得很好，因為她在夢中看見寶玉挖心給她看，她曾抱著寶玉大哭，黛玉在夢中流露真情，在現實生活中又和寶玉裝得很疏遠。鳳姐看她那樣就調侃她：

> 你兩個那像天天在一塊兒的？倒像是客，有這麼些套話！可是人說的『相敬如賓』了。
>
> （見第八十五回）

「相敬如賓」是形容夫妻相敬相愛的話，所以黛玉聽了滿臉飛紅，又不好說，又不好不說，遲了一會兒纔說：「你懂得甚麼？」

王熙鳳沒有讀書，用典故用得很不恰當。黛玉說她「你懂得甚麼」？是瞧不起她。這句話罵得很重。王熙鳳回味過來，纔知道自己出言冒失。

林黛玉才情極高，心氣高傲，她瞧不起王熙鳳這位不學有術，炙手可熱的人，從那句「你懂得甚麼」的話裏就完全表現出來。別的小姐決不敢這樣說王熙鳳，薛寶釵尤其不會。黛玉和王熙鳳無利害關係，王熙鳳背後移花接木，把寶釵說給寶玉，黛玉也不知道，她和王熙鳳的格格不入，完全是性格的衝突，氣質的差異。

黛玉的生日，寶釵沒有來，黛玉很想念她，寶釵的不到賈府來，是因為提親的關係，黛玉還蒙在鼓裏。一直想她。作者無一字明白同情黛玉，但能使讀者自然同情。

薛蟠以前為了搶奪香菱打死過人，現在他又因為堂官嘌了戲子蔣玉函，拿盌砸死了堂官。上次因為賈雨村庇護，一走了之，這次薛家給了知縣幾千銀子，又大事化小。作者寫當時官場情形，也歷歷如繪。此外如替元春算命，也很內行，曹雪芹真是琴、棋、書、畫、詩、詞、歌、賦、醫、卜、星相無所不通。

六十　寶玉看棋多嘴　妙玉走火入魔

八十七回「感秋聲撫琴悲往事」，是寫黛玉的多愁善感。仍然扣緊黛玉的性格。「坐禪寂定火入邪魔」，則是寫妙玉六根未淨，暗戀寶玉。作者對人性的發掘，心理的表現，又見功夫。

先是妙玉和惜春下棋，寶玉悄悄地走了進去。她們兩人都沒有發覺。及至寶玉看得情不自禁，把她們兩人嚇了一跳。寶玉一面和妙玉施禮，一面笑問：

妙公輕易不出禪關，今日何緣下凡一走？

妙玉的反應如何？她聽了「忽然把臉一紅，也不答言，低了頭，自看那棋」。這種心理已很微妙。

寶玉自覺造次，連忙陪笑道：

「倒是出家人比不得我們在家的俗人。頭一件，心是靜的。靜則靈，靈則慧……」

寶玉的話尚未說完，「妙玉微微的把眼一抬，看了寶玉一眼，復又低下頭去，那臉上的顏色也漸漸紅暈起來。」

這種表情，不正是「脈脈含情」、「心有靈犀一點通」嗎？人在心情平靜時，不會臉紅，妙玉的臉紅，既不是生氣發怒，那不正是有一道情感的暗流在她心底通過嗎？後來她問寶玉：「你從何處來？」寶玉怕是妙玉的機鋒，紅了臉，答應不出來。「妙玉微微一笑，自合惜春說話。」她這一笑，自合惜春說話，也有文章。作者寫黛玉也常用這種筆法。他對妙玉這位自稱檻外人，其實六根未盡的女性心理真是發微掘隱，他的筆尖是枝探針，探進妙玉的內心。而當她要回櫳翠菴，又說：「久已不來，這裏彎彎曲曲的，回去的路頭都要迷住了。」這是暗示寶玉送她。所以寶玉說：「這倒要我來指引指引，何如？」她就說：「不敢，二爺前請。」

他們走近瀟湘館，聽黛玉撫琴，妙玉深通音律，作者利用她道出黛玉的心情，說黛玉「恐不能持久」，這是前後照應，黛玉早死的伏筆。

妙玉回菴以後，就「屏息垂簾，跏趺坐下，斷除妄念，趨向真如」，這又表示她已有「妄念」。

坐到三更以後，聽到房上唓碌碌一片聲響，妙玉恐有賊來，下了禪床，出到前軒，但見雲影橫空，月華如水……忽聽房上兩個貓兒一遞一聲廝叫。那妙玉忽想起日間寶玉之言，不覺心跳耳熱……（見第八十七回）

她想起寶玉的話就心跳耳熱，這是對寶玉「動情」，寫到這裏，作者已經把她的心托出來了。後來雖然到禪床打坐，「怎奈神不守舍，一時如萬馬奔騰，覺得禪床便晃蕩起來……」這是寫她內心的掙扎，神性與人性的鬥爭。所謂「入魔」，是人性的抬頭，妙玉內心的矛盾痛苦不難想見。以後作者寫得更加明白：

「這麼年紀，那裏忍得住？況且又是風流的人品，很乖覺的性靈！」

曹雪芹不是個道學夫子，他最瞭解人性，他不是嘲笑妙玉，而是對她這位畸人，冷靜地刻畫分析，表現她的變態心理，揭發人性。曹雪芹寫檻外人妙玉也是十分成功的。真是能者無所不能。

六十一 寶玉訂親杯弓蛇影 黛玉絕粒死去活來

八十八回寫寶玉讚賈蘭，博取賈母的歡心，賈珍鞭打悍僕鮑二，周瑞，下人背地掀他的醜事，以及賈芸動歪腦筋，走鳳姐的門路撈錢不成，表現了鳳姐的精明厲害，寫小紅與賈芸的戀情，也很出色。

八十九回寫寶玉見了孔雀裘又想起晴雯，悶悶不樂，無精打彩，睹物思人的心情寫得很好。祇是祭晴雯的那首詞，比起芙蓉誄來遜色甚多，且極庸俗。程偉元說：「書中後四十回集腋成裘，更無他本可考。惟按其前後關照者略為修輯，使其有應接而無矛盾。」毛病一定是出在抄本和「修輯」上，甚至是胡湊上去的。文章的「修輯」好壞還不十分顯著，但詩詞一字一句就分高下。這首詞毫無才情，諒非曹雪芹原作。不像前八十回抄錄傳聞已經三十年，各種抄本可以相互印證，「廣集核勘」，取長捨短。高鶚後四十回的補輯工作因無他本可考，自然不能得心應手。高鶚「續寫」之說，單從這首詞上便可「附會」。但程偉元、高鶚的話和林語堂的新資料，證明「續寫」全屬子虛，毋須贅述。由此亦可證明曹雪芹的創作高才非高鶚可及。高雖然是個學者，正如胡適先生一樣，未見得有創作的才情。何況曹雪芹是個大天才，兩百多年來尚無人能望其項背。高鶚能「補」而不能「作」，毫不足怪。他祇有一份雞零狗碎的孤木，自然不免補得有點像狗尾續貂了。

八十九回下半回「蛇影杯弓顰卿絕粒」，寫寶玉來看黛玉，談到黛玉彈琴的事，寶玉說：

「可惜我不知音，枉聽了一會子。」黛玉說：「古來知音人能有幾個？」寶玉說話無心，黛玉的話也是衝口而出。一個自悔出言冒失，一個也覺得太冷淡些，兩人反而無話可說。寶玉走後，黛玉心想：「寶玉近來說話，半吞半吐，忽冷忽熱，也不知他是甚麼意思？」後來竊聽到雪雁說寶玉訂親的事，她的心病更重了。決心蹧踏身體，以求早死。半月之後，粥也不喝，懨懨一息。

黛玉的這般情況，是由竊聽雪雁說寶玉訂親而起，她起死回生，也由侍書告訴雪雁真象，說：「寶玉的事，老太太總是要親上作親的，憑誰來說親，橫豎不中用。」的這番話傳到黛玉的耳朵裏發生了作用，這種波濤起伏，和以前寶玉聽紫鵑說林黛玉要回南京去而死去活來，前後暉映，異曲同工。作者所以這樣寫，目的祇有一個，就是表現黛玉、寶玉的真情。

但是賈母鳳姐可不同情他們。王夫人說：「……古來說的『男大當婚，女大須嫁』，倒是趕著把他們的事辦辦也罷了。」可是王夫人的話不能算數，賈母聽了皺一皺眉說：

> 林丫頭乖僻，雖也是他的好處，我的心裏不把林丫頭配他，也是為這點子；況且林丫頭這樣虛弱，恐不是有壽的，祇有寶丫頭最妥。（見第九十回）

寶玉、黛玉的死死活活，作者費了不少筆墨，激起讀者的同情，賈母這麼幾句話，卻輕輕地把他們的愛情否定了。他們哥哥妹妹一場，林黛玉的眼淚不知道流了幾缸，薛寶釵卻坐享其成。而且賈母要先給寶玉娶寶釵，再把黛玉嫁出去。她一說：「倒是寶玉定親的話，不許叫他知道罷了。」鳳姐便吩咐眾丫頭們道：

「你們聽見了？寶二爺定親的話，不許混吵嚷；若有多嘴的，提防著他的皮！」

賈母、鳳姐的一唱一和，造成了《紅樓夢》的大悲劇。作者寫寶玉、黛玉、寶釵的三角關係，筆力萬鈞，波濤起伏，迴旋盪漾，多彩多姿，吞吐含蓄，欲擒故縱，不是一瀉而盡的。

六十二 金桂寂寞寶蟾送酒 黛玉試探寶玉說禪

九十回雖是「失綿衣貧女耐嗷嘈，送菓品小郎驚叵測」。但被林黛玉的事佔去了一大半篇幅。岫煙失襖，鳳姐送衣，引出寶蟾、送酒各節，如果併入九十一回就更緊湊，九十回的回目就可以不要了。

作者寫寶蟾、金桂勾引薛蝌的事又是妙筆生花，和以前八十回同樣精彩。八十一回到九十一回，其中也祇有八十九回筆墨最差，可以看出不是原璧，「修補」太多。

薛蟠出了人命坐牢，金桂難耐空閨寂莫，便想勾引堂弟薛蝌，打發寶蟾送酒送水菓。有其主必有其僕，寶蟾亦懷鬼胎，作者寫寶蟾的風流淫蕩，詭計多端，更見巧思。以規矩老實的薛蝌，襯托寶蟾，更收牡丹綠葉之功。

九十一回一開頭就妙，薛蝌正在房內狐疑，忽聽窗外噗哧一笑，作者不讓寶蟾現身，祇傳出她在窗外說話的聲音，更增加了神祕的氣氛。而當薛蝌看見窗紙濕了一塊，走過來看時，冷不防外面往裏一吹，又把薛蝌嚇了一跳。隨後又聽得吱吱的笑聲。寶蟾的伶俐輕佻，調戲薛蝌，如見其人。

薛蝌吹了燈，屏息而臥，她又在窗外說：

「二爺為甚麼不喝酒吃菓子就睡了？」

薛蝌裝睡不作聲，過了一會，窗外又恨聲說：

「天下那裏有這樣沒造化的人！」

蕩婦淫娃的失望、艾怨心理就在紙上跳躍了。

天明時寶蟾又來扣門，薛蝌問是誰，她不答應。開門看時，作者便把寶蟾的浪態表現出來：

「攏著頭髮，掩著懷，穿了件片金邊琵琶襟小緊身，上面繫著一條松花綠半新的汗巾，下面並未穿裙，正露著石榴紅灑花夾褲，一雙新繡紅鞋。」

這樣的寶蟾，規矩老實的薛蝌，心中也不免一動。

作者寫寶蟾、金桂偷人養漢的心理，委婉細膩。寶蟾原來是金桂的丫頭，後來金桂為了抵制香菱，又讓薛蟠納寶蟾作妾。由於這雙重關係，金桂雖以送酒為名勾引薛蝌，但還假正經，說些冠冕堂皇的話。寶蟾一說：「奶奶別多心，我是跟奶奶的，還有兩個心麼?但是事情要密些，倘或聲張起來，不是玩的。」

金桂原是做賊心虛，飛紅了臉說：

「你這個丫頭就不是好貨!想來你心裏看上了，卻拿我作筏子，是不是呢?」

寶蟾本來也不是正經貨，她說的話更見心機：

「衹是奶奶那麼想罷咧，我倒是替奶奶難受。奶奶要真瞧二爺好，我倒有個主意。奶奶想，『那個耗子不偷油？』他也不過怕事情不密，大家鬧出亂子來不好看。依我想：奶奶且別性急，時常在他身上，不周不備的去處張羅張羅。他是個小叔子，又沒娶媳婦兒，奶奶就多盡點心兒，和他貼個好兒，別人也說不出甚麼來。過幾天，他感奶奶的情，他仍然要謝候奶奶。那時奶奶再備點東西兒在偺們屋裏，我幫著奶奶灌醉了他，還怕他跑了嗎？他要不應，偺們索性鬧起來，就說他調戲奶奶。他害怕，自然得順著偺們的手兒。他再不應，他也不是人，偺們也不至白丟了臉！奶奶想怎麼樣？」

金桂聽了這話兩顴早已紅暈了，笑罵道：

「小蹄子，你倒像偷過多少漢子似的！怪不得大爺在家時，離不開你！」

寶蟾把嘴一撇，笑說道：

「罷呀！人家倒替奶奶拉縴，奶奶倒和我們說這個話咧！」

薛蟠的這一妻一妾，和賈璉的那一妻一妾迴然不同，夏金桂衹是妒而悍，聰明才智遠不及王熙鳳；寶蟾的俏而蕩，也遠不如平兒的美而賢。平兒雖是王熙鳳的心腹，但不助她作惡，自然兩人更不會串通起來偷人養漢。曹雪芹筆下的人物固然沒有雷同，故事也千變萬化，夏金桂勾引小叔薛蝌，和潘金連勾引小叔武松也不相同，曹雪芹的創造精神和天才，特別令人起敬。

九十一回下半回「布疑陣寶玉妄談禪」，作者又藉此表明他和黛玉的真愛。寶玉、寶釵的婚事已經訂了，但是寶玉和黛玉還被蒙在鼓裏。作者又藉寶釵的病讓寶玉、黛玉「談禪」。黛玉問寶玉：

「我便問你一句話，你如何回答？」

寶玉盤著腿，合著手，閉直眼，撅著嘴道：「講來。」黛玉道：

「寶姐姐和你好，你怎麼樣？寶姐姐不和你好，你怎麼樣？寶姐姐前兒和你好，如今不和你好，你怎麼樣？今兒和你好，後來不和你好，你怎麼樣？你和他好，他偏不和你好，你怎麼樣？你不和他好，他偏要和你好，你怎麼樣？」（見第九十一回）

黛玉的話問得刁鑽，她把各種情況都考慮到了，可以說天衣無縫，寶玉呆了半天，忽然大笑道：

「任憑弱水三千，我祇取一瓢飲。」

這是寶玉的心聲，答得也斬釘斷鐵。意思是說：

「任憑甚麼寶姐姐、貝姐姐，我祇愛你林黛玉一人。」

以下的對話，簡潔流暢，也是強調寶玉的真心相愛。薛寶釵搬出大觀園後，寶玉簡直很少和她來往，在愛情上薛寶釵從頭到尾是徹底失敗，可是在終身大事上她反而一步步成功。而林黛玉恰好相反，愛情是一步步勝利，婚姻卻一步步失敗，兩人愛得死去活來時，薛寶釵卻不聲不響地成了寶玉的未婚妻子。曹雪芹的這種安排，的確高人一籌。

六十三 賈芹窩娼聚賭 熙鳳做賊心虛

九十二回「評女傳巧姐慕賢良，玩母珠賈政參聚散」，寫巧姐已經認了三千多字，念了一本《女孝經》，上了《列女傳》。寶玉替她說《列女傳》中賢德的女性時她欣然點頭，這就可以看出她的性格。寶玉說她：「我瞧大妞妞這個小模樣兒，又有這個聰明兒，祇怕將來比鳳姐姐還強呢，又比她認的字。」這是十二金釵之一的巧姐第一次給讀者一個具體的印象。賈政看母珠悟聚散，仍然顯出他端方正直，謙恭厚道，不虛浮、不驕矜的性格。賈家已經出不起兩萬銀子買珠子和鮫綃帳，家道已經不如從前了。

大觀園的冷落，是由司棋遺失的一隻春意香袋，王善保家的和鳳姐夜抄大觀園而起。司棋是個禍首，七十四回是絕妙的一回，作者卻在九十二回將司棋和她表兄作了一個交代，司棋撞牆而死，她表兄買來兩口棺材，再以小刀自殺，他們不是浪子淫娃，卻是一對有情有義的男女。她們的死使《紅樓夢》裏又添了一對冤魂，這和尤三姐、柳湘蓮的結局又不相同。曹雪芹真是筆走龍蛇，千變萬化。

九十二回作者暗示賈家祇有個空門面，九十三回接著寫到甄家獲讉，門戶凋零，把家奴包勇，薦給賈家聽用，這是富貴榮華不久長的對照寫法，後來一百零五回「錦衣軍查抄寧國府」，也正應了九十二回賈政的話：「白白的衣租食稅，那裏當得起？」這都是作者的伏筆。

賈芹在水月庵裏窩娼聚賭，吃酒作樂，別人在賈府門上貼了這樣的無頭榜：

西貝草斤年紀輕，水月庵裏管尼僧。一個男人多少女，窩娼聚賭是陶情。不肖子弟來辦事，榮國府內好名聲。（見第九十三回）

賈政氣得發暈，命把水月庵裏的尼姑、道士統統拉回來。鳳姐誤聽說是饅頭庵出了事，嚇得發暈。這是做賊心虛。因為在饅頭庵她瞞天過海貪污了三千兩銀子。後來聽說是水月庵她又故示清白：「我就知道是水月庵，那饅頭庵與我甚麼相干？」仍是大奸口吻。其實水月庵她也脫離不了干係，賈芹就是她弄權派的。

上樑不正下樑歪，賈璉和賈芹平素是在一處玩笑的，所以賈芹出了亂子他也不敢辦，反而串通賴大替賈芹遮蓋，又利用王夫人來處理尼姑、道士。賈璉、王熙鳳這對夫妻，是賈家的罪人。作者客觀的描寫，比正言譴責效果更大。這就是藝術，不是雕蟲小技。

六十四　寶玉丟玉人仰馬翻　黛玉失眠先喜後悲

怡紅院本來枯萎了的海棠，卻在十一月間開花，寶玉又忽然失掉他那塊玉，作者以「花妖」異兆，來製造氣氛，推進故事。寶玉的玉是他虛擬的神話，是整個《紅樓夢》故事的樞紐，是寶玉的「命根子」，此玉一失，寶玉瘋癲，三角關係就急轉直下，纔有「林黛玉焚稿斷癡」，「魂歸離恨天」和「薛寶釵出閨成大禮」。如果此玉不失，寶玉神志清醒，這個大悲劇還不容易造成，所以九十四回是《紅樓夢》故事結構的一大關鍵，作者如此安排，前後呼應，水到渠成，頗具匠心。

怡紅院的海棠本來萎了，卻在十一月突然開放。探春心想：「必非好兆：大凡順者昌，逆者亡，草木知運，不時而發，必是妖孽。」

李紈說是：「寶玉有喜事來了，此花先來報信。」

黛玉聽說是喜事，心裏高興，因為在九十回裏她聽侍書說：「寶玉的事老太太總是親上作親的，憑誰來說親，橫豎不中用。」黛玉根本沒有想到寶釵，以為非自己莫屬，就因為這幾句話，她纔死去活來，不藥而癒。現在又聽李紈說是寶玉的喜事，她自然又以為應在自己身上，高興地說出田家荊樹的故事。作者之故意作弄林黛玉這個人物，更能增強悲劇的效果。

賈母是聽喜不聽憂的，要大家陪她賞花飲酒。鳳姐倒是個有心人，她打發平兒送來兩疋紅綢包花，平兒私和襲人說：「奶奶說，這花開的怪，叫你鉸塊紅綢子掛掛，就應在喜事上去了，以後也不必祇管當作奇事混說。」

不但花開得奇，寶玉的玉也在換衣服時失落了，怎麼找也找不到。他失了這塊玉，又弄得人仰馬翻，作者寫得十分精彩。先是嚇得襲人滿身冷汗，笑問麝月她們：

「小蹄子們！玩呢，到底有個玩法。把這件東西藏在那裏了？別真弄丟了，那可就大家活不成了！」

作者運用語言，真的出神入化，襲人的話完全是襲人的口吻，不但表現了她的身份個性，也說出了這件事情的嚴重性。

麝月等聽說，都正色道：

「這是那裏的話？玩是玩，笑是笑，這個事非同兒戲，你可別混說！你自己昏了心了！想想罷，想想擱在那裏了？這會子又混賴人了。」

這是麝月她們的口氣，和襲人不同。而襲人一見這般光景，便著急道：

「皇天菩薩！小祖宗！你到底撂在那裏了？」

襲人的「急」，怡紅院裏的人嚇得泥塑木雕的一般，以及李紈急得要姐姐、妹妹、姑娘們跟來的丫頭脫光了衣服搜查，和探春的懷疑賈環促狹，平兒把賈環哄來盤問，賈環不服，趙姨娘哭著喊著說：

「你們丟了東西，自己不找，怎麼叫人背地裏拷問環兒？我把環兒帶了來，索性交給你們這一起洑上水的。該殺該剮，隨你們吧！」說著將環兒一推：「你是個賊！快快的招罷。」這些地方，充分反映了各人的心理，和眾生相，以及家庭內的恩怨。

王夫人過來叫襲人，慌得襲人連忙跪下，趙姨娘說：「外頭丟了東西，也賴環兒。」被王夫人喝住，鳳姐說別叫老太太、老爺知道，暗暗的派人各處察訪，王夫人問她老爺跟前怎麼瞞得過呢？便叫賈環來說道：

「你二哥哥的玉丟了，白問了你一句，怎麼你就亂嚷？要是嚷破了，人家把那個毀壞了，我看你活得活不得！」

賈環嚇得哭道：

「我再不敢嚷了！」

寶玉失了玉，丫頭們急得、嚇得雞飛狗跳，賈環也受了無妄之災，曹雪芹筆下的人情世態，多彩多姿。這一回的精彩，不下於前八十回任何一回，八十九回的遜色，不能附會是高鶚續寫的，祇能說是補輯得不好。曹雪芹畢竟是曹雪芹，是無人能頂替的。

在這一回和九十五回上半節，作者還寫了測字扶乩，他的知識是多方面的。拐仙疾書的。

噫！來無跡，去無蹤，青埂峰下倚古松。欲追尋，山萬重，入我門來一笑逢。（見第九十五回）

雖是故弄玄虛，實與故事開始結局前後照應。不是遊戲文字，是重要伏筆。而最妙的是寫寶玉失玉，黛玉反而歡喜的心理：

「和尚道士的話真個信不得，果真『金玉』有緣，寶玉如何能把這玉丟了呢？或者因我之事，折散他們的『金玉』也未可知……」

想了半天，更覺安心，把這一天的勞乏竟不理會，重新倒看起書來。睡下之後，又想到海棠花上，不覺又傷心起來。如此一悲一喜，直想到五更方睡著。

寶玉、寶釵訂婚的事，寶玉、黛玉一直蒙在鼓裏，而作者寫黛玉的「空歡喜」，是最高明的大手筆。她一直為「金玉」之事耽心，不知嘔了多少氣，流了多少淚。寶玉、黛玉的三角關係，是金玉貫穿到底，作者在這上面寫了許多絕妙文筆，最後他又露這一手，讓林黛玉傷心而死之前，還「空歡喜」一場，作者的「殘酷」，把故事推進高潮，增強了悲劇的效果，使林黛玉贏得更多的同情。

六十五　偷樑換柱寶玉成親　焚稿斷情紫鵑不平

九十五回寫元妃薨逝，寶玉失玉失神。元妃不是主要人物，她的死作者祇是輕輕帶過，不過用她的死來象徵賈府的衰敗，正如利用她的歸省興建大觀園，象徵賈府的極盛而已。可是寶玉的失神，卻是一個重要過節，不然他和寶釵的婚姻便無法撮合。

九十六回「瞞消息鳳姐設奇謀，洩機關顰兒迷本性」，九十七回「林黛玉焚稿斷癡情，薛寶釵出閨成大禮」，和九十八回「苦絳珠魂歸離恨天，病神瑛淚灑相思地」是《紅樓夢》的高潮。賈寶玉、林黛玉、薛寶釵的三角關係，去了一角，薛勝林死，父母之命勝利，自由戀愛失敗。在這裏我們可以明顯地看出作者重視愛情爭取婚姻自由的思想，表現手法的高明，足以證明曹雪芹還是曹雪芹。

有前面寶玉失神，鳳姐纔能逞她「掉包兒」的奇謀。在《紅樓夢》裏鳳姐造成了幾條人命，林黛玉也是死在她和賈母的手裏。

因為寶玉瘋傻，賈政外放上任，賈母要乘這個機會替寶玉娶寶釵「沖喜」。完成「金玉姻緣」，而且想以寶釵的「金鎖」招出寶玉的「寶玉」來。

寶玉是瘋瘋傻傻，根本不知道這些事，襲人最瞭解他的心理，知道他確實愛誰？她雖然讚賞「上頭的眼力不錯」，她也「可以卸了好些擔子」，但是「這一位的心裏祇有一個林姑娘」。心想：

> 這件事怎麼好？老太太、太太那裏知道他心裏的事？一時高興，說給他知道，原想要他病好。若是他還像頭裏的心，初見林姑娘，便要摔玉砸玉，——況且那年夏天在園裏，把我當作林姑娘，說了好些私心話；後來因為紫鵑說了句玩話兒，便哭得死去活來。若是如今和他說要娶寶姑娘，竟把林姑娘撂開，除非是他人事不知還可。倘或明白些，祇怕不但不能沖喜，竟是催命了！我再不把話說明，那不是一害三個人了嗎？

作者利用襲人把寶玉、黛玉的真心相愛，作一次總的表白，襲人說：「那不是一害三個人了嗎？」更增加了這件事的嚴重性。而賈母和鳳姐做的這件婚姻，的確是害了三個人！但是她們一意獨斷孤行，而且鳳姐還想出「掉包兒」的妙計，移花接木，偷天換日。「祇說給寶玉聽，外頭一概不許提起」。可是牆有縫，壁有耳，鳳姐雖想瞞住林黛玉，偏偏林黛玉在沁芳橋山石背後，當日她和寶玉葬花的地方，碰見傻大姐在那裏哭。作者用這個地方，很容易引起讀者的回憶他們兩人昔日葬花的情形，有「鴛夢重溫」的效果，是一妙筆；而用上傻大姐說出「寶二爺娶寶姑娘的事情」，「還要給林姑娘說婆家呢。」更妙。以前用她拾了個春意袋兒，引出夜抄大觀園的好文竟，這裏又用她使林黛玉癡迷。作者描寫黛玉聽了傻大姐的話後的情形很好：

那黛玉此時心裏，竟是油兒、醬兒、糖兒、醋兒倒在一處的一般，——甜、苦、酸、鹹，意說不上甚麼味兒來了。停了一會兒，顫巍巍的說道：「你別混說了，你再混說，叫人聽見，又要打你了。你去罷。」說著，自己轉身要回瀟湘館去。那身子竟有千百斤重的，兩隻腳卻像踩著棉花一般，早已軟了。祇得一步步慢慢的走將來。走了半天，還沒到沁芳橋畔。原來腳下軟了，走的慢，且又迷迷癡癡，信著腳兒從那邊繞過來，更添了兩箭地的路。這時剛到沁芳橋畔，卻又不知不覺的順著堤往回裏走起來。紫鵑取了絹子來，不見黛玉，正在那裏看時，祇見黛玉顏色雪白，身子晃晃蕩蕩的，眼睛也直直的，在那裏東轉西轉。……

心中驚疑不定，衹得趕過來，輕輕的問道：「姑娘，怎麼又回去？是要往那裏去？」黛玉也衹模糊聽見，隨口應道：「我問問寶玉去。」（見第九十六回）

作者把黛玉受了重大刺激的精神恍惚迷亂狀態，充分表現出來。及至她見了寶玉，兩人衹管相互瞅著傻笑。黛玉忽然問：

「寶玉，你為甚麼病了？」

寶玉笑道：

「我為林姑娘病了。」

寶玉瘋傻中，還說出真心話。

襲人看黛玉一樣迷亂，要紫鵑、秋紋送她回去，她又說了一句看似迷亂卻十分淒涼的話：

「可不是？我這就是回去的時候兒了。」

一走到門口，她的身子就往前一栽，哇的一聲，一口血直噴出來。

作者寫黛玉因數年心病，一時急怒，而恍惚迷亂，十分逼真。

林黛玉上次聽說寶玉訂婚，曾死去活來。後來又聽說賈母要親上作親，便不藥而癒，而且空歡喜了一陣，這次聽說寶玉娶的是寶釵，自然完全絕望，從空歡喜而完全絕望，作者又寫了不少好文章；而這次黛玉的死就更順理成章，沒有一點牽強，他把黛玉從死寫活，又讓她空歡喜地活了一陣再死，黛玉經過這樣情感的折磨蹂躪，所以能激起千百年後讀者的同情，曹雪芹的妙筆，真的獨步古今。

賈母要鳳姐替黛玉準備後事。她對這位外孫女兒的「心病」並不同情。鳳姐更是一心在寶玉、寶釵的婚事上，在林黛玉要死的時候，她還騙寶玉，說要給他娶林妹妹。寶玉聽說要娶林妹妹就大笑起來。鳳姐又說：

「老爺說：你好了就給你娶林妹妹呢；若還是這麼傻，就不給你娶了。」

寶玉忽然正色說。

「我不傻，你纔傻呢！」

鳳姐總是玩弄別人於股掌之上，寶玉的話簡直是罵她，他說著便站起來：「我去瞧瞧林妹妹，叫他放心。」作者又讓寶玉流露真情。

賈母、鳳姐她們都忙著料理寶釵、寶玉婚事，都不來看黛玉。這種冷落，寫得好。在這情形之下，寫黛玉焚寶玉送她的手絹，焚自己的詩稿，更是合情合理，而且寫得細膩悽惻。寫紫鵑的義憤，為黛玉不平，是春秋之筆。「這些人怎麼這樣狠毒冷淡？」這句話就夠打倒賈母、鳳姐那一般人了。

紫鵑找不到一個人，便命小丫頭去請李紈，李紈一頭走來，一頭落淚。想著：

> 姊妹們在一處一場，更兼他容貌才情，更是寡二少雙，惟有青女、素娥可以彷彿一二，竟這樣小小年紀就作了「北邙鄉女」！偏偏鳳姐想出「偷樑換柱」之計，自己也不好過瀟湘

館來，竟未能少盡姊妹之情，真正可憐可歎！（見第九十七回）

李紈是唯一同情黛玉的人。

而鳳姐為了實行她的「掉包兒」妙計，在黛玉彌留時她還打發平兒和林之孝家的要紫鵑過去扶寶釵，代替鶯兒，欺騙寶玉。作者這種安排，也是匠心獨運。紫鵑抗命不去，雪雁去了。

寶玉聽說是娶林黛玉，樂得手舞足蹈。寶釵蒙著蓋頭，他分不出來，一看雪雁扶著她，他見了雪雁就像見了黛玉一般歡喜。他走到新娘跟前說：「妹妹，身上好了？好些天不見了，蓋著這勞什子做甚麼？」這種話多麼體貼純真？是作者的神來之筆。後來寶玉揭開頭蓋一看，雪雁走開，鶯兒上來，他發現是寶釵，便呆呆地站著，兩眼直視，半語全無。他心裏愛誰？曹雪芹又作了一個明白的交代。這種關節，這種交代，是十分必要的。作者寫寶玉、黛玉的愛情，處處呼應，天衣無縫。

寶釵出閨成大禮，正是黛玉傷心絕命時，曹雪芹這一對照描寫，悲劇效果更佳。

九十八回「苦絳珠魂歸離恨天」，是黛玉的死的補敘。寶玉根本不知道黛玉已死，他服藥後片時清醒，房中祇有襲入，他拉著襲人的手哭道：

「我問你：寶姐姐怎麼來的？我記得老爺給我娶了林妹妹過來，怎麼叫寶姐姐趕出去了？他為甚麼霸佔住這裏？我要說呢？又恐怕得罪了他，你們聽見林妹妹哭的怎麼樣了？」

本來林黛玉的死，沒有再補敘的必要，但是看了寶玉這番話後，就覺得非常需要了。因為這不是單純的寫林黛玉的死，而是讓寶玉知道黛玉死後有一次表明心跡的機會。讓被王熙鳳和賈母擺佈的寶玉向讀者作一次控訴。下面的話更有生不同衾死求同穴的意味：

我要死了！我有一句心裏的話，祇求你回明老太太：橫豎林妹妹也是要死的，我如今也不能保，兩處兩個病人，都要死的！死了越發難張羅，不如騰一處空房子，趁早把我和林妹妹兩個抬在那裏，活著也好一處醫治伏侍，死了也要一處停放，你依我這話，不枉了幾年的情份！（見第九十八回）

這番話實在令人酸鼻。

襲人祇說林姑娘病著，始終不敢吐露黛玉已死的消息。還是寶釵自己告訴他。寶釵為甚麼告訴他，因為她深知寶玉的病是因黛玉而起，失玉次之，所以趁勢說明，使寶玉一痛決絕，神魂歸一。

寶玉聽說黛玉已死不禁大哭，後來又親自哭靈，哭得死去活來。寶玉和黛玉真心相愛，卻如此結局。作者的安排很好，如果寶玉真和黛玉結婚，《紅樓夢》就不會這麼感人。曹雪芹從第三回起就寫林黛玉和賈寶玉，寫他們同起同坐，寫他們的戀愛，凡是寫到他們兩人的地方就格外精彩。如果黛玉死時的情景，在九十回「寶釵出閨成大禮」時寫出來，一喜一悲，兩相對照，比在九十八回補敘，效果會更好。

林黛玉的悲劇，是鳳姐和曹母造成的。她死後鳳姐還講寶玉、寶釵新婚笑話，她把快樂建築在林黛玉的死亡上。九十九回開頭的這三四百字，作者寫得十分生動。連賈母也說鳳姐：

「你林妹妹恨你，將來你別獨自一個兒到園裏，提防他拉著你不依！」

鳳姐沒有存心作過一件好事，她送了幾條人命，林黛玉的含恨抱屈而死，比賈瑞、尤二姐更苦，曹雪芹把鳳姐這個人物寫得如此成功，決不是憑空虛構的，這個人物在他心裏一定活了很多年，他對她是恨之入骨，他處理這個人物簡直是剝皮抽筋，但從不直接洩漏自己的憎恨，曹雪芹真是爐火純青。

六十六　賈政方正迂腐　十兒世故玲瓏

曹雪芹寫賈政的清廉，不會作官，李十兒的弄權，也很精彩。又露出了他一肚皮的人情世故。

跟隨賈政一道上任的長隨，都餓跑了。剩下的一些家人，商量著要想個法兒，其中有一個管門的李十兒說：

> 你們這些沒能耐的東西著甚麼急呢！我見這「長」字號兒的在這裏，不犯給他出頭。如今都餓跑了，瞧瞧十太爺的本領，少不得本主兒依我！祇是要你們齊心打夥兒弄幾個錢，回

家受用；若不隨我，我也不管了，橫豎拼得過你們。

眾人都說：

「好十爺，你還主兒信得過，若你不管，我們實在是死症了。」

李十兒說：

「別等我出了頭，得了銀錢，又說我得了大分兒了，窩兒裏反起來，大家沒意思。」

眾人說：

「你萬安，沒有的事。就沒有多少，也強似我們腰裏掏錢。」（見第九十九回）

李十兒的刁滑，和眾人的饑荒，曹雪芹輕輕鬆鬆地表現了出來。李十兒對糧房書辦蹺著腿，挺著腰，一派官腔，隨後又見風轉舵，和書辦唧咕了半夜，以及李十兒向賈政遊說，作者對李十兒這類官場小人物，寫得十分深刻。對於賈政這位正直端方，不會貪污的書呆子，也寫得維妙維肖。他先是痛罵了李十兒一頓，後來又說：「據你一說，是叫我做貪官嗎？送了命不要緊，必定將祖父的功勳抹了纔是？」

賈政的顧全名節，兢兢業業，於此可見。可是當李十兒說：

「老爺是極聖明的人，沒看見舊年犯事的幾位老爺嗎？這幾位都與老爺相好，老爺常說是個做清官的，如今名在那裏？現有幾位親戚，老爺向來說他們不好的，如今陞的陞，遷的遷，祇要做的好就是了。老爺要知道：民也要顧，官也要顧，若是倚著老爺，不准州縣得一個大錢，外頭這些差事誰辦？祇要老爺外面還是這樣清名聲原好；裏頭的委屈，祇要奴才辦去，關礙不著老爺的，奴才跟主兒一場，到底也要掏出良心來。」

賈政聽了李十兒這番話，又沒有主見，祇好說：

「我是要保性命的！你們鬧出來不與我相干！」

作者將賈政的不會做官，不會貪污，又沒有辦法籠絡下人，祇讀死書，不懂權術的弱點完全表現出來。因此李十兒能作威作福，賈政不但不疑，反而相信，這樣的賈政，祇能算是個好人，不是個有幹才的官吏。

在九十九回裏，曹雪芹以少許筆墨，將官場中的五花八門和賈政這種不知權變和仕途艱險的書生，完全刻畫出來。這是世故，也是學問。

六十七　金桂主僕同器　探春母女無緣

作者在九十回和九十一回已經寫了金桂、寶蟾勾引薛蝌，而且寫得相當精彩。在一百回裏又寫到她們重施故技。

原來薛蟠定了死罪，監守著等候秋天大審。薛姨媽為他已經花了很多錢，兩處當鋪管事的逃了，虧空了好幾千銀子，官商的名義也取消了，雖未人亡，已經家敗。金桂和寶蟾又不安於室，一再勾引小叔子薛蝌。薛姨媽和寶釵也夠慘了。

作者這次寫金桂和寶蟾勾引薛蝌，和上次又不相同，上次是寶蟾出馬，這次是金桂上陣，各有巧妙不同。

金桂叫寶蟾瞧著薛蝌，她卻去打開鏡奩，又照了一照，把嘴唇兒又抹了一抹，然後拿一條灑花絹子，纔要出來，又像忘了甚麼的，心裏倒不知怎麼是好了。金桂賣俏恍惚不安的心理，曹雪芹祇用這麼幾筆就描寫出來。這時她聽寶蟾在外面說道：

「二爺，今日高興啊，那裏喝了酒來了？」

金桂聽了，明知是叫她出來的意思，連忙掀起簾子出來。祇見薛蝌和寶蟾說道：

「今日是張大爺的好日子，所以被他們強不過，吃了半鐘。到這時候臉還發燒呢。」

一句話沒說完，金桂早接口道：

「自然人家外人的酒比偺們自己家裏的酒是有趣兒的！」

薛蝌被她拿話一激，臉越紅了，連忙走過來陪笑道：

「嫂子說那裏的話？」

寶蟾見他二人交談，便躲到屋裏去了。

這一躲，寫得很妙，點出兩人串通勾引，如果寶蟾挺在那裏，那就妨礙金桂的調笑了。

「這麼說，你的酒是硬強著纔肯喝的呢！」金桂說。

薛蝌道：「我那裏喝得來？」

金桂道：

「不喝也好，強如像你哥哥喝出亂子來，明兒娶了你們奶奶兒，像我這樣守活寡受孤單呢！」說到這裏，兩個眼已經乜斜了，兩腮上也覺紅暈了，薛蚪見這話越發邪僻了，打算著要走，金桂也看出來了，那裏容得，早已走過來一把拉住。

薛蝌急了道：「嫂子！放尊重些！」說著，渾身亂顫。

金桂索性老著臉說：

「你祇管進來，我和你說一句要緊的話。」

這裏寫金桂的恬不知恥和薛蝌的渾厚、臉皮薄嫩，很好；而最妙的是，香菱恰在此時出現，她本不理會，寶蟾一嚷，纔瞧見金桂拉著薛蝌，真是冤家路窄。曹雪芹很會運用這種手法，寫寶玉、黛玉、寶釵三角關係時，用得更多，寫得更好。不過第二次重寫金桂勾引薛蝌，沒有甚麼意義，因為兩人不是重要人物，無關全局，穿插點綴一次就夠了，不必浪費筆墨。

探春遠嫁，賈母、寶釵、襲人等都有點感傷，趙姨娘反而歡喜起來。心裏說道：

「我這個丫頭，在家忒瞧不起我，我何曾還是個娘？比她的丫頭還不濟，況且洑上水，護著別人。他擋在頭裏連環兒也不得出頭。如今老爺接了去，我倒乾淨，想要他孝敬我，不能夠了。祇願意他像迎丫頭似的，我也能稱願。」而且她還意故向探春「道喜」，說些挖苦話：

「姑娘，你是要高飛的人，到了姑爺那邊，自然比家裏還好，想來你也是願意的，就是養了你一場，並沒有借你的光兒。就是我有七分的不好，也有三分的好，也別說一去了，把我擱在腦杓子後頭。」

探春聽著毫無道理，祇低頭作活，一句也不言語。

作者寫這一對母女的無緣，親情的淡薄，賢愚的對比，十分成功。在《紅樓夢》的人物創造方面，也是一絕。

寶玉聽說探春遠嫁，啊呀一聲哭倒在坑上，說：

「這日子過不得了！我姊妹們都一個個的散了！林妹妹是成了仙去了，大姐姐呢，已經死了；這也罷了，沒天天在一塊。二姐姐碰著了一個混帳不堪的東西。三妹妹又要遠嫁，總不得見的了！史妹妹又不知道要到那裏去。薛妹妹是有了人家兒的。這些姐姐妹妹，難道一個都不留在家裏？留我做甚麼！」

鶯聲燕語，綺麗繁華的大觀園，風流雲散，寶玉的傷心，除了表現他一貫的性格之外，同時表現了富貴榮華不久長。

六十八　大觀園鳳姐遇鬼　閨房內賈璉生氣

一百零一回又寫得很好，鳳姐在大觀園裏遇鬼一節，生動精彩，他先寫景，製造氣氛：

「祇見園中月色比外面更覺明朗，滿地下重重樹影，杳無人聲，甚是淒涼寂靜。剛欲往秋爽齋這條路來，祇聽唿唿的一聲風過，吹的那樹枝上落葉，滿園中唰喇喇的作響，枝梢上吱嘍嘍的發哨，那些寒鴉宿鳥都驚飛起來。鳳姐吃了酒，被風一吹，祇覺身上發噤。」

「重重樹影，杳無人聲」，以及「唿唿的一聲風過」，落葉唰唰的作響，枝梢發哨，寒鴉宿鳥驚飛，就造成了陰森森的氣氛，這樣鬼才會出現。但他並不馬上寫鬼，先製造一個懸宕，一個恐怖事件：

「鳳姐剛舉步走了不遠，祇覺身後咈咈哧哧，似有聞嗅之聲，不覺頭髮森然直豎起來，由不得回頭一看，祇見黑油油一個東西在後面伸著鼻子聞他呢，那兩隻眼睛恰似燈光一般。鳳姐嚇的魂不附體，不覺失聲的『咳』了一聲，卻是一隻大狗。」

這段文字寫得生動極了，不但鳳姐嚇得魂不附體，讀者也會毛骨悚然。後來雖然說出是一隻大狗，讓鳳姐虛驚一陣，妙的是這隻狗是黑狗，不是白狗，如果是白狗，在夜晚就易分辨，恐怖的效果也就沒有這麼大了。

曹雪芹先讓鳳姐虛驚一陣，心驚肉跳之後，再接著寫鬼：

鳳姐此時肉跳心驚，急急的向秋爽齋來……方轉過山子，祇見迎面有一個人影兒一晃，鳳姐心中疑惑，還想著必是那一房的丫頭，便問：「是誰？」問了兩聲，並沒有人出來，早已神魂飄蕩了。恍恍惚惚的似乎背後有人說道：「嬸娘，連我也不認得了？」鳳姐忙回頭一看，祇見那人形容俊俏，衣履風流，十分眼熟，祇是想不起是那房那屋裏的媳婦來。祇聽那人又說道：「嬸娘祇管享榮華，受富貴的心盛，把我那年說的『立萬年永遠之基』都付與東洋大海了！」鳳姐聽說，低頭尋思，總想不起。那人冷笑道：「嬸娘那時怎麼疼我來？如今就忘在九霄雲外了？」鳳姐聽了，此時方想起是賈蓉的先妻秦氏。方說道：「嗳！你是死了的人哪，怎麼跑到這裏來呢？」啐了一口，方轉回身要走時，不防一塊石頭絆了一交，猶如夢醒一般，渾身汗如雨下。

鳳姐這次受驚看來沒有先前厲害，但從「絆了一交，汗如雨下」，就可以體會出來，她受驚的程度和狼狽的情形，實在更甚，這是曹雪芹的兩種手法。不落故套。

曹雪芹的伏筆很久，秦可卿死時就對鳳姐作了一番忠告，這次以鬼的身份再提醒鳳姐，使人有「山雨欲來風滿樓」的感覺。在整個故事結構上，扣得很緊。

鳳姐受驚回來睡不著覺，平兒替她搥著。李媽打罵巧姐兒，以及賈璉為鳳姐胞兒王仁的事清早去看裘世安不遇，回家大發脾氣，和鳳姐平兒三人的談話，都寫的極其精彩，語言運用之妙，無以復加。

「真真的小短命鬼兒！放著屍不挺，三更半夜嚎你娘的喪！」李媽罵巧姐兒。

「你這會子不生假慈悲，我死了，你們祇有喜歡的。你們一心一計，和和氣氣的過日子，省的我是你們眼裏的刺。祇有一件，你們知好歹，祇疼我那孩子就是了。」鳳姐對平兒說。

「我可不『吃著自己的飯，替人家趕獐子』呢！我這裏一大堆子的事，沒個動秤兒的，沒來由，為人家的事瞎鬧了這些日子，當甚麼呢？正經那有事的人，還在家裏受用，死活不知；還聽說鑼鼓喧天的擺酒唱戲做生日呢！我可瞎跑他娘的腿子！」賈璉嚷道。

「爺也不知是那裏的邪火，拿著我們生氣。何苦來呢？奶奶也算替爺掙夠了，那一點兒不是奶奶擋頭陣？不是我說：爺把現成兒的也不知吃了多少，這會子替奶奶辦了一點子事，況且關會著好幾層兒呢，就這麼拿糖作醋起來，也不怕人家寒心？……」平兒責怪賈璉。

四個人的話，四種不同的口氣，而且都是活生生的口語，和寶玉、黛玉、寶釵、探春那批人的說法完全不同，曹雪芹有這種駕馭語言的特殊天才和功力，他筆下的人物自然沒有一個不成功。

這一回還穿插了寶玉、寶釵的閨房生活，加上鳳姐的打趣。鳳姐又將柳五兒補了小紅的缺，讓寶玉見了柳五兒就像見了晴雯。

這一回開頭寫鳳姐在大觀園遇鬼，最後寫鳳姐在散花寺抽籤，都不是吉兆。都是作者的伏筆。

六十九　尤氏發狂　賈政降級

賈珍的太太尤氏，從大觀園回來，吃藥無效，更加發狂，因此請毛半仙卜卦。作者在這方面的知識，十分豐富，用的全是術語。他不但精通卜卦，對於道教也很內行，道士作法袪妖，寫的也全是行家的話。曹雪芹的淵博，也是他創作《紅樓夢》的一大本錢。大觀園的衰敗，已經到了鳥獸逼人的地步，崇樓高閣，瓊館瑤臺，皆為禽獸所棲。

大觀園鬧妖、鬧鬼，和賈政的被參降級，正是表現賈府的衰敗。賈政不諳吏治，壞了名聲，是必然的結果，作者在九十九回已有伏筆。

七十　金桂誤喝毒湯　雨村重逢老友

一百回裏香菱撞破金桂好事，結怨更深，一百零三回金桂放毒暗害香菱，自己卻誤喝毒湯送了性命。起先寶蟾和金桂的母親一口咬定是香菱害死的，後來寶蟾走漏了口風，金桂母親罵寶蟾，兩人相互抱怨，寶蟾掀了底牌。這件命案，作者用的是抽絲剝繭方法把真象揭露出來。起初薛姨媽打發老婆子向王夫人報信，那老婆子慌慌張張，講話不清，作者寫她的糊塗和寫金桂母親的先硬後軟，很好。

久未出現的賈雨村，升了京兆尹了，他作官比賈政高明得多。一日出都查勘開墾地畝，在急流津遇見故人甄士隱，但事隔十九年，甄士隱超然物外，否認過去一切，請雨村速登彼岸，約期再會。是一百二十回歸結《紅樓夢》的伏筆。

七十一　寶玉婚後吐真言　雪芹筆下誅心論

醉金剛倪二，觸犯了賈雨村，被帶進衙裏。倪家母女拜託賈芸求情，賈芸進不得榮府，打不通關節，後來另外託人把倪二弄出來，倪家母女說賈芸不肯說情，倪二遷怒，把賈家的底牌都掀出來，牽涉到尤二姐的未婚夫張華，這是一百零五回錦衣軍查抄寧國府的伏筆。

賈政被參回家，不見黛玉，王夫人不敢直告，祇說病著。寶玉暗自傷心，這段文字又寫得極其精彩。

寶玉要寶釵先睡，要襲人陪他坐坐，寶玉央求襲人把紫鵑叫來，有話問她，但紫鵑見了他臉上總是有氣，他要襲人解說了再來，襲人說：「他不是二奶奶叫是不來的。」寶玉說：「所以得你去說明纔好。」襲人說：「叫我說甚麼？」寶玉就說出內心的話來：

你還不知道我的內心和他的心麼？都為的是林姑娘。你說我並不是負心。——我如今叫你們弄成個負心的人了！」說著這話，便瞧瞧裏間屋子，用手指著說：「他是我本不願意的，都是老太太他們捉弄的。好端端把個林妹妹弄死了。就是他死，也該叫我見見，說個明白，他死了也不抱怨我嘎！你到底聽見三姑娘他們說過的：臨死恨怨我。那紫鵑為他們姑娘，也是恨的我了不得。你想，我是無情的人麼？晴雯到底是個丫頭，也沒有甚麼大好處，他死了，我實告訴你罷，我還做過祭文祭他呢。這是林姑娘親眼見的。如今林姑娘死了，難道倒不及晴雯麼？我連祭都不能祭一祭。況且林姑娘死了還有聖靈的，他想起來不更要怨我麼？（見第一零四回）

這是寶玉婚後首次吐露的心聲，對賈母、鳳姐是誅心之論，而且坦白對襲人說寶釵是他不願意的。他對於這樁婚姻的不滿，是再明白沒有的了。作者直等到賈政回來，纔讓寶玉吐露心聲，也是前後呼應，因為當初賈政上任時賈母告訴他要替寶玉、寶釵完婚沖喜，賈政是並不願意的，祇是賈母做主，不敢違命。賈政軟弱，沒有主張，所以被參降級，家敗人亡。

寶玉和襲人談到四更天，麝月來催他睡覺，寶玉無奈，祇得進去。因為襲人先說明日去問紫鵑，所以他又向襲人耳邊叮囑一句：

「明兒好歹別忘了。」

襲人說：「知道了。」麝月抹著臉笑道：

「你們兩個又鬧鬼兒了。為甚麼不和二奶奶說明了，就到襲人那邊睡去?由著你們說一夜，我們也不管。」

寶玉擺手道：「不可言語。」襲人恨道：

「小蹄子兒，你又嚼舌根！看我明兒撕你的嘴！」

這番調笑，又有怡紅院裏的綺旎風光，細膩之至。

七十二　東窗事發　革職抄家

賈赦以「交通外官，倚勢凌弱」和包攬詞訟，而革去世職，查抄家產。賈珍以引誘世家子弟賭博，強佔良民之妻為妾，凌逼致死，而被抄家。西府是賈赦、賈璉父子被拿，東府是賈珍、賈蓉父子被拿。賈府惹下這種滔天大禍，除了賈赦自作自受外，賈璉、賈珍、賈蓉三人被拿，都是鳳姐一手造成的，因為當初唆使尤二姐未婚夫張華告狀的是鳳姐，重利盤剝的也是鳳姐。所以鳳姐一聽平兒說抄家，先是圓睜兩眼聽著，後來一仰身，便栽倒地下。曹雪芹這樣寫鳳姐，特別給讀者一個與眾不同的印象，是一妙筆。

榮國府被抄，兩王爺的曲意維護，錦衣府堂官趙全作威作福，賈政等的驚嚇情形，都寫得很好。寧國府的被抄，沒有重複描寫，祇用焦大說出來，是最經濟的手法。此時焦大出現，意義更深。他是早就罵過東府裏那些不長進的子弟：「爬灰的爬灰，養小叔子的養小叔子」的，現在抄了家，他又哭道：

> 我天天勸這些不長進的爺們，倒拿我當作寃家！爺還不知道焦大跟著太爺受苦嗎！今兒弄到這個田地：珍大爺、蓉哥兒都叫甚麼王爺拿了去了，裏頭女主兒們都被甚麼府裏衙役搶的披頭散髮，圈在一處空房裏；那些不成材的狗男女都像豬狗似的欄起來了；所有的都抄出來擱著，木器釘的破爛，瓷器打的粉碎。他們還要把我拴起來，我活了八、九十歲，祇有跟著太爺綑人的，那有倒叫人綑起來的！……（見第一零五回）

這些話意義深長，所以賈政連說：

「完了！完了！不料我們一敗塗地如此！」

賈府的被抄，和興建大觀園，是盛衰的對照，都寫得很好。前後參看，更有世事滄桑之感。《紅樓夢》的大主題，曹雪芹的哲學思想「四大皆空」，也就有了現實基礎。

七十三　大奸大能　自作自受

寧國府完全入官，祇留下尤氏、賈蓉媳婦和佩鳳、偕鸞兩個丫頭。榮國府賈赦名下男婦人等也造冊入官。賈璉和鳳姐夫婦聚斂的五七萬金，也化為烏有。鳳姐還奄奄一息，平兒要賈璉找個大夫瞧瞧，賈璉啐道：

「呸！我的性命還不保，我還管他呢！」

鳳姐自作自受，也有自知之明。她聽見賈璉的話，睜眼一瞧，眼淚直流，賈璉出去，她便和平兒說：

「你別不達時務了！到了這個田地，你還顧我做甚麼？我巴不得今兒就死纔好！祇要你能夠眼裏有我，我死後，你扶養大了巧姐兒，我在陰司裏也感激你的情！」

「你也不糊塗，他們雖沒有來說，必是抱怨我的。雖說事是外頭鬧起，我不放賬，也沒有我的事。如今枉費心計，掙了一輩子的強，偏偏兒的落在人後頭了！我還恍惚聽見珍大爺的事，說是強佔良民妻子為妾，不從逼死，有個姓張的在裏頭，你想想還有誰？要是這件事審出來，偺們二爺是脫不了的，我那時候兒可怎麼見人呢？我要立刻就死，又擔不起吞金服毒的！你還要請大夫，這不是你疼我，反倒害了我了嗎？」（見第一零六回）

王熙鳳到底是個大奸大能的人，心裏明白得很。曹雪芹讓她落得如此下場，還要她自己講出自己的罪孽，比別人的抱怨，更顯的罪有應得，毫不冤枉，也吻合鳳姐精明要強的性格。她祇求立刻死，不要請大夫，也不要求別人寬恕，皇天保佑，正是強者的本色。知恥近乎勇，鳳姐的表現倒有點可愛。他自始至終，都不是個孬種。如果王夫人不那麼闇弱，賈政不那麼書呆，賈母不那麼寵愛，處處予她以可乘之機，被她玩弄於股掌之上，她就不敢那麼弄權，不敢那麼枉。她對探春的見風轉舵，甚至低聲下氣，正是她聰明的地方。王夫人如果有探春那樣精明幹練，一是一，二是二，鳳姐是會俯首聽命，而且大有作為的。可惜賈府的男子漢和長輩婦女如邢夫人、王夫人、李紈等，沒有一個趕得上探春，像王熙鳳這樣的人物，自然飛揚跋扈起來。老祖宗賈母愛她反而害了她。因此賈母的禱告上蒼保佑兒孫，並不怎麼令人同情。賈政看了府裏管事家人的「花名冊子」，祇知道生氣罵人，束手無策，實在是個書呆。

曹雪芹筆下這些人物，各有其面目性格，而鳳姐始終突出，沒有走樣。

七十四　忘恩負義　落井下石

一百零七回是賈府被抄善後的文章，曹雪芹作了一個交代。賈赦、賈珍發往臺站海疆效力，賈母將自己的積蓄散發兒孫渡日，賈政襲世職。

這一回值得注意的是，賈雨村忘恩負義，落井下石，踢了賈府一腳。包勇打抱不平。文字雖少，足見世道人心。而賈政聽信纔言，罰包勇去看園子，作者又一次證明賈政無知人之明；也是一百十一回包勇出力擊退盜賊，打死何三的伏筆。

七十五　蘅蕪慶生　瀟湘鬼哭

一百零八回「強歡笑蘅蕪慶生辰，死纏綿」，又是對比寫法。黛玉雖死，作者仍拿他來和寶釵對比，更顯生者無歡，死者淒涼。是對父母之命的婚姻沈默的反抗。作者用心良苦，手法甚高。

湘雲出嫁回門，來賈母這邊請安，覺得賈府的人都改了樣子，賈母想要大家熱鬧一下，便替寶釵做生日。

曹雪芹很會寫熱鬧場面，以前寶釵十五歲生日和別人的生日都寫的十分歡樂，這次寶釵的生日氣氛卻大不相同。鳳姐說話也不像先前那樣招人發笑。鴛鴦行酒令，說到「十二金釵」，寶玉不見黛玉又傷心起來，借故出去。曹雪芹藉寶釵的生日，又引出死去的黛玉，使這位女主角始終盤旋在讀者心裏。死並沒有減輕她的份量，反而使人更加惋惜、同情。

寶玉離席後，便到大觀園來，襲人拉不住，祇得和婆子們跟著。園裏花木枯萎，滿目淒涼，襲人怕他見了瀟湘館傷心，想用言語混過，寶玉卻向瀟湘館急走。他站住如有所見，如有所聞，問襲人：

「瀟湘館倒有人住麼？」

襲人說：「大約沒有人罷。」

寶玉道：

「我明明聽見有人在內啼哭，怎麼沒有人？」

襲人說是他疑心，婆子們趕上說：

「二爺快回去罷，天已晚了。別處我們還敢走走，這裏的路兒隱僻，又聽見人說，這裏打林姑娘死後，常聽見有哭聲，所以人都不敢走的。」

林黛玉是含恨抱屈而死，死後瀟湘館還有哭聲，令人同情。寶玉聽說掉下淚來，說：

「林妹妹！林妹妹！好好兒的，是我害了你了！你別怨我，祇是父母作主，並不是我負心！」愈說愈痛，便大哭起來。

這是寶玉傷心地對林黛玉表明心跡，也是對不自由的婚姻的抗議。

隨後秋紋等帶人把寶玉找回去，鳳姐在園裏受過大驚嚇，說：「寶兄弟膽子忒大了！」

湘雲心直口快，她的話最能道出寶玉的性格：

「不是膽大，倒是心實。不知是會芙蓉神去了，還是尋甚麼仙去了？」

作者這種寫法，最能扣緊主角和主題，不等閒之筆。

七十六　虛與委蛇　同床異夢

一百零九回三分之二的篇幅，都著重心理描寫，寫得絲絲入扣。

寶玉回到房中，唉聲歎氣。寶釵瞭解他的心理，故意將黛玉作話題，和襲人閒談，說給外間的寶玉聽。寶釵說：

「人在世上，有意有情，到了死後，各自幹各的去了，並不是生前那樣的人死後還是那樣。活人雖有癡心，死的竟不知道。況且林姑娘既說仙去，他看凡人是個不堪的濁物，那裏還肯混在世上？祇有人自己疑心，所以招些邪魔外祟來纏擾。」

襲人說：「沒有的事。若說林姑娘的魂靈兒還在園裏，我們也算相好，怎麼沒有夢見過一次？」

林黛玉活著的時候，襲人就偏向寶釵，替寶釵在寶玉面前作內線工作，黛玉死後，更不必說。她們兩人的這一唱一和，無非是想把黛玉從寶玉心中連根拔起。用現代術語講是「心理作戰」。

寶玉聽了她們的話，自然受了影響，他細細地想道：

「果然也奇！我知道林妹妹死了，那一日不想幾遍？怎麼從沒夢見？想必他到天上去了，瞧我這凡夫俗子，不能交通神明，所以夢都沒有一個兒。我如今就在外間睡，或者我從園裏回來，他知道我的心，肯與我夢裏一見。我必要問他實在那裏去了，我也時常祭奠。若是果然不理我這濁物，竟無一夢，我便也不想他了。」

寶玉一日想黛玉幾遍，癡情不減。他為了想夢見黛玉，便說：

「我今夜就在外間睡，你們也不用管我。」

寶釵不便強他，叫他不要胡思亂想，這分明是叫他不要想黛玉。寶玉說坐一會子就進來。寶釵料他必定進來，假意說：

「我睡了，叫襲姑娘伺候你罷。」

寶玉叫襲人、麝月另鋪設一副被褥，又常叫人進去瞧寶釵睡著沒有？寶釵又故意裝睡。曹雪芹的筆扣緊了他們兩人微妙的心理。黛玉雖死猶生，仍然是寶釵的大情敵。

寶玉祇當寶釵真的睡著，要襲人進去睡，又把兩個看更的婆子支使出去。他便輕輕的坐起來，暗暗的祝贊幾句，方纔睡下。誰知一睡到天亮，並沒有夢見黛玉，便歎口氣道：

「悠悠生死別經年，魂魄不曾來入夢！」

寶釵一夜未睡，馬上接口：

「這話你說莽撞了。若林妹妹在時，又該生氣了。」

寶玉聽了不好意思，搭訕著走進裏間說：

「我原要進來，不知怎麼一個盹兒就打著了。」

寶玉完全和寶釵虛與委蛇。寶釵回答得也妙：

「你進不進來，與我甚麼相干？」

曹雪芹把他們兩人同床異夢的心理，寫得淋灕盡致。《紅樓夢》的心理描寫，那一點趕不上自我標榜的現代小說？

寶玉晚間歸房，想到黛玉昨夜未曾入夢，便想了個主意向寶釵說：

「我昨夜偶然在外頭睡著，似乎比在屋裏睡的安穩些，今日起來，心裏也覺清靜。我的意思，還要在外頭睡兩夜，祇怕你們又來攔我。」

寶玉對寶釵說的完全是門面話，其實另懷鬼胎。寶釵也明知他是為黛玉的事，知道是不能勸的，倒不如叫他睡兩夜，索性自己死了心。便說：

「好沒來由，你祇管睡去，我們攔住你作甚麼？但祇別胡思亂想的招些邪魔外祟來。」

寶釵的話前三句也官冕堂皇，後面一句纔是癥結所在。兩個人都是在肚皮裏打官司。

麝月和柳五兒服侍寶玉在外間睡，這段文字也寫的極好。

先是她們兩人看見寶玉端然坐在床上，閉目合掌，居然像和尚一樣，兩人不敢言語，祇管瞅著他笑。這裏提到寶玉像和尚一樣，也是以後出家的伏筆。

寶玉看見她們兩人打鋪，忽然想起那年襲人不在家，晴雯、麝月兩人服侍他。而五兒和晴雯又是脫了個胎影兒的，因此他又把想晴雯的心移到五兒身上，這是移情作用。他假裝睡著，偷看五兒，愈看愈像晴雯，不覺獃性復發。作者寫寶玉的「獃性」和五兒的少女心理，入木三分。

寶玉聽到裏間已無聲息，故意叫麝月兩聲麝月又不答應。他要茶漱口，五兒穿著桃花綾子小襖兒，倒了茶來，他獃獃的看著，也不接茶，五兒羞得兩頰紅潮，又不敢大聲說話，作者寫他們兩人的對話更好。寶玉有兩個最不能忘情的女人，一是表妹黛玉，一是丫頭晴雯。作者寫他希望夢見黛玉，又由五兒想到晴雯，一點不違背常情，倒很合情合理。

寶玉正和五兒說話時，忽聽見外面咕咚一聲，兩人嚇了一跳。寶玉心裏疑惑：「莫非林妹妹來了，聽見我和五兒說話，故意嚇我們的？……」這一轉又轉到黛玉身上，很好。保持了人物故事重心。

次日一早起來，寶釵、寶玉、五兒幾人的談話，各懷鬼胎，很好，五兒的心虛，寫得更妙。寶釵聽五兒說甚麼「擔了虛名」，甚麼「沒打正經主意」低頭一想：

「這話明是為黛玉了。但儘著叫他在外頭，恐怕心邪了，招出些花妖柳怪來。況兼他的舊病，原在姐妹上情重，衹好設法將他的心意挪移過來，然後能免無事。」

寶釵結婚這麼久，還沒有抓住寶玉的心，曹雪芹委婉寫來，生動有致。當晚寶釵雖以「移花接木」之計，與寶玉共上巫山，但那與真正的愛情無關，是人性的一面。寶釵在愛情上的失敗是夠慘的。真的是活寶釵不如死黛玉。作者對於父母之命缺乏愛情的婚姻的抗議是徹頭徹尾的。

賈母因替寶釵作生日，多吃了些東西生病，這是她致命的原因。迎春死了，湘雲的丈夫也得暴病。若與當年大觀園歡樂盛況對照，使人有不勝今昔之感。

七十七　得食貓兒強似虎　敗翎鸚鵡不如雞

曹雪芹寫王熙鳳辦理秦可卿的喪事，那樣雷厲風行，爽快利落，真有八面威風，十二分能幹。可是這次賈母去世，她再辦理喪事，沒有一件事得心應手，而且怨聲載道，前後判若兩人，終至氣得吐血。這兩件喪事，裏面同是鳳姐一人料理，一成一敗，曹雪芹仍然妙筆生花，寫的同樣精彩。

鳳姐為甚麼失敗？曹雪芹寫得清清楚楚。

鳳姐首先看「花名冊」，男僕祇有二十一人，女僕祇有九人，連各房算上，也不過三十多人，她心裏想：「這回老太太的事倒沒有東府的人多。」和抄家時賈政所看的「花名冊」除賈赦名下入官的人，尚有三十餘家，男女共二百十二人。這個數字前後相差很大，人手不敷分配。

賈母的喪事是賈母自己留下的錢辦的。賈母的事原是長房作主，賈赦不在家，賈政是個不懂庶務的書呆子，有事便說「請大太太的主意」。邢夫人和鳳姐不睦，素知鳳姐手腳大，賈璉鬧鬼，死拿住不放鬆，鳳姐見不到一個錢，人手又不夠，喪事怎麼辦得好？

李紈是個賢德人，她說的公道話正好道出鳳姐的苦處：

「俗語說的：『牡丹雖好，全仗綠葉扶持！』太太們不虧了鳳丫頭，那些人還幫著嗎？若是三姑娘在家還好，如今祇有他幾個自己的人瞎張羅，背前面後也抱怨：說是一個錢摸不著，臉面也不能剩一點兒！老爺是一味的盡孝，庶務上頭不大明白。這樣的一件大事，不撒散幾個錢就辦的開了麼？可憐鳳丫頭鬧了幾年，不想在老太太的事上，祇怕保不住臉了！」

鳳姐怎麼保不住臉？曹雪芹寫得很好，一開頭就給鳳姐一個大帽子——鴛鴦拉著鳳姐磕頭說：

「老太太的事，一應內外，都是二爺和二奶奶辦。這宗銀子是老太太留下的。老太太這一輩子也沒有蹧踏過甚麼銀錢；如今臨了這件大事，必得求二奶奶體體面面的辦一辦纔好！我方纔聽見老爺說甚麼『詩云子曰』我也不懂；又說甚麼『喪與其易，寧戚』，我更不明白。我問寶二奶奶，說是老爺的意思：老太太的喪事，祇要悲切纔是真孝，不必糜費，圖好看的念頭。我想老太太這樣一個人，怎麼不該體面些？我雖是奴才丫頭，敢說甚麼？祇是老太太疼二奶奶和我這一場，臨死了還不叫他風光風光？我想二奶奶，是能辦大事的，故此，我請二奶奶，求作個主意！我生是跟老太太的人，老太太死了，我也是跟老太太的！若是瞧不見老太太的事怎麼辦，將來怎麼見老太太呢？」

鳳姐遇上了這樣一位決心殉主的忠實賢慧的丫頭，加上了她這副千斤重擔，曹雪芹這一開頭，真有泰山壓頂之勢！

鳳姐找賈璉，把鴛鴦的話告訴他。賈璉也把賈政的話告訴她。鳳姐問：

「銀子發出來了沒有？」

賈璉說：

「誰見過銀子？我聽見偺們太太聽見了二老爺的話，極力的攛掇二太太和二老爺說：『這是好主意！』叫我怎麼著？現在外頭棚扛上要支幾百銀子，這會子還沒有發出來。我要去，他們都沒有，先叫外頭辦了，回來再算。你想，這些奴才，有錢的早溜了。按著冊子叫去，有說告病的，有說下莊子去了的。剩下幾個走不動的，祇有賺錢的能耐，還有賠錢的本事麼？」

鳳姐聽了，呆了半天，說：

「這還辦甚麼？」

曹雪芹這種寫法，使讀者一看，就知道鳳姐要丟臉！

以後鳳姐叫來旺兒家的傳人，眾人都笑應著不動。鳳姐說：

「甚麼時候？還不供飯？」

眾人道：「傳飯是容易的，祇要將裏頭的東西發出來，我們纔好照管去。」

鳳姐處處不能得心應手，慌慌張張，連鴛鴦也抱怨：

「他頭裏作事，何等爽利周到！如今怎麼掣肘的這個樣兒？我看這兩三天連一點頭腦都沒有，不是老太太白疼了他了嗎？」

鴛鴦以為喪事銀兩已經交出，懷疑鳳姐不肯用心，便在賈母靈前嘮嘮叨叨哭個不了。

邢夫人聽了反說：「鳳丫頭果然有些不用心。」晚上王夫人又叫她去責備一頓，邢夫人又火上加油，又說：「你是打不得撒手的！」

鳳姐紫漲了臉，又口難言。她在長輩面前丟了臉，事情又不能不辦，祇好求下人：

「大娘嬸子們可憐我罷！……」

頤指氣使的王熙鳳，幾時對下人這樣講過話？

後來親友更多，鳳姐更瞻前不能顧後，一個小丫頭跑來說：

「二奶奶在這裏呢！怪不得大太太說：裏頭人多，照應不過來，二奶奶是躲著受用去了！」

這一下把鳳姐氣得眼淚直淚，眼前一黑，嗓子一甜，便噴出鮮紅的血來。

曹雪芹運用賈政的書呆，王夫人的闇弱，邢夫人、鳳姐過去的結怨，使大奸大能的鳳姐丟了一次大臉。整得鳳姐很慘！和他寫鳳姐辦理秦可卿的喪事，威風八面，乾淨利落，同樣的精彩。他先是把鳳捧上了天，然後讓她跌得頭青臉腫。曹雪芹處理人物真是大手筆，不是小兒科。

七十八　鴛鴦上吊　妙玉遭劫

一百十一回「鴛鴦女殉主登太虛，狗彘奴欺天招夥盜」又是好文章。

鴛鴦在賈赦要逼他作妾時，已經剪髮明志，下了殉主的決心。曹雪芹的伏筆，在這一回應驗了，前後呼應，天衣無縫。

辭靈時鴛鴦已哭暈過去，辭靈後鴛鴦一個人走到賈母的套間屋裏，一路走一路想：

「自己跟著老太太一輩子，身子也沒有著落。如今大老爺雖不在家，大太太的這樣行為，我也瞧不上，老爺是不管事的人，以後便『亂世為王』起來了，我們這些人不是要叫他們掇弄了麼?誰收在屋子裏，誰配小子，我是受不得這樣折磨的;倒不如死了乾淨!但是一時怎麼樣的個死法呢?……」

曹雪芹不但把鴛鴦死的原因交代得清清楚楚，也把她怎樣死法寫了出來!

鴛鴦走到老太太套間屋內。剛跨進門，祇見燈光慘淡，隱隱有個女人拿著汗巾子，好似要上吊的樣子。……鴛鴦走到跟前一看，並不是這屋子裏的丫頭。仔細一看，覺得冷氣侵人，一時就不見了。鴛鴦呆了一呆，退出在炕沿上坐下，細細一想:

「哦!是了!這是東府裏的小蓉大奶奶啊……。」

「是了，必是教給我死的法兒。」

於是鴛鴦就在身上解下一條汗巾，按著秦氏方纔比的地方拴上……然後端了一個腳凳，自己站上，把汗巾拴上扣兒，套在咽喉，便把腳凳蹬開。可憐咽喉氣絕，首魂出竅!

曹雪芹不但琴、棋、書、畫、醫、卜、星相樣樣內行，連吊頸怎麼吊法?也知道得一清二楚，他這門知識，如果不是親眼目擊，就是得自傳聞。我幼年就親耳聽見過吊頸鬼找替身的故事，和曹雪芹寫的一般無二。而講的婦女不識之無，當然不是從《紅樓夢》上學的，可見此種死法由來已久。曹雪芹將這門知識完全運用到創作上，一點也不含糊。曹雪芹的成功決非僥倖偶然。

鴛鴦的魂魄和秦可卿講的那些話不過是作者為了與他自己編的那套神話前後呼應，不足為病，而且正是他思想縝密，結構嚴謹的優點。

鴛鴦的死，曹雪芹還有一大妙筆，他徹底揭發了人性的弱點。

王夫人傳了她嫂子來看著她入殮，又和邢夫人商量在老太太項內賞了她嫂子一百兩銀子，她嫂子磕了頭出去，反喜歡說：

「真真的我們姑娘是個有志氣的，有造化的！又得了好名聲，又得了好發送。」

旁邊的一個婆子說道：

「罷呀！嫂子！這會子你把一個死姑娘賣了一百銀便這麼喜歡了；那時候兒給了大老爺，你還不知得了多少銀錢呢，你更該得意了！」

一句話戳了她嫂子的心，便紅了臉走開了。剛走到二門上，見林之孝帶了人抬了棺材來了，她祇得也跟進去，假意哭嚎了幾聲。

曹雪芹對人性的瞭多麼深刻？他這麼寥寥幾筆，就把一個見錢眼開，毫無骨肉之情的女人內心的祕密揭開。寫人物如果不能觸及人心深處，怎麼能在讀者心裏生根？怎麼能談到藝術價值？

下半回寫周瑞的乾兒子何三勾結賭徒盜竊賈府的事也很精彩。

賈母的喪事何三沒有撈到半點差事，唉聲歎氣的回到賭場，把賈府的情形說了出來。其中有個賭徒老大存心不良，曹雪芹寫他慫恿何三的情形生動極了，而且扯出何三認周瑞作乾老子完全是為了乾媽。

「這麼說，你的運氣來了！我的朋友，還有海邊上的呢，現今都在這裏。看過風頭，等個門路，若到了手，你我在這裏也無益，不如大家下海去受用，不好麼？你若撂不下你乾媽，偺們索性把你乾媽也帶了去，大家夥兒樂一樂，好不好？」那位賭徒說，這完全是亡命之徒的口氣。

他們商量了一回，半夜便來動手。恰巧妙玉在惜春房內下棋，妙玉正要打坐養神時，猛聽東邊屋內上夜的人一片喊聲。賊人在院內看見絕色的妙玉，頓起淫心，正要踹進門去，包勇手執木棍，進來趕賊，打死了何三，其他的人鬥他不過，祇得跑了。賈府的「厭物」包勇，卻替賈府出了這個大力，益發顯得賈政的不識人。

七十九　趙姨娘慘死　賈主事無情

那夥賊人偷搶了好些金銀財寶之後，對妙玉還不死心。第二天晚上又到櫳翠菴把妙玉搶走了。

惜春本性孤僻，看家失竊，內心慚愧，要想出家。

趙姨娘在鐵檻寺得暴病，把她和馬道婆勾結陷害寶玉、鳳姐的事說了出來，蓬頭赤腳死在炕上，沒有人理會。周姨娘兔死狐悲，心想：「做偏房的下場頭不過如此！……」趙姨娘說要跟老太太回南去，眾人都說：「老太太那用你跟呢？」趙姨娘的際遇實在不如丫頭，她的寶貝兒子賈環看見賈政、王夫人他們統統回家去，他就著急說：

「我也在這裏嗎？」

王夫人啐他：

「糊塗東西，你姨媽的死活都不知，你還走嗎？」

趙姨娘的可憐，於此可見。

曹雪芹如此處置趙姨娘，是受佛家因果報應思想的影響。賈政對趙姨娘的態度，卻使讀者無法諒解。在這種地方，遠不如他兒子寶玉的可愛。當婆子們報告賈政說趙姨娘中了邪了，賈政竟淡漠地說：「沒有的事，我們先走了。」連看都不看一眼。自他外放江西糧道之後，曹雪芹把這個人物的不懂吏治，不懂庶務，毫無幹才的弱點統統暴露出來。辦理賈母的喪事，更顯得迂腐，沒有主張，竟被邢夫人左右。賈府的男人自賈赦、賈政以下，都是坐享祖上餘蔭，正如焦大所罵的不長進的子孫，沒有一個男子漢，自然要一敗塗地。抄家是賈府的總崩潰，賈母去世後更是家敗人亡了。

曹雪芹先寫賈府的極度榮華，然後寫賈府的如雪山之崩，都是大手筆。也正符合他的道家思想「虛無縹緲，人生在世，難免風流雲散」！和佛家思想「四大皆空」。

八十　鳳姐懺悔託孤　寶玉移尊就教

一百十三回「懺宿冤鳳姐託村嫗，釋舊憾情婢感癡郎」。又寫得細膩生動。

鳳姐病重，精神恍惚，見神見鬼。她見尤二姐走近她床前說：

「姐姐，許久的不見了！做妹妹的想念的很，要見不能，如今好容易進來見姐姐。姐姐的心機也用盡了，偺們的二爺糊塗，也不領姐姐的情，反倒怨姐姐作事過於刻薄，把他前程丟了，叫他如今見不得人。我替姐姐氣不平！」

鳳姐恍惚說道：

「我如今後悔我的心忒窄了，妹妹不念舊惡，還來瞧我。」

作者讓尤二姐出現，是算鳳姐的舊賬。「人之將死，其言也善」，鳳姐的這幾句話是她內心的懺悔。但當平兒問她：「奶奶說甚麼？」她又不肯說出，祇勉強說：「我神魂不定，想是說夢話。給我搥搥。」這又不失鳳姐「要強」的性格。這種小地方最關緊要，最能表現人物性格，曹雪芹寫得恰到好處。

鳳姐一生沒有作過好事，祇和老世故劉姥姥結了一點緣，施了一點小惠。劉姥姥聽說賈府抄家，賈母死了，又過來請安。劉姥姥見鳳姐骨瘦如柴，神情恍惚，心裏也就悲慘起來。她們談了很多話，劉姥姥的話仍然包涵了不少人情世故，招得鳳姐嗚嗚咽咽的哭。後來劉姥姥說他們屯裏甚麼菩薩靈，甚麼廟有感應，鳳姐就求劉姥姥替她禱告。「姥姥，我的命交給你了！我的巧姐兒也是千災百病的，也交給你了！」

鳳姐本來是不信神信邪的，到了這種地步，她也祇好向死神低頭了。

寶玉聽說妙玉被劫，又長嘘短歎，思前想後，寶釵勸他，話不投機，便靠在桌上睡去。隨後又想起紫鵑見了他就是冷冷的，自然是為林妹妹的緣故。

「噯！紫鵑，紫鵑！你這樣一個聰明好孩兒，難道連我這點子苦處都看不出來麼？」

寶玉又吐露了一次心聲。而且輕輕走出房門，去找紫鵑。他和紫鵑的對話，以及雙方的心理，作者寫得十分細膩傳神。而這時又突然來了一個伶嘴俐舌的麝月，自然妙趣橫生。

寶玉和紫鵑談了半天，還是沒有機會說出心裏的話，祇得和麝月走回，一面說道：

「罷了！罷了！我今生今世也難得剖白這個心了！惟有老天知道罷了！」說到這裏，那眼淚不知從何處來的滔滔不斷了。

麝月道：

「二爺，依我勸你死了心罷！白賠眼淚，也可惜了兒的。」

曹雪芹祇要寫到寶玉和姐姐妹妹、丫頭在一塊說話，便沒有一句不好不妙。

八十一　用盡心機還是死　平兒典當湊開支

一生要強用盡心機的王熙鳳也死了，而且死得一點也不風光，連喪費還是平兒拿出東西當著使用，想當年她在饅頭庵，一貪污就是三千兩銀子，還說漂亮的大話，平時放高利貸及各處攢積也有五七萬金，死時卻靠平兒的東西當錢治喪，作者對她的諷刺也真夠大了。而且她娘家也一敗塗地，哥哥王仁又是個渾帳東西，幾乎把女兒巧姐賣給藩王作妾，榮國府炙手可熱的人物，落得如此下場，這是王熙鳳做夢也想不到的。她的死也很古怪，三更到四更沒有住嘴，一直胡說，這是她的良心不安，精神錯亂，以前她在大觀園遇鬼，上一回又看見尤二姐對她講了那番話，以及一男一女走向炕前，這都是她不能心安理得死去的心理狀態。至於說要趕到金陵去歸入甚麼冊子去，完全是作者自圓神話，在結構上是若合符節，技巧很好，是作者瞞天過海的手法，但讀者不可誤信。曹雪芹是傷心人別有懷抱，他編的神話是他的「障眼法」，是不得已而為之的。一個大作家的創作苦心，不是單作考證可以瞭解的，考證和批評是作品完成以後的事，作家的創作動機和作品完成以前的創作過程，局外人往往祇能隔靴抓癢。所謂：「文章千古事，得失寸心知。」正是這個意思。不是作家故弄玄虛，自高身價，而是他自己付出的心血遠比附會的、捧場的，或潑冷水的人多得多。

八十二　繁華落盡惜春修行　「甄」「賈」相逢寶玉自棄

惜春是個性情狐僻的人，家中失竊以後，她更想出家。地藏庵的姑子和她一談，更覺投機，尤氏勸她，她便以死明志，要在櫳翠庵修行。二十金釵個性不同，各人的下場也不一樣。

上一回作者已經提到甄寶玉，這一回更讓甄寶玉和賈寶玉相會。以前賈寶玉曾在夢中會過甄寶玉一次，並且素知甄寶玉為人，必是和他同心，以為得了知己，誰知兩人真的見面，竟話不投機，甄寶玉講的是文章經濟，言忠言孝，立德立言的事業。寶釵問賈寶玉：

「那甄寶玉果然像你嗎？」

寶玉道：

「相貌倒還是一樣的，祇是言談間看起來，並不知道甚麼，不過也是個祿蠹。」

寶釵道：「你又編派人家了。怎麼就見得也是個祿蠹呢？」

寶玉道：

「他說了半天，並沒個明心見性之談，不過說些甚麼『文章經濟』，又說甚麼『為忠為孝』，這樣人可不是個祿蠹？祇可惜他也生了這樣一個相貌！我想來有了他，我竟要連我這個相貌都不要了！」（見第一一五回）

寶玉是個至情至性的人，他對於「祿蠹」之流深惡痛絕，他原把甄寶玉引為知己，想不到真的見了面也是一個「祿蠹」，他痛心得連自己的相貌也不要了。滔滔濁世，他連最後找一個知己的希望都已破滅，無怪乎他又發瘋了！

曹雪芹安排甄寶玉這個面貌完全相同，思想氣質互異的人物，使賈寶玉最後的一線希望也完全破滅，是作者最高明的一著。寶玉連半個知心的人也沒有，這種大寂寞，他怎麼受得了？所以最後他祇好出家。賈寶玉的大悲哀，也正是曹雪芹的大悲哀！他和吳敬梓一樣，是一個不取功名，不求仕進，祇求適意，自己做自己的學問，不同流俗的人。也祇有能忍受這種大寂寞、大痛苦的人，纔能寫出《紅樓夢》和《儒林外史》這種傑作來。作家的不朽，必先是思想氣質的不朽，纔能造成作品的不朽！本質庸俗，祇會唱流行歌曲，是祇有今天，沒有明天的。

八十三　敗家子呼么喝六　慧紫鵑古佛青燈

第一百一十六回除了「送慈柩故鄉全孝道」的小段文字外，又是曹雪芹編的一篇神話，和第五回前後呼應，是寶玉出家的伏筆。

第一百一十七回「阻超凡佳人雙護玉」，寫襲人、紫鵑不讓寶玉把和尚送給他的寶玉還給和尚，拉拉扯扯，哭哭鬧鬧，十分生動。襲人的忠實賢慧，紫鵑的不計前嫌，恰當地表現出來。她們兩人死命的抱住寶玉不放，寶玉不能脫身，歎口氣說：

「為一塊玉，這樣死命的不放，若是我一個人走了，你們又怎麼樣？」

襲人、紫鵑聽了不禁嚎啕大哭起來。

後來王夫人、寶釵趕來，寶玉說：

「玉不還他也使得，祇是我還得當面見他一見纔好。」

襲人等仍不肯放手，寶釵說：

「放了手，由他去就是了。」

襲人等祇得放手，寶玉笑道：

「你們這些人，原來重玉不重人哪！你們既放了我，我便跟著他走了，看你們就守著那塊玉怎麼樣？」

這是寶玉的諷刺話，也可見他下出家的決心。

賈政送靈柩回南，賈璉又去看父親的病，正當的家人都帶走了，家裏群龍無首，外面由賈芸、賈薔照顧，這兩位子弟本來不是甚麼正經人，就在外書房裏設局聚賭，加上邢大舅和王仁這班不務正業的人，又把賈環勾在一塊，愈鬧愈不像樣，甚至偷典偷賣，賈環更加宿娼濫賭，無所不為，大家混吃混喝，邢大舅說他姐姐不好，王仁、賈環等說鳳姐不好，眾人說：

「大凡做個人，原要厚道些。看鳳姑娘仗著老太太這樣的利害，如今『焦了尾巴梢子了』，祇剩了一個姐兒，祇怕也要現世現報呢！」

這是輿論對鳳姐的批評。

曹雪芹把賈府這干敗家子弟，蛇鼠一窩的情形，寫得原形畢露，邢大舅講「假牆」的笑話，也很有趣，曹雪芹真是嘔盡了心血寫《紅樓夢》。

這一回裏還另外提了三件事：一是賈雨村以「婪索屬員」的罪名被參帶著鎖子，解到三法司衙門審問；二是妙玉被殺；三是惜春修行。妙玉被殺作者雖未完全說明是妙玉，但讀者一看便知，妙玉的下場如果一字不提，讀者對位才華絕代，怪誕孤僻帶髮修行的絕色姑子，還多一分遐想，一殺掉反而煞了風景了。

惜春修行，襲人以為寶玉會大哭，寶玉反讚歎說：「真是難得！」寶玉出家的決心更加堅定了。

王夫人問惜春的丫頭誰願意跟惜春修行？沒有一個人願意。忽然紫鵑走上前去，在王夫人面前跪下，說出她的心思：

「我伏侍林姑娘一場，林姑娘待我，也是太太們知道的，實在恩重如山，無以可報。他死了，我恨不得跟了他去；但祇他不是這裏的人，我又受主子家的恩典，難以從死。如今四姑娘既要修行，我就求太太們將我派了跟著姑娘，伏侍姑娘一輩子，不知太太們准不准？若准了，就是我的造化了！」這無異是把他自己出家的決心公開宣佈了。

作者寫寶玉的出家，是見了那個和尚之後開始轉變，然後一步一步地進展，過程清楚，一點也不突然。

八十四　世態炎涼賈政大怒　同床異夢金玉相爭

曹雪芹對於炎涼世態，瞭解甚深，三筆兩筆，就能刻畫出人情冷暖，前面寫過賈芸的舅父舅母，第一百一十八回又寫到賈政的家奴尚榮。

賈政送賈母靈柩回南，盤纏不夠，寫信著人向縣長賴尚榮借五百銀子，賴尚榮祇借五十兩，賈政大怒，立刻送還。賴尚榮立刻寫信給他父親，要父親告假贖身。一個奴才的兒子，託賈家的福捐了一個知縣，一到賈家落敗，連五百兩銀子也不肯借，這點數目，當初在賈家算得了甚麼？無怪賈政大怒。

不但奴才賴尚榮如此勢利，賈政兒子賈環也打落水狗。他和賈芸、巧姐姐的舅父王仁串通，把巧姐賣給藩王作妾，幸虧平兒和劉姥姥庇護，藩王知道真情，纔沒有造成悲劇。不過這件事應該作一回寫，比較緊湊，第一百一十八回「記微嫌舅父欺弱女」沒有寫完，又把它插進第一百一十九回「中鄉魁寶玉卻塵緣，沐皇恩賈家延世澤」中間，顯得散漫凌亂。

作者寫賈家的沒落，賈政、賈璉叔姪都不在家，墮落子弟的胡鬧歪風，仍多可取之處。

寶玉看〈秋水篇〉，得意忘形，寶釵勸他「自古聖賢，以人品根柢為重」。兩人又展開辯論，這一辯論，作者正好表現了兩人思想的衝突。我在前面說過，寶玉、黛玉的相愛，完全是基於共同的思想氣質；寶玉、寶釵的同床異夢，也完全是彼此思想氣質的不同，所以格格不入。寶釵並非不美，寶玉有時也為她的肉體所惑，寶釵也非無才，寶玉曾尊她為一字師，兩人之所以不能情投意合，完全是思想氣質相左。甄寶玉和賈寶玉相貌舉止都是一樣，但賈寶玉一發現他是個祿蠹，連自己的相貌都不要，至此我們應該徹底瞭解寶玉的思想性格，徹底瞭解他為甚麼不能同寶釵做夫妻而共同生活了。

現在我們再看看他們兩人的爭辯。

寶玉說：

「據你說『人品根柢』又是甚麼『古聖賢』，你可知古聖賢說過『不失其赤子之心』？那赤子有甚麼好處？不過是無知、無識、無貪、無忌。我們生來已陷溺在貪、嗔、癡、愛中，猶如污泥一般，怎麼能跳出這般塵網？如今纔曉得『聚散浮生』四字，古人說了，不曾提醒一個。既要講到人品根柢，誰是到那太初一步地位的？」

寶釵道：

「你既說赤子之心，古聖賢原以忠孝為赤子之心，並不是遁世離群，無關無係為赤子之心，堯、舜、禹、湯、周、孔，時刻以救世濟民為心；所謂赤子之心，原不過是「不忍」二字。若你方纔所說的忍於拋棄天倫，還成甚麼道理？」

寶玉點頭笑道：

「堯舜不強巢許，武周不強夷齊……」

寶釵不等他說完，便道：

「你這個話，益發不是了，古來若都是巢、許、夷、齊，為甚麼如今人又把堯、舜、周、孔，稱為聖賢呢？況且你自比夷齊，更不成話。夷齊原是生在殷商末世，有許多難處之事，所以纔有託而逃。當此聖世，咱們世受國恩，祖父錦衣玉食；況且你自有生以來，自去世的老太太以及老爺太太視如珍寶。你方纔所說，自己想一想是與不是？」（見第一一八回）

這一番辯論，涉及到儒、釋、道三家思想。寶釵偏重儒家思想，但多世俗之見；寶玉偏重釋、道思想，但瞭解儒家思想真諦。這三家思想自唐以來，一直在中國知識份子心中相激相盪，得意時以儒家思想為依歸，失意時以釋道思想自適，賈寶玉瞭解聖賢的真諦，但在現實生活中他是屬於後者的。曹雪芹就抓緊了這一點，所以把賈寶玉這個人物寫活了。寶玉聽了寶釵的話，也不答言，祇有仰頭微笑。但這並不是表示寶玉的屈服。直到寶釵說：

「你既理屈詞窮，我勸你從此把心收一收，好好的用用功，但能博得一第，便是從此而止，也不枉天恩祖德了！」

寶玉點了點頭，歎了口氣，說道：

「一第呢，其實也不是甚麼難事。倒是你這個『從此而止』，『不枉天恩祖德』，卻還不離其宗！」

由此可見，寶玉並不是個離經叛道的人。他討厭科舉，但是基於傳統的孝道，和崇功報德的觀念，他願意進一次考場，「好去誆這個功名」。寶玉實在是個至情至孝至性的人。如果他既不和寶釵結婚，又不應考，拂袖而去，那還可以勉強加他一個忤逆的罪名。他自己作了最大的犧牲，受了最大的委屈，盡了人子的義務之後再出家，祇是保持自己的一點靈性，這是無可厚非的。儒家是最講恕道的，賈寶玉婚姻不自由，又看不慣那些祿蠹腐儒，所以不得不出家，他的痛苦是深沈的，逃避是有原因的。曹雪芹目光如炬，看準了當時的社會病態，而又能創造出賈寶玉這樣一個有靈性的人物，寫出富有時代性和文學價值的作品，其不朽在此。

八十五　盡孝道題名金榜　出紅塵赤足科頭

第一百一十九回寫寶玉的轉變以及他偕姪兒賈蘭赴考與生離死別一般，極為生動深刻。第一百二十回寶玉突然在昆陵驛賈政船頭出現，光著頭，赤著腳，身上披著一領大紅猩猩氈的斗篷，向賈政倒身下拜，又與一僧一道飄然登岸而去，交代得清清楚楚。寶玉的裝束是表示他已出家；他突然來到賈政船頭向他倒身下拜，是一片孝心。他已中了第七名舉人，光宗耀祖，而且留下遺腹子，不斷香煙，已盡孝報恩，完全合乎中國倫理道德。他這一走，已走入另一境界，與俗世無關。這一結局，前後呼應，結構完整。

結論

《紅樓夢》的文學價值，早為舉世公認。曹雪芹留給我們這部無盡的文學寶藏，他的貢獻，兩百多年來無人能及。我們的新文學運動鬧了八十年了，還在模仿西洋作家，卻沒有那一家報紙刊物為曹雪芹出紀念特刊，說來令人痛心。我不自量力，來做這個掘寶工作，完全是基於文學良心。《紅樓夢》實在太偉大，我究竟掘了多少？不敢侈言，盡心焉而已。

《紅樓夢》是一部偉大的傑作，不必贅言。但是全世界也難找出一本十全十美的傑作，因此《紅樓夢》也不是毫無缺點。如一般人所談的年齡問題，是顯而易見的，林語堂先生也有專文論列，而且指出是「易稿五次」所致。何況曹雪芹寫《紅樓夢》時是貧病交迫，死時幾難成殮，《紅樓夢》並不是他親自校對付印，而是輾轉抄傳纔留下來的，要想沒有一點毛病，怎麼可能？現在印刷方便，作家自己校對還難免錯誤呢。

讀《紅樓夢》如果存心鑽牛角尖，不從曹雪芹的創作技巧和思想境界方面探索，那會是入寶山而空還。「吹毛求疵」也無法推倒曹雪芹，不能否定《紅樓夢》。民國以來，「歪纏」的考據家不少，但他們沒有寫出一章足與《紅樓夢》等量齊觀的創作。科學重發明，文學貴創作，科學沒有發明，那有人造衛星環繞地球飛行？人類怎麼能登陸月球？因此，我們祇能說：「指南針是我們發明的，印刷術是我們發明的。」而不能說：「登陸月球是我們領先的。」如果文學沒有創作，今天就有好多人不能靠杜甫吃飯，不能靠莎士比亞吃飯，自然也更沒有考證《紅樓夢》的「專家」了。我這不是替曹雪芹曲意辯護，但是「事有本末，物有終始」，不能不弄清這個因果關係。今天的情形是有點本末倒置，崇洋媚外，彷彿寫作《紅樓夢》的曹雪芹狗屁不通，祇有考證《紅樓夢》的「專家」纔了不起。諸如此類的事不一而足，我不忍多提。更不想指名道姓。

其次要談到《紅樓夢》的主題，這是讀《紅樓夢》的人往往難以捉摸的。就我個人的淺見，《紅樓夢》所表現的有三件事：一是反對科舉、干祿。八十二回寶玉對黛玉說的「還提甚麼念書？我最討厭這些道學話。更可笑的，是八股文章：拿他誆功名，混飯吃，也罷了！還要說代聖賢立言！好些的，不過拿些經書湊搭湊搭還罷了；更有一種可笑的，肚子裏原沒有甚麼，東拉西扯，弄的牛鬼蛇神，還自以為博奧。這那裏是闡發聖賢的道理！目下老爺口口聲聲叫我學這個，我又不敢違逆拗，你這會子還提念書呢」。這番話可為證明；二是反對父母之命，沒有愛情的婚姻。寶玉在賈母、鳳姐的擺佈下和寶釵結合，最後一走了之，也正是作者的抗議；三是榮華富貴過眼煙雲。大觀園的冷落，賈府的盛極而衰、家破人亡，是最具體的說明。這三件事與主題決不可分。而儒、釋、道三家思想，始終在書中交融，這是《紅樓夢》的思想中心，寶玉出家，追隨一僧一道，自然是釋道思想抬頭，九九歸一，四大皆空。

總之，小說的成功失敗，不在於主題的積極或消極，而在於表現思想主題手法的高低。「工欲善其事，必先利其器」。曹雪芹的「器」是甚麼？是哲學思想和文學手段。《紅樓夢》的成功，得力於人物；人物的成功，又得力於語言的運用。在語言運用方面，曹雪芹獨步古今。《紅樓夢》沒有半生不熟的語言，充分發揮了中國語言的優點，簡直妙到毫巔。這是值得我們特別學習的。曹雪芹學識的淵博，人情世故的練達，思想氣質的超脫，自不待言。而思想氣質多是與生俱來，作品境界的高低，決定於此，那是學不來的。不然曹雪芹也就不成為曹雪芹了。

民國五十五年（一九六六）八月十五日，臺北

民國八十九年（二〇〇〇）六月六日端五節，校正於北投紅塵寄廬

附錄

論曹雪芹思想與《紅樓夢》的寫作技巧

一、引 言

民國以來，研究《紅樓夢》的人很多，但是多偏於考據。所謂「紅學專家」，多是「紅樓夢考據家」。自胡適算起，這類考據家究竟有多少？實在弄不清楚。直到威斯康辛紅學會議，和臺北的紅學會議相繼召開之後，大致說來，對《紅樓夢》考據下過功夫的專家，大多都參加了。而出席臺北紅學會議的專家，十之七、八也是出席過威斯康辛紅學會議的人馬。臺北的紅學會議，無異是威斯康辛紅學會議的再版，臺北紅學會議的意見，可以說是近幾十年來紅學考據專家的心血結晶。但綜觀其數日討論的結果，在考證方面，並沒有突破胡適考據的成果。胡適考據《紅樓夢》提出了兩個答案，一是版本，二是曹雪芹的家世。臺北紅學會議有的地方還開了倒車。如紅學考據專家潘重規先生就說過這樣的話：

假如《紅樓夢》的作者（我說「《紅樓夢》的作者」，各位先生都知道至今我還不大能清楚確定《紅樓夢》的偉大作者是誰）……。

這不但在考據方面沒有突破，如以胡適先生的成果來看，在這方面反而倒退了。

倒是李田意先生的一番話，極具卓見，很有建設性，值得紅學考據家深思：

「……關於理論方面，我有一點建議，因為《紅樓夢》這東西很麻煩的，我想來想去『剪不斷，理還亂，是紅學』。你講一些東西，別人的意見不同就要打架，所以我建議；過去的《紅樓夢》打的架太多了，打得也很久啦，浪費了很多筆墨，而且弄得很不歡，於事又無補，我覺得今後我們大家不要再犯這個錯誤……。」

「還有，關於《紅樓夢》前八十回後四十回的問題，也辯論得一塌糊塗。我覺得有人說高鶚續後四十回，有人不贊成，但現在我們看《紅樓夢》是一百二十回的本子，後四十回好也好，不好也好，沒有關係，但是我們現在有的就是這個東西，如果要建立文學理論就得靠這一百二十回……。」

我就是基於這一看法，早在民國五十五年（一九六六）就在（臺灣）商務印書館出版了《紅樓夢的寫作技巧》一書。在〈前言〉裏我就說過這樣的話：

「但《紅樓夢》的作者是誰?我認為沒有太大的關係，曹雪芹也好，高鶚也好，甚至張三李四都行，而最重要的是《紅樓夢》是一部空前傑作這一事實。從創作觀點來講，考證《紅樓夢》的版本以及作者的身世，還不如發掘《紅樓夢》的寫作技巧有益。」因為我們應該接受的是《紅樓夢》這部文學遺產，而不是作者家族或出版家的繼承人。

要想真正讀懂《紅樓夢》，徹底瞭解《紅樓夢》，全盤接受這部文學遺產，便不能捨本逐末，必須改弦更張，從作者的思想、文化傳統和寫作技巧兩方面來下功夫。

二、曹雪芹的思想淵源與層次

歷來研究《紅樓夢》的人為甚麼都從考據方面去下功夫，而不從作者的思想淵源和寫作技巧方面研究呢?一是紅學考據家多是學人，很少是小說家。學人對於資料的收集整理、分析、歸納比較有興趣，對於小說創作則少心得。但《紅樓夢》偏偏是小說，而非歷史學術著作。以清朝的考據之學來研究《紅樓夢》，自然會走到考據的路上去，與小說創作之道自然相去甚遠。因此對作者思想淵源和創作技巧多語焉不詳，甚至有些人還沒有讀懂《紅樓夢》，所以講些題外話，乃至在資料方面去穿鑿附會。創作技巧需要實際經驗纔能體會出來，而作者思想淵源又與文化傳統密不可分。偏偏我們又是一歷史文化悠久的民族，《紅樓夢》的作者又非泛泛之輩，作品植根甚深，對於中國文化源頭不太清楚，便無從著手，所以很多人找不出《紅樓夢》的主題，而去附會猜測。

在許多紅學專家的言論文章中，我祇看到余英時先生一篇大作〈曹雪芹的反傳統思想〉，這是我能看到的唯一的談到曹雪芹思想淵源的文章，是與文學本身有關的作品，要想讀懂《紅樓夢》，瞭解《紅樓夢》的主題，非從這方面入手不可。

余先生說曹雪芹的思想淵源於莊子和阮籍、嵇康等人是不太正確的。曹雪芹是反整個的文化傳統？還是反人文主義的流弊？這點則有澄清的必要。中國文化源遠流長，不能中途割斷，更不能以偏概全。這其中還大有學問，恐怕余先生也未必清楚。至於曹雪芹的思想是不是「反傳統」？我在《張本紅樓夢》中倒有分析。

要澄清這個問題，又必須從中國固有文化的本來面目和曹雪芹的思想層次說起。

要認識中國文化的真面目，又必須上溯中國文化的源頭。中國文化的源頭在那裏？那就是六經之首的《易經》。《易經》所以列為六經之首，除了按時代產生的先後次序之外，最主要的是，它是統合中國文化的根本，特別具有這種統合功能的，六經之內的是《易經》，六經之外的是《道德經》。

《易經》是從太極開始演變的，先乾卦而後坤卦。宇宙分了乾坤，也就是天地之始，以後的一切演變都從乾坤二卦而來。其發展層次是太極分兩儀，兩儀分四象、四象分八卦……陰陽互變，生生不息。這種演變的自然法則，老子稱之為「道」。他在《道德經》裏對宇宙發展的層次有很清楚的解釋：

道生一、一生二、二生三、三生萬物、萬物負陰以抱陽，沖氣以為和。

他在〈混成章〉裏又說：

有物混成，先天地生，寂兮寥兮，獨立而不改，周行而不殆，可以為天下母。

這和《易經》的演變法則完全符合。

由於老子著作《道德經》，對道的解釋最為透徹，可以說集道家學說的大成，因此孔子一再請教他。孔子自己說：「朝聞道，夕死可矣。」又說：「五十以學《易》，可以無大過矣。」據莊子說：「孔子五十有一，而未聞道，乃之沛見老聃。」

有一次，孔子見了老子之後，出來對他的大弟子顏回說：

「丘之於道也，其猶醯雞與！微夫子之發吾覆也，吾不知天地之大全也。」

所謂「醯雞」，就是甕中酒醋上的蠛蠓；所謂天地之大全也，就是宇宙本體和萬象。

可見孔子是一位十分謙虛的學者。「知之為知之，不知為不知。」

孔子贊《十翼》，老子對《易經》未置一詞，但他們兩人的知識層次，對《易經》瞭解的程度，從孔子的話裏可以看出。孔子之視老子為神龍，不是沒有原因的。但後人視老子為道家始祖，這又不然，且看莊子〈在宥〉的記載：

黃帝立為天子十九年，令行天下，聞廣成子在於空同之上，故往見之，曰：「我聞吾子達於至道，敢問至道之精？吾欲取天下之精，以佐五谷，以養民人；吾又欲官陰陽，以遂群生，為之奈何？」廣成子曰：「而所欲問者，物之質也；而所欲官者，物之殘也……。」黃帝退，捐天下，築特室，席白茅，閒居三月，復往邀之。廣成子南首而臥，黃帝順風膝行而進，再拜稽首曰：「吾聞子達於至道，敢問，治身奈何可以長？」廣成子蹶然而起曰：「善哉同乎！來，吾語女至道，至道之精，窈窈冥冥；至道之極，昏昏默默。無視無聽，抱神以靜，形將自正……我守其一，以處其和，故我修身千二百歲矣，吾形未嘗衰。」黃帝再拜稽首曰：「廣成子之謂天矣！」廣成子曰：「來，吾語女：彼其物無窮，而人皆以為終；彼其物無測，而人皆以為極。得吾道上為皇而下為王……吾與日月參光，吾與天地為常……。」

這是以「宇宙為心人為本」的思想（見拙作《墨人散文集》內〈宇宙為心人為本〉、〈中國文化的三條根〉等文）。老子是集道家學說之大成的大學問家、大思想家，不是道家的始祖。黃帝是早於老子的道家，廣成子又是早於黃帝一千多年的道家。至於莊子，那更是道家的晚輩了。

曹雪芹服膺於道家，上不過老莊，但他對老子的宇宙本體論、相對論，天、地、人的統合關係，道家的修持理論（貫敬煉丹修道屬旁門左道），不足所知。《南華經》雖多文采，但不如《道德經》言簡意賅；而阮籍、嵇康等人，並不是真正的道家，他們不過是對漢以後偏重人文主義所產生的流弊的反抗分子而已。真正的道家是既通天文地理又通人文，而且具有天、地、人三者之統合知識能力的大學問家。如袁天罡、李淳風、諸葛亮、劉伯溫等是。中國古代的軍事學家、醫學家、科學家都是道家。英人李約瑟著的《中國科技史》中有具體的證據。

曹雪芹不僅受道家思想影響，也受佛家思想影響，但他是「雙研」，而未「雙修」。由研而「悟」已經不容易，這和「宿慧」有關。「修」則須「身體力行」，而且還要得「明師」傳法、加持。如六祖惠能在寫出「菩提本無樹」這首偈時即已大徹大悟，但五祖弘忍還要深夜將他帶入密室，密傳《金剛經》，這纔授以衣缽。而一路修行，肉身成佛，成為曹溪宗師，是為六祖。曹雪芹的「宿慧」之深，在詩人作家之中，少有其匹。但「悟」而未「修」，這又和個人的緣分有關。如果此生因緣尚未成熟，則有待來生。而曹雪芹以他對佛、道兩家思想的開悟、宿慧基礎，從事文學創作，自然游刃有餘。

中國文學與中國傳統文化密不可分，儒、釋、道三家思想影響中國文學作品至為深遠，茲以三首詩來作證明。

一是表現儒家思想的〈時世行〉，作者杜荀鶴是晚唐詩人（西元八四六～九〇四），他這首詩描寫民間痛苦十分深刻，絕不下於杜甫的〈兵車行〉、〈石壕吏〉。但這是一首七言律詩，讀來更為感人：

夫因兵亂守蓬茅，麻苧裙衫鬢髮焦。
桑柘廢來猶納稅，田園荒蕪尚征苗；
時挑野菜和羹煮，旋斫生柴帶葉燒；
任是深山最深處，也應無計避征徭！

表現佛教思想的可以六祖惠能的偈為例：

菩提本非樹，明鏡亦非臺。
本來無一物，何處若塵埃？

佛教的禪宗對我國思想影響最大，惠能是禪宗衣缽傳人，他這首偈最能「明心見性」。佛教所追求的極致是一個「空」字，也可以說是「空」的哲學，類如中國《易經》從「太極」開始之前的一種狀態，也就是「無極」（格義佛學有深論，此不贅）。

諸葛亮、劉伯溫等屬於道家的入世派，所以諸葛亮肯「出山」輔救人民，他的〈出師表〉就是入世的文學作品。

陳摶卻是道家的出世派，他的〈歸隱〉一詩是出世派的文學作品：

十年蹤跡走紅塵，回首青山入夢頻。
紫綬縱榮爭及睡？朱門雖富不如貧；
愁聞劍戟扶危主，悶聽笙歌聒醉人；
攜取舊書歸舊隱，野花啼鳥一般春。

《紅樓夢》是屬於道家出世派思想的作品，賈寶玉就是代表人物，這一派思想的作家，在中國文學上有很重要的地位，如陶淵明、李白的許多空靈、灑脫的作品即是，而呂洞賓的許多詩與陳摶的〈歸隱〉詩尤足代表。

陶淵明、呂洞賓、李白、陳摶，都早於曹雪芹，他們是以詩表現，曹雪芹則以小說表現。小說比詩更加具體，小說可以涵蓋詩，詩卻無法涵蓋小說，這就是《紅樓夢》所以特別引人注意的原因。

曹雪芹是不是反傳統呢？不是。何以不是？有兩點理由必須說明：

第一、中國文化是天、地、人三合一的統合文化，不囿於人文主義，而且涵蓋了人文主義。真正反中國傳統文化，破壞中國固有傳統文化的是董仲舒、劉徹之流。可惜余先生對中國傳統文化的瞭解也不十分透徹，還不明白中國傳統文化的統合功能。

第二、曹雪芹和阮籍、嵇康他們一樣，反的是以偏概全的人文主義的流弊，不是天、地、人三合一的中國傳統文化。近代知識分子胡適等人也是反對這種以偏概全的「傳統」，他們要求全盤西化，也是不瞭解中國固有文化的統合功能、中國文化真正精華的一面，因此功過參半，甚至得少失多。倒是曹雪芹替我們留下了一部偉大的文學作品。

如果以為反中國傳統文化的文學作品纔有價值，那是太不瞭解中國傳統文化，是幼稚而且危險的論調。曹雪芹如果不是比別人多瞭解一些中國固有文化，他絕對寫不出《紅樓夢》來。

三、《紅樓夢》的主題與寫作技巧

文學作品，尤其是長篇小說，如果沒有深厚的思想基礎，必然流於淺薄，即使作者的寫作技巧不錯，也是金玉其外，敗絮其中，這是一般擅長創作而少學問的作者所不可避免的通病；徒有學問而拙於創作的作者，便容易把自己的思想觀念硬生生地塞進作品裏去，寫出來的作品便易流於教條、概念，甚至可以看做另一形式的論文。

曹雪芹不然。他有學問，更長於創作，因此他能把他的思想觀念十分自然地融化到作品裏去，而使讀者不知不覺，甚至讀了多少遍還抓不住他的主題，而它的境界則因讀者的年齡、學養、人生閱歷隨之提升。少男少女讀《紅樓夢》，會把它當作純粹的愛情小說；中年人讀它可能與作者同聲一哭；飽經世故的老年人讀它，可能欲哭無淚。

《紅樓夢》是一部有思想深度的小說，但是由於作者寫作技巧的出神入化，使人不覺得艱深，而易於接受。我們可以從它的佈局結構、故事、語言運用與人物創造這幾方面稍加說明。

《紅樓夢》在大結構方面，可以說天衣無縫。曹雪芹先是故弄玄虛，利用女媧氏煉石補天的神話，以青埂峰下的一塊頑石，編出整個故事，而又以甄士隱、賈雨村兩個人物，穿針引線，故事由他們身上展開，也由他們兩人歸結，出自青埂峰下的頑石，仍舊歸於青埂峰下，前後呼應，絲絲入扣，毫無破綻；而第五回「賈寶玉神遊太虛境，警幻仙曲演紅樓夢」的結構，在這一回裏，我們不難看出作者的腹稿。如寶玉看《金陵十二釵又副冊》，揭開看時，首頁畫的既非人物，亦非山水，不過是水墨滃染，滿紙烏雲濁霧而已，後面有幾行字跡：

霽月難逢，彩雲易散。心比天高，身為下賤。
風流靈巧招人怨，壽夭多因誹謗生，多情公子空牽念。

這分明是寫寶玉的丫頭晴雯。晴雯不但生得漂亮，而且聰明靈巧，嘴不饒人，因此招忌。她的性情與黛玉相似，王夫人怕她與寶玉有染，把她趕出大觀園。她事先已因抱病替寶玉補孔雀裘（五十二回），病勢不輕，王夫人把她趕出大觀園更大受刺激，結果香消玉殞。晴雯死後寶玉十分傷心，所以有七十八回「癡公子杜撰芙蓉誄」，八十九回「人亡物在公子填詞」，這都是曹雪芹的預先佈局。另外一件又副冊後面畫著一簇鮮花，一床破蓆，也有幾句言詞：

枉自溫柔和順，空云似桂如蘭。

堪羨優伶有福，誰知公子無緣。

這分明是寫襲人。晴雯、襲人都是寶玉的貼身丫頭，襲人與寶玉關係尤其密切，寶玉曾和她初試雲雨，更非別人可比。而且後來她的月俸又升到和趙姨娘相等，她的身份地位的提高是王夫人等的有意安排。但寶玉出家後，她卻嫁給戲子蔣玉菡。故事首尾呼應，十分明白。

又如〈終身誤〉裏寫得也很明白：

都道是金玉良緣，俺祇念木石前盟。空對著山中高士晶瑩雪，終不忘世外仙姝寂寞林。歎人間，美中不足今方信，縱然是舉案齊眉，到底意難平。

這又分明是寶玉、黛玉、寶釵的三角關係和結局。這首〈終身誤〉更是支撐《紅樓夢》的骨幹，是曹雪芹的腹稿。以創作觀點而論，我祇相信「輯補」，不相信「續寫」，因為凡是從事小說創作的作家都知道，小說創作是個別作業，不能假手他人，即使故事可續，風格絕難一致。《紅樓夢》後四十回與前八十回並沒有格格不入的毛病。

《紅樓夢》有關結局的伏筆暗示還多，不必一一列舉。

在佈局結構方面，曹雪芹是匠心獨運，不同流俗。

在故事本身來說，《紅樓夢》寫的都是平實近人的日常瑣事，沒有驚天動地的大事。但是作者透過中國貴族生活的各種層面，發掘了各階層人性，表現了各階層的人性。

曹雪芹能從日常生活瑣事中製造衝突。如林黛玉進賈府後，薛寶釵便跟蹤而至，故事便一步步展開，衝突也接踵而起。

不以離奇古怪故事取勝，而從日常生活細節著手，表現了深刻無比的人性，表現了空靈灑脫的人生境界、哲學思想；這就是曹雪芹的不可及之處，《紅樓夢》的偉大之處。

《紅樓夢》為甚麼這樣成功？《紅樓夢》怎樣奠定它不朽的文學價值？我的看法是：《紅樓夢》的成功得力於人物創造，人物的成功又得力於語言的運用。在語言運用和人物創造方面，曹雪芹獨步古今。

《紅樓夢》裏沒有半生不熟、不中不西的語言，充分發揮了中國語言的特性和優點，簡直妙到毫巔。由於作者善於運用語言，所以《紅樓夢》裏的人物，個個活龍活現。每個人物說話的口氣都不相同，所以纔產生了人物之間彼此的差異，而不是一個模子裏倒出來的，張三李四難分。在曹雪芹的筆下，沒有相同的人物。賈寶玉和賈環不同，林黛玉和薛寶釵不同，王熙鳳和李紈不同，探春和迎春、惜春不同，史湘雲和薛寶琴、邢岫煙不同，賈珍和賈璉不同，尤二姐和尤三姐不同，晴雯和襲人不同，紫鵑和雪雁不同……。曹雪芹之所以能刻畫出這麼多不同的人物，除了形象、心理、性格的描寫之外，主要是在於語言的運用。且舉數則，以見一斑：

你不認得他？他是我們這裏有名的一個潑辣貨，南京所謂辣子，你祇叫他鳳辣子就是了。

（見第三回）

這是賈母對林黛玉說的話，不但表現了賈母的身分地位，同時也一針見血地刻畫出了王熙鳳的性格。

甚麼要緊的事？小孩子們年輕，饞嘴貓兒似的，那裏保的住呢？從小兒人人都打這麼過，——這都是我的不是：叫你多喝了兩口酒，又吃起醋來了。（見第四十四回）

這是賈母安慰鳳姐的話，多麼幽默、風趣而又符合老祖宗的身份。

下流東西，灌了黃湯，不說安份守己挺屍去，倒打起老婆來了？……鳳丫頭和平兒還不是美人胎子，你還不足成日偷雞摸狗，腥的臭的都拉了你屋裏去？為這些娼婦打老婆，又打屋裏的人，你還虧是大家子的公子出身，活打了嘴了……。（見第四十四回）

這是賈母教訓賈璉的話，又是一種口氣，多麼傳神！同一個人講話，在不同場合、對不同對象，便用不同的口氣說出來，靈活極了。

「明兒他來遲了，後兒我也來遲了，將來都沒人了，本來要饒你，祇是我頭一次寬了，下次就難管別人了，不如開發了好。」登時放下臉來叫：「帶出去打他二十板子……。」（見第十四回）

這是王熙鳳替寧國府料理秦可卿的喪事，處罰下人時所講的話，完全表現了王熙鳳的身份和性格。

老太太在那裏抱怨天，抱怨地，祇叫我瞧瞧你們好了沒？……有這會子拉著手兒哭的，昨兒又為甚麼成了烏眼雞似的呢？還不跟我到老太太跟前，叫老人家放心點兒呢。（見第三十回）

這是鳳姐取笑寶玉、黛玉的話。

我說他們不用人費心，自己就會好的，老祖宗不信，一定叫我去說和。趕我到那裏去說和，誰知兩人在一塊兒賠不是呢？倒像黃鷹抓住鷂子的腳，兩個人都扣了環了。那裏還要人去說和呢？（見第三十四回）

這是鳳姐對賈母說的話。鳳姐伶牙俐齒，曹雪芹寫來入木三分。「烏眼雞」、「黃鷹抓住鷂子的腳」，是多麼生動富有形象的語言！比現在寫「現代小說」的作者一開頭就「操，我操！」這其間高下之差何啻天壤？

你是甚麼東西，敢來拉扯我的衣裳？我不過看著太太的面上，你又有幾歲年紀，叫你一聲媽媽，你就狗仗人勢，天天作耗，在我的跟前逞臉，如今越發了不得了，你索性望我動手動腳了，你打量我是和你們姑娘那麼好性兒，由你們欺負，你就錯了主意了……。（見第七十四回）

這是探春打了抄大觀園的王善保家之後指責她的話，充分表現了探春的不可侵犯的威嚴。《紅樓夢》裏的人物，黛玉是伶牙俐齒，連丫頭晴雯，也是一句話能教人跳，一句話能教人笑的角色，例子很多很多，不必列舉。

從以上幾則例子中，就可以看出曹雪芹運用語言的能力，是怎樣爐火純青。由於語言運用的成功，所以他筆下的人物，不論張三李四，個個都是活生生的。

由於曹雪芹的寫作技巧出神入化，又善於使用「障眼法」，所以很多讀者都抓不住《紅樓夢》的主題，他自己也十分感慨地說：

「滿紙荒唐言，一把辛酸淚；都云作者癡，誰解其中味？」這個「味」字就是主題。

《紅樓夢》的主題是甚麼呢？這就要看《紅樓夢》裏的三件大事了。

一是反對科舉、干祿。八十二回寶玉對黛玉就說過這樣的話：

還提甚麼念書？我最討厭這些道學話。更可笑的，是八股文章，拿他誆功名，混飯吃，也罷了，還要說代聖賢立言，好些的，不過拿些經書，湊搭湊搭還罷了；更有一種可笑的，肚子裏原沒有甚麼，東拉西扯，弄的牛鬼蛇神，還自以為博奧。這那裏是闡發聖賢的道理……。（見第八十二回）

這是曹雪芹反對科舉、干祿的明證。

二是反對父母之命，沒有愛情的婚姻。寶玉在神智不清，在賈母、鳳姐的擺佈之下，和寶釵結婚，等他知道大錯已經鑄成，最後一走了之，也是作者的抗議。

三是榮華富貴過眼雲煙。賈府盛極而衰，家破人亡，是最具體的說明。

以上三件大事與主題決不可分。

《紅樓夢》之所以有這樣的結局，自然和曹雪芹的哲學思想有關。他的思想淵源於老莊，所以《紅樓夢》的主角賈寶玉走的是道家出世派的路子。

《紅樓夢》一開始就製造了一個道家神話，寶玉出家後又被封「文妙真人」，這更是道家出世派的封號。書中雖然也談儒學，也談佛理，但那是綠葉，不是紅花。

中國文化源遠流長，《紅樓夢》植根也特別深。曹雪芹雖是旗人，卻是十足的中國人，《紅樓夢》更是道地中國文學作品。

四、結　語

《紅樓夢》這部偉大的文學作品，值得我們研究。但是考據方面的研究，可以打住。除非把曹雪芹從地下挖起來，讓他死而復生，否則筆墨官司還會打下去。這實在是一種「浪費」，而且「於事又無補」。我們的聰明才智之士，如果還有時間精力，最好還是回到文學本身上來，從文學本身著手研究，會更有價值。

民國八十九年（二〇〇〇）五月三十日，校正十二版定本

談《紅樓夢》的寫作技巧

（中華文化復興運動委員會文藝研究班講義大綱）

壹、緒論

中國小說真正走上創作道路，而且氣勢雄偉，如長江、黃河，成就輝煌，具有劃時代意義的，首推《金瓶梅》，其次是《紅樓夢》。這兩部小說都是一百多萬字的鉅著。《金瓶梅》是一部反映明朝社會腐敗、生活糜爛的小說，而作者卻巧妙地取材《水滸傳》裏的西門慶與潘金蓮的一段故事而發展成一部大長篇（非現在流行的節本），其所以如此，這正是作者的匠心獨運，他把整個時代背景，推到宋朝，以避免本身的麻煩。

《金瓶梅》、《紅樓夢》都是了不起的文學創作，但是從純文學藝術觀點來看，《紅樓夢》更是一部空前的文學鉅著。因此，兩百年來研究考證《紅樓夢》的人也最多。但是也正如胡適先生所說：「向來研究這部書的人都走錯了道路。」根據胡適〈紅樓夢考證〉一文所指，這種走錯了路的「紅學」，可分為三派：

第一派以王夢阮為代表人物。他在《紅樓夢索隱》裏認為《紅樓夢》是：「全為清世祖與董鄂妃（小宛）而作，兼及當時的諸名王奇女。」這一派的根本錯誤，已被孟蓴蓀先生的〈董小宛考〉證明是無稽的附會。

第二派以蔡孑民先生為代表人物，他在《石頭記索隱》中說《紅樓夢》是清康熙朝的政治小說。書中「紅」是隱示「朱」字，朱者明也，漢也。這也是無稽的附會。

第三派以徐柳泉、錢靜方等為代表人物。他們大都主張《紅樓夢》記的是納蘭成德的事。也是穿鑿附會。

以上三種說法都被胡適先生否定了。不幸的是現在還有人在做這種穿鑿附會的工作。這種穿鑿附會，不但對研究《紅樓夢》無益，反而有害。

他們之所以繞那麼大的圈子去穿鑿附會，都是犯了同樣的毛病：太不瞭解文學創作。

以《紅樓夢》的考證工作而言，胡適先生的考證可以說是正本清源，因為他對《紅樓夢》的「本子」和作者的身世問題提出了答案。所以胡適先生在考證方面是有貢獻的。

但是我們要接受《紅樓夢》這部文學遺產，是不是止於考證就行了呢？不行。那麼怎樣纔能接受這部文學遺產呢？我以為應該從文學創作本身來研究《紅樓夢》，纔能發現無盡的寶藏，纔會對文學創作有所幫助，纔能將中國文學傳統發揚光大。基於這一理由，所以我在民國五十五年（一九六六）寫了一本《紅樓夢的寫作技巧》，由臺灣商務印書館出版。

貳、《紅樓夢》的寫作技巧

一、《紅樓夢》的佈局結構

《紅樓夢》在大結構方面可以說天衣無縫。曹雪芹先是故弄玄虛，利用女媧氏煉石補天的神話，以青埂峰下的一塊頑石，編出整個故事，而又以甄士隱、賈雨村兩個人物，穿針引線，故事由他們兩人身上展開，也由他們兩人歸結，出自青埂峰下的頑石，仍舊歸於青埂峰下，前後呼應，絲絲入扣，毫無破綻。而第五回「賈寶玉神遊太虛境，警幻仙曲演紅樓夢」，更關係整部《紅樓夢》的結構，在這一回裏，我們不難看出曹雪芹的腹稿，如寶玉看《金陵十二釵又副冊》，揭開看時，祇見首頁畫的，既非人物，亦非山水，不過是水墨滃染，滿紙烏雲濁霧而已，後面有幾行字跡：

> 霽月難逢，彩雲易散。心比天高，身為下賤。
> 風流靈巧招人怨，壽夭多因誹謗生，多情公子空牽念。

這分明是寫寶玉的丫頭晴雯。晴雯不但生得漂亮，而且聰明靈巧，嘴不饒人，因此招忌。她的性情與黛玉相似，王夫人怕寶玉與她有染，把她趕出大觀園。她事先已因抱病替寶玉補孔雀裘（五十二回），病勢不輕，王夫人把她趕出大觀園更大受刺激，結果香消玉殞。晴雯死後寶玉十分傷心，所以有七十八回「癡公子杜撰芙蓉誄」，八十九回「人亡物在公子填詞」，這都是曹雪芹的預先佈局。另外一件又副冊後面畫著一簇鮮花，一床破蓆，也有幾句言詞：

枉自溫柔和順，空云似桂如蘭。
堪羨優伶有福，誰知公子無緣。

這分明是寫襲人。晴雯、襲人都是寶玉的貼身丫頭，襲人與寶玉關係尤其密切，寶玉曾和她初試雲雨，更非別人可比。寶玉出家後，她卻嫁給戲子蔣玉函，作者早在第五回就有安排，故首尾呼應，十分明白。胡適不相信程偉元在〈紅樓夢引言〉和其排印一百二十回本序裏所說的《紅樓夢》有一百二十回及後四十回本的蒐集經過與「同友人細加釐剔，截長補短，鈔成全部……」的話，而認為後四十回是高鶚續寫的，這一點我不敢苟同，我認為高鶚祗是「輯補」而非「續寫」，因為凡是從事小說創作的作家都知道，小說必須個別作業，不能假手他人，更不能集體創作，即使故事可續，風格絕難一致，何況曹雪芹在第五回裏就將《紅樓夢》的結局安排好了，而後四十回又沒有與前八十回格格不入的毛病，所以續寫之說很難令人相信。又如〈終身誤〉裏寫得也很明白：

都道是金玉良緣，俺祇念木石前盟。空對著山中高士晶瑩雪，終不忘世外仙姝寂寞林。

歎人間，美中不足今方信，縱然是舉案齊眉，到底意難平。

這又分明是寶玉、黛玉、寶釵的三角關係和結局。這首〈終身誤〉也是支撐《紅樓夢》的骨幹，是曹雪芹的腹稿。

《紅樓夢》有關結論的暗示伏筆還多，不必一一列舉。總之，在佈局結構方面，曹雪芹是匠心獨運，不同流俗。

二、《紅樓夢》的故事

一般小說讀者，多半祇看故事，故事驚天動地，離奇古怪，讀者就認為是好小說，故事平淡，讀者就不愛看。因此造成一個錯覺：以為小說就是故事，故事就是小說。這實在是大錯特錯。而一般作者也多半在故事方面爭奇鬥勝，而不在生活體驗和文字修養、學問方面多下功夫，捨本逐末，至為可惜。

《紅樓夢》的故事是否驚天動地、離奇古怪呢？一點也不。《紅樓夢》雖然寫的賈寶玉、林黛玉、薛寶釵的愛情故事，但曹雪芹是從日常生活著手，一點也不離奇古怪、驚天動地。寫驚天動地離奇古怪的故事容易，寫平易近人的日常瑣事卻很難。偵探小說、武俠小說、色情小說，都是以離奇古怪的故事誘人，讀者很多，但是研究文學的人有誰承認它是文學作品？為甚麼不承認？因為文學作品的基本要求是人性的探索，人性的表現，而不是故事本身。所以曹雪芹雖然寫的是日常生活細節，但是他透過了中國貴族生活的各種層面，發掘了各階層人性，表現了各階層人性。

曹雪芹從日常生活瑣事中製造衝突，如林黛玉進賈府後，薛寶釵跟蹤而至，故事便一步步展開，衝突也接踵而起。

不以離奇古怪故事取勝，而從日常生活細節著手，表現了深刻無比的人性，表現了空靈灑脫的人生境界，哲學思想，這就是曹雪芹的不可及之處，《紅樓夢》的偉大處。

三、《紅樓夢》的語言運用與人物描寫創造

《紅樓夢》為甚麼這樣成功？《紅樓夢》怎樣奠定它不朽的文學價值？我的看法是《紅樓夢》的成功得力於人物，人物的成功又得力於語言的運用，在語言運用和人物描寫創造方面，曹雪芹獨步古今，《紅樓夢》沒有半生不熟、不中不西的語言，充分發揮了中國語言的優點，簡直妙到毫巔。由於他善於運用語言，所以《紅樓夢》裏的人物，個個活龍活現。每個人物說話的口氣都不相同，所以纔產生了人物之間彼此的差異，而不是千篇一律，張三李四不分。在曹雪芹的筆下沒有相同的人物，賈寶玉和賈環不同，林黛玉和薛寶釵不同，王熙鳳和李紈不同，探春和迎春、惜春不同，史湘雲和薛寶琴、邢岫煙不同，晴雯和襲人不同，紫鵑和雪雁不同……曹雪芹之所以能刻畫出這麼多不同的人物，除了形象、心理、性格的描寫之外，主要是在於語言的運用。茲舉數則，以見一斑：

一、「你不認得他，他是我們這裏有名的一個潑辣貨，南京所謂辣子，你祇叫他鳳辣子就是了。」（見第三回）這是賈母對林黛玉說的話，不但表現了賈母的身份，同時也一針見血地刻畫出王熙鳳的性格。

二、「甚麼要緊的事？小孩子們年輕，饞嘴貓兒似的，那裏保的住呢？從小兒人人都這麼過，——這都是我的不是：叫你多喝了兩口酒，又吃起醋來了。」（見第四十回）這是賈母安慰鳳姐的話，多麼幽默、風趣而又符合老祖宗的身份。

「下流東西，灌了黃湯，不說安份守己挺屍去，倒打起老婆來了？……鳳丫頭和平兒還不是美人胎子，你還不足？成日裏偷雞摸狗，腥的臭的都拉了往你屋裏去？為這些娼婦打老婆，又打屋裏的人，你還虧是大家子的公子出身，活打了嘴了……」（見第四十四回）這是賈母教訓賈璉的話，又是一種口氣，多麼傳神。

三、「明兒他來遲了，後兒我也來遲了，將來都沒人了，本來要饒你，祇是我頭一次寬了，下次就難管別人了，不如開發了好。」登時放下臉來叫：「帶出去打他二十板子……」（見第十四回）這是王熙鳳替寧國府料理秦可卿的喪事，處罰下人時所講的話，完全表現了王熙鳳的身份，也表現了她的性格。

四、「老太太在那裏抱怨天，抱怨地，祇叫我瞧瞧你們好了沒有？……有這會子拉著手兒哭的，昨兒為甚麼又成了烏眼雞似的呢？還不跟我到老太太跟前，叫老人家放心點兒呢。」（見第三十回）這是鳳姐取笑寶玉、黛玉的話。

五、「我說他們不用人費心，自己就會好的。老祖宗不信，一定叫我去說和。趕我到那裏說和，誰知兩個人在一快兒賠不是呢？倒像黃鷹抓住鷂子的腳，兩個人都扣了環了。那裏還要人去說和呢？」（見第三十回）這是鳳姐對賈母說的話。鳳姐伶牙俐齒，曹雪芹寫來入木三分。「烏眼雞」、「黃鷹抓住鷂子的腳」，是多麼生動富有形象的語言。

《紅樓夢》裏伶牙俐齒的人物很多，除了王熙鳳之外，黛玉、晴雯也都各有千秋。且看下面的例子：

「怪道呢，原來爬上高枝兒去了，就不服我們說了，不知說了一句話，半白話，名兒姓兒知道了沒有，就把她興頭的這個樣……」（見第二十七回）這是晴雯奚落小紅的話。

「難道我有甚麼羅漢真人的奇香不成？就是得了奇香，也沒有親哥哥，親兄弟弄了花兒、朵兒、霜兒、雪兒替我炮製。我有的是那些俗香罷了。」（見第十九回）這是黛玉針對寶釵的冷香丸對寶玉說的話，俏皮而有醋意。

「你是甚麼東西，敢來拉扯我的衣裳？我不過看著太太的面上，你又有幾歲年紀，叫你一聲媽媽，你就狗仗人勢，天天作耗，在我的跟前逞臉，如今越發了不得了，你索性望我動手動腳了，你打量我是和你們姑娘那麼好性兒，由你們欺負，你就錯了主意了……」（見第七十四回）這是探春打了抄大觀園的王善保家的之後指責她的話，充分表現了探春不可侵犯的威嚴。

《紅樓夢》裏這樣的例子太多太多，真是不勝枚舉。曹雪芹運用生活語言的能力，鮮有人能出其右。由於語言運用的成功，所以他筆下的人物，不論張三李四，個個都是活生生的。

四、紅樓夢的主題與曹雪芹的文學思想

《紅樓夢》的主題是甚麼？這是讀《紅樓夢》的人往往難以捉摸的。因為《紅樓夢》不是一本通俗小說，不是讓人一眼看穿，但也不是叫人猜謎，祇有像蔡元培先生那些人纔去穿鑿附會。

《紅樓夢》所表現的有三件事：

一是反對科舉、干祿。八十二回寶玉對黛玉說：

「還提甚麼念書？我最討厭這些道學話。更可笑的，是八股文章，拿他誆功名，混飯吃，也罷了！還要說代聖賢立言，好些的，不過拿些經書，湊搭湊搭還罷了；更有一種可笑的，肚子裏原沒有甚麼，東拉西扯，弄的牛鬼蛇神，還自以為博奧。這那裏是闡發聖賢的道理……」。（見第八十二回）

這些話可為曹雪芹反對科舉、干祿的明證。而且他自己就沒有求過功名。「言為心聲」，這無異是曹雪芹的「夫子自道」。清朝另一位大作家《儒林外史》作者吳敬梓亦復如此。

二是反對父母之命，沒有愛情的婚姻。寶玉在賈母、鳳姐的擺佈之下和寶釵結婚，最後一走了之，也是作者的抗議。

三是榮華富貴過眼煙雲。賈府盛極而衰，家破人亡，是最具體的說明。

以上三件事與主題決不可分。

《紅樓夢》之所以有這樣的結局，自然和曹雪芹的哲學思想有關。那麼，曹雪芹的哲學思想

是甚麼？是道家思想。而道家思想和學說又淵源於《易經》、《道德經》。這就是曹雪芹的思想源頭。

《紅樓夢》一開始就製造了一個道家神話，寶玉出家後又受封為「文妙真人」，這更是道家封號。書中雖然也談儒學，也談佛理，但那祇是襯托。曹雪芹的思想是基於道而又歸於道的。道是宇宙的本體，更是中國文化的根源。

老子集道家學說之大成，他的宇宙本體論十分精闢。《道德經》混成章第二十五說：

有物混成，先天地生，寂兮寥兮，獨立而不改，周行而不殆，可以為天下母，吾不知其名，字之曰道，強名之為大，大曰逝，逝曰遠，遠曰反，故道大，天大，地大，王亦大。域中有四大，而王居其一焉。人法地，地法天，天法道，道法自然。

老子對道的解釋非常清楚，道就是宇宙的起源，宇宙的本體，《易經》所謂的太極，所以老子不單講人際關係。而一般學者總是把人生觀和宇宙觀混為一談，甚至把人文主義代替宇宙自然法則，這是由來已久的錯誤，因此對《易經》和《道德經》產生誤解、曲解，把中國文化源頭弄得混淆不清，令人浩歎。

但道家有出世派和入世派。入世派是輔國化民的，如張良、諸葛亮、袁天罡、李淳風、劉伯溫等是；出世派如呂洞賓等是。《紅樓夢》裏的「渺渺真人」就是出世派，賈寶玉也是走的出世派的路子。

因為曹雪芹的思想是基於道而又歸於道，所以《紅樓夢》纔有這樣的結局。

參、結　論

中國文化源遠流長，《紅樓夢》植根也特別深。曹雪芹是十足的中國人，《紅樓夢》是道地的中國文學作品。現代中國文學，要想有輝煌的前途，必須植根於中國文化，寫出富有民族性和中國文化特色的作品。如果一味盲目崇拜西洋，作無根的浮萍，是成不了氣候的。中國有兩句諺語，也可以應用到文學上來，那就是：「黃鼠狼變貓，變死不高。」希望從事文學工作的朋友，三復斯言。

民國八十九年（二〇〇〇）五月三十日，校正十二版定本

關於《紅樓夢的寫作技巧》

自從海明威（Ernest Hemingway）的《老人與海》、卡繆（Albert Camus）的《異鄉人》於一九五四年、一九五七年先後獲得諾貝爾文學獎後，我國文壇立刻掀起一陣意識流與存在主義的熱潮，弄得青年人暈頭轉向。因而產生一種「文學附庸症」。這種附庸症像虎列拉一樣，傳染得十分快，一些讀者怎麼也看不懂的散文、詩、小說，在報章雜誌流行，使那些年輕的作者彷彿吃了大麻菸、ＬＳＤ。那實在是一種很危險的傾向。

對於《老人與海》和《異鄉人》這兩部不過幾萬字的中篇小說，我曾花了一點功夫研讀，讀過之後，我祇覺得他們不過是美國作家，法國作家而已。就作品而論，不客氣地說，年輕人他們實在是取法乎下。丟掉自己的金飯碗去向別人討飯，實在太不智了。因此我決定以《紅樓夢》作個範例，分析它的寫作技巧。就主題、故事結構、人物描寫、語言運用諸方面，逐章引證，分析申論。這是一個從來沒有人作過的工作。寫作的時候我的感慨很多，也自然流露出來。我覺得如果《老人與海》、《異鄉人》之類的作品能得諾貝爾文學獎，《紅樓夢》最少應該拿十個。

我國雖擁有這樣一座文學寶庫，可是卻不知道取用，甚至故意鄙視自己的作品，以為《紅樓夢》是章回體的舊小說，不值得學。反而去作外國人的文學附庸，露出一身小家子氣，還自以為時髦，實在令人惋惜。我之不揣淺陋，寫《紅樓夢的寫作技巧》者在此。恰好那年菲律賓華僑文教講習會請我擔任文學課程，我便拿它作講義，除了講幾小時的新詩之外，其餘的時間都講《紅樓夢的寫作技巧》。一個月的時間太短，自然講不完，但我給了愛好文藝的華僑子弟一個清楚的認識：「月亮不是外國的圓；在文學上講，中國的月亮更圓。」

從馬尼拉回到臺灣之後，大熱天中我在梨山趕完了最後幾節，本來我想先在報上發表，拿點稿費應急，接洽了兩處，編者都沒有興趣刊登這類的文章，大概是「不合潮流」？那時商務印書館剛剛開始編印《人文文庫》，我不想再等著拿稿費，希望把它早點獻給讀者，便將油印稿子和一小部分原稿寄給商務，商務很快就出版了，初版時間是民國五十五年（一九六六）十一月，那正在存在主義意識流作品在報章雜誌高視闊步的時候。

《紅樓夢的寫作技巧》是一本作品分析的書，因此我不期望它成為大眾讀物，能銷三、五百本就算不錯。但事有出人意表者，想不到初版很快地賣完，二版、三版銷路一直都很穩定，現在三版亦將售罄。單憑門市部賣的冷門書，有這樣的銷路，的確是我始料不及的。

《紅樓夢》實在是一部取之不盡，用之不竭的文學寶庫。《三國演義》、《水滸傳》、《西遊記》、《金瓶梅》，固然都是了不起的大部頭著作，但以純文學的眼光來看，《紅樓夢》應居第一。它的一章一節，乃至一句話，都值得我們學習揣摩。而曹雪芹的大學問，包羅萬象的思想，和練達的人情世故，則是學不來的。

《紅樓夢》的主題究竟是甚麼?這是《紅樓夢》的讀者最難得摸清楚的。而最荒謬的是說它是反清復明的政治小說。要想瞭解它的主題，必須瞭解它所表現的三件事：一是反對科舉、干祿；二是反對父母之命，沒有愛情的婚姻；三是暗示榮華富貴過眼煙雲。這三件事以及貫徹全書的重視性靈與自由意志是與主題決不可分的。《紅樓夢》裏有儒、釋、道三家思想的交融，賈寶玉的離家出走是道家思想的勝利。道家有兩派，一是治世派，諸葛亮、劉伯溫可作代表。中國的天文學、地理學、醫學醫術、兵書兵法，大都是道家的貢獻。治世派的道家無不精通天文、地理、醫學、兵法，真正懂得三才合一，參天地之化育的是道家。而賈寶玉則是道家的出世派。出世派如懂修持，可成大羅金仙，與天地同流，如鍾離權、呂洞賓是。為甚麼我說賈寶玉是道家的出世派。因為他在大雪天在船頭拜別賈政時披的是斗篷，不是袈裟。走後所傳過來的歌又是：

> 我所居兮，青埂之峰；我所遊兮，鴻濛太空。誰與我逝兮，吾誰與從?渺渺茫茫兮，歸彼大荒！

這完全是道家的吐屬，道家的行為。與《紅樓夢》開頭所敘寶玉的來歷亦前後呼應。唐人呂洞賓受漢人鍾離權延命之術，先後入終南山鶴嶺而得道，成大羅金仙，來去無礙。民國初年本省亦有人在銀河洞首先發現其所遺律詩兩首，其時銀河洞尚屬深山，不像現在這麼方便。

佛家的究竟之道是有去無來（除非因大事因緣而乘願再來），以證入法界為務；道家是有來有去，修道成仙，自由自在。賈寶玉走的是道家出世派這條路。這也是曹雪芹的基本思想。在《紅樓夢的寫作技巧》這本書的結尾，對於釋道兩家旨趣我說得不夠明白透徹，特在這裏補充一下。

《紅樓夢》，這部小說不但是中國的文學寶典，而且將來必然會成為世界文學寶典。可惜的是沒有人從創作上去發掘。而考證的人卻很多，過去有，現在也有。而以胡適考證的《紅樓夢》版本和曹雪芹的身世較有價值。但他也是止於考證。考證方面最無意義的是根據故事情節和書中人物而牽強附會，如蔡孑民先生《石頭記索隱》就有這樣的話：

作者持民族主義甚摯，書中本事在弔明之亡，揭清之失，而尤於漢族名士仕清者寓痛惜之意……書中「紅」字多隱「朱」字。……寶玉……好吃人口上胭脂，言拾漢人唾餘也……

這未免穿鑿附會，太不瞭解文學創作了。賈寶玉愛吃女人嘴上的胭脂，是曹雪芹的含蓄寫法，實際上就是接吻，這怎麼和朱明扯得上關係？何況焦大就衝著賈蓉和王熙鳳、賈寶玉他們罵過「爬灰的爬灰、養小叔子的養小叔子」這類的粗話，這些分明是寫男女關係，怎麼葫蘆藤扯上絲瓜架呢？這類的「考證」、「研究」，對文學創作而言，實在是瞎子摸象，對於《紅樓夢》的文學價值，不但不能發幽探微，反而治絲益棼。還妄談甚麼《紅樓夢》呢！

欣見十一月十二日報載師大國文研究所韓國女留學生李慧淳，以《水滸傳研究》獲得我教育部的文學博士學位，這在中國文學教育史上是破天荒的一次。姑不論李小姐的論文夠不夠格？而教育當局這種面對現實的精神我卻十分讚賞。希望將來也能把《紅樓夢》作為研究生獲取博士學位的研究對象。這樣我們的文學纔能入港。

原載六十一年十二月五日《中央日報・中央副刊》
民國八十九年（二〇〇〇）五月三十日，校正十二版定本

《張本紅樓夢》臺灣新版新銓

自民國五十五年（一九六六）八月十五日我寫完《紅樓夢的寫作技巧》，寄交臺灣商務印書館於同年十一月出版後，我就想修訂批註《紅樓夢》。為甚麼我有這種想法？一是當時臺灣文壇被過時的存在主義、意識流的歪風，掃得東倒西歪，彷彿大颱風過後的大破壞。青年人「趕時髦」，寫些連自己也看不懂的新詩、散文、小說，到處嘔吐，使人暈頭轉向，像我這種年齡的作家，都噤若寒蟬；而極少數半吊子、「二房東」，反而趨炎附勢，跟在喝了一點兒洋水的人屁股後面瞎起訌。我看看這情勢，很難理喻，便決定以《紅樓夢》作鎮山寶，因此我纔寫《紅樓夢的寫作技巧》。但寫完以後無處發表，我纔再寄臺北商務印書館，那時王雲五先生重掌「商務」，首創《人人文庫》，沒有出多少書，我和商務並無來往，不知道他們會不會出這種理論性的書？因為那時臺灣不但西風壓倒了東風，而且亦正流行輕、薄、短、小的商品文學，我那時正在失業、煮字療饑，如此「不識時務」，自然有些耽心。想不到該館很快就寄來出版合約，我纔將簽好的合約送到商務印書館，也纔知道編印我這本書的是王雲五的高足金耀基先生。這本書雖然沒有拿到一文稿費，能夠出版也算心血沒有完全白費了。想不到這本書祇在商務門市部獨家銷售，到民國七十七年八月居然連銷十版（一九九三年四月北京文聯出版公司又出大陸版），而「存在主義」、「意識流」，也在臺灣文壇煙消雲散了。我不敢說這是《紅樓夢的寫作技巧》發揮了擋箭牌的作用，但總可以說是應了老子「飄風不終朝，驟雨不終日」的名言。祇喝了一點兒洋水，不明自己的古聖先賢的哲學思想的人，不但誤己，而且誤人，徒然製造紛亂而已。二是《紅樓夢》的缺點還不少，如賈寶玉、林黛玉的年齡等問題，為了使《紅樓夢》更完美，所以我決定修訂批註，但這需要很多時間。

在《紅樓夢的寫作技巧》出版後第二年，所幸國民大會要創辦一份學術性的大型刊物《憲政思潮》，請我去擔任編輯工作，和我先後個把月去的還有陳鼓應先生（後任臺灣大學、北京大學教授）。我有正式公務員任用資格，職務較有保障，因此生活安定下來，我便可以利用公餘時間修訂批註《紅樓夢》了。我修訂批註的工作完成之後，在輕、薄、短、小的「商品文學」掛帥的情形之下，一直無處出版。我在絕望之後，纔在民國七十四年（一九八五）冬，寫了一篇兩萬字的序，準備「藏之深山」，或是「束諸高閣」。然後我更專心研究道家思想、《易經》、命學。因為早先我就遇到一位道家明師指導我修行，所以我可以實踐來印證思想理論。同時我開始構思一百二十章的大長篇《紅塵》，這是內容、時代背景和《紅樓夢》都大不相同的長篇。曹雪芹寫的是身家之痛、兒女之情、大觀園的貴族生活。我寫的是大敵當前，國家民族的生死存亡、中華王道文化與西方霸權思想的嚴重衝突，幾乎亡國。我不是當軍人的料，但我是自明朝玉公、輔公父子均以戰功封王以來，我家族中第一位正式投筆從戎抗日的青年，是「好鐵」打釘。當時祇憑一股熱血，與不作亡國奴的志氣而孤注一擲，而高唱〈大刀向鬼子們的頭上砍去〉、〈義勇軍進行曲〉、〈八百壯士〉……我是「揮淚寫《紅塵》」，將我所處的血淚斑斑的二十世紀的中華民族的苦難寫出來作為見證，是多民族、跨國際、綿延五千年文化餘緒，上下一百多年歷史，縱橫千萬里江山的龍家五代人的心聲。希望炎黃子孫，能冷靜深思反省，開創中華民族新運，不要重蹈覆轍。

寫完《紅塵》之後，我寫了一首五律，以明心跡：

浩劫未埋身，揮淚寫《紅塵》。
非名非利客，孰晉孰秦人？
毀譽何須問？吉凶自有因。
天心應可測，憂道不憂貧。

我在臺灣一住四十年纔開放大陸探親。第一次回故鄉故土，我未將《張本紅樓夢》帶去。第二次是應邀訪問大陸，作四十天的文學之旅，我纔將《張本紅樓夢》帶去。在臺灣藏了二十多年都不能出版，一九九五年十二月湖南出版社終於出版了精裝本上下冊，一萬一千套，而且很快銷完了。因為我不能自己校對，出版後我發現那篇序文就漏掉了很重要的六百字，而且錯字多，我像挨了一記悶棍，哭笑不得，也講不出來。

《紅塵》一百二十章，全書四冊，近兩百萬字，一九九三年二月出齊之後，我除了繼續研究道家思想，更研究佛家思想，又遇明師指導修行，守五戒、吃全齋，成為一位在家的出家人，便又開始構思另一長篇《娑婆世界》。

《紅塵》構思了十三、四年我纔動筆，先後費時兩年完成。《娑婆世界》構思六年，一九九八年三月二十八日開筆，一九九八年十二月十六日完稿，一九九九年五月一日補充定稿，一九九九年十一月由臺北昭明出版社出版。這是我唯一未發表、未預支一文稿費的五十來萬字的長篇，但也是封面設計、印刷、發行最滿意的一部長篇。

自《紅樓夢的寫作技巧》出版到現在，這三十多年來，我祇寫了《紅塵》、《娑婆世界》兩部大長篇，外加《全唐詩尋幽探微》、《全唐宋詞尋幽探微》、《全宋詩尋幽探微》，和《紅塵心語》、《年年作客伴寒窗》、《小園昨夜又東風》、《大陸文學之旅》四本散文集。與我第一次四十歲時自動從軍中退役後五、六年時間出了二十本書相較，我這十五年的退休寫作成績是遜色多了，但是這十五年之間的作品都是我最稱心的。我有退休金，不為稻粱謀而寫作，一直是我夢寐以求的，我的清修生活、研究工作也使我活得更充實、愉快。我雖已八十高齡，並未老態龍鍾，仍然行如風，身體柔軟度一如五十歲時。

因為昭明出版社除了要出版我一系列的長篇《娑婆世界》、《紅塵》、《白雪青山》、《滾滾長江》、《春梅小史》、《月落烏啼》和散文集、短篇小說集數冊外，還要出《紅樓夢的寫作技巧》、《張本紅樓夢》。除了長篇小說我一律加上對聯標題的章目外，我更仔細地將大陸版的《張本紅樓夢》重新逐回校正，首先是補正那漏排的六百字，補充修訂了〈論曹雪芹思想與紅樓夢的寫作技巧〉專文，也將原第七回回目「送宮花賈璉戲熙鳳　宴寧府寶玉會秦鐘」，修訂為「服藥丸寶釵說奇方　送貴客焦大揭瘡疤」；第八回「賈寶玉奇緣識金鎖　薛寶釵巧合識通靈」下聯改為「林黛玉慧口展機鋒」。這完全是依據內容多少、輕重、虛實、標題與內容是否切合而修訂的。如大陸版的《張本紅樓夢》的第十四回回目「林如海靈返蘇州郡　王熙鳳協理寧國府」，我修訂為「王熙鳳威鎮寧國府　賈寶玉路謁北靜王」。第二十八回「蔣玉菡情贈茜香羅　薛寶釵羞籠紅麝串」，修訂為「林黛玉奇才逞口舌　薛寶釵殊寵獲麝珠」。第三十一回回目「撕扇子千金一笑　因麒麟伏白首雙星」，修訂為「撕扇子佳人終歡笑　失麒麟公子最憂心」。我在四百七十二條批註中還有說明。這次我重新仔細研讀大陸版《張本紅樓夢》，除了將原有的批註補充了一些文字外，又增加了一〇一條批註，總共五百七十三條批註。其他方面的修訂，見大陸版原序，不贅。但我在《紅樓夢的寫作技巧》與《張本紅樓夢》上所費的時間、精力、心血，不下於《紅塵》這部大長篇拙作。

我國文學名著如《三國演義》、《水滸傳》、《儒林外史》、《西遊記》等，早已家喻戶曉，都是足以傲視世界的文學作品，《金瓶梅》除了寫兩性關係過於赤裸外，也有其社會價值，《查泰萊夫人的情人》不可同日而語。但那些文學鉅著，如以「思想境界」而言，則不能與《紅樓夢》相提並論。文學價值的判斷，不止於文學創作技巧，最重要的是「思想境界」，「思想境界」的高低，決定文學價值的高低。《紅樓夢》的作者曹雪芹，醫、卜、星、相、琴、棋、書、畫、詩、詞、歌、賦，無所不通，更通儒、釋、道三家思想，所以《紅樓夢》的文學價值更高，而且是百分之百的創作。曹雪芹自己雖未修行得道，但從作品中可以看出他已真正「悟道」。何謂「道」？一陰一陽之謂道。「道」就是宇宙自然法則與陰陽變化之理。是科學而又超科學，是哲學而又超哲學的。佛道兩家思想是提升人生觀為宇宙觀的基石，但不是那種宮、觀、土地廟、水月庵、葫蘆寺，更不是見了木頭、石頭就拜的民間宗教信仰。老子講「為無為」、釋迦牟尼講無相，他說：「一切有為法，如夢幻泡影。」他們兩位大聖人的思想息息相通。西方哲學是物質思維，到達不了這種精神層次，所以西方產生不出曹雪芹這種作家，《紅樓夢》這種作品。二十世紀以來，我們一切都學西方，所以我們的文學作品也談不上思想境界，作家連詩、詞、對聯都不會作，所以連小說的對仗回目都廢了，這是文學的倒退，不是進步。西方作家不會我們的詩、詞不足為怪，因為多音節的文字辦不到。我們學西洋詩則是取法乎下。至於思想境界，西方作家也止於物質思維層次，無法進入非物質層次，連人生觀都是很現實的。當年海明威的四、五萬字的中短篇小說《老人與海》得諾貝爾文學獎，臺灣有頭臉的文人跟著捧場，甚至當時的政治領袖人物也隨風起舞，大有鼓勵我們的作家向海明威學習之意，不久前還有一位走紅的政治明星公開說中南美小島國家都有人得諾貝爾文學獎，我們卻沒有人得過獎，暗諷我們的詩人作家不爭氣。不知道他懂甚麼文學？

我從民國六十一年十二月五日在《中央日報副刊》發表的〈關於紅樓夢的寫作技巧〉文中就

說：

「對於《老人與海》和《異鄉人》這兩部不過幾萬字的中篇小說，我曾花了一點功夫研讀，讀過之後，我祇覺得他們不過是美國作家、法國作家而已，就作品而論，不客氣地說，年輕人學他們實在是取法乎下。丟掉自己的金飯碗去向別人討飯，實在太不智了。」

今天我還是希望我們的作家，要擦亮我們自己的金飯碗，不必向別人討飯。而且光在文學方面下功夫還不夠，應該向哲學方面多努力，那是取之不盡的，可以提升人生觀到宇宙觀，從物質思維層次，提升到非物質的精神思維層次。

我修訂批註《紅樓夢》就是擦亮這隻金飯碗，三十多年前我就在做這個工作。放眼二十世紀諾貝爾文學獎作品，沒有一本足以與《紅樓夢》相比，也沒有一本值得我花這麼多時間研究，有的書我沒有看到一半就丟進字紙簍了。

我不是狂人，更非妄人。在現實生活方面，我無欲無求，不與人爭，但在文學創作與思想境界方面，我的想像空間很大。不過我一直奉老子的「生而不有，為而不恃，長而不宰」這三句話為圭臬，我沒有悉達多王子那種一生下地就說「天上天下，唯我獨尊」的氣概。但我也有我的自信心、我的堅持。我生於憂患和戰爭歲月，閻王不收，活了八十歲，寫了六十年，一直是單人匹馬，既非「四人幫」，也非「三人幫」、「兩人幫」，我是「一行人」，但不是阿Q和唐吉訶德，我一向從善如流，見賢思齊，但也未迷失過自己。最近我寫了一首七絕：

兩耳風聲兼雨聲，千山萬壑一人行。
低吟淺唱疑無路，一曲高歌神鬼驚。

去年戊寅立春我也寫過一首七律：

春去秋來歲月更，但添華髮未添丁。
前門拒虎曾披甲，後院鬩牆不用兵。
百尺浪高浮大海，千山風起上天坪。
無為無相無恩怨，揮手雲天步步輕。

我為甚麼引這兩首絕、律詩？不是畫蛇添足嗎？不是。那首七律詩是我一生的經歷和心路歷程，七絕是我六十年的寫作過程和心聲。我要告訴讀者和青年作家的是：文學創作比甚麼都難，不要被「作家」這頂帽子弄得暈頭轉向。「作家」這頂帽子也可以壓死人，如日本作家川端康成就是被諾貝爾文學獎壓死的。因為他患得患失，沒有老子「生而不有，為而不恃，長而不宰」的胸襟，沒有佛家的「無智亦無得」的涵養，他祇是一位日本作家而已，與曹雪芹不能相提並論。日本原來深受中國文化影響，連續千年，明治維新以後纔全面接受西方功利思想，文學亦逐漸商業化。二次大戰以後，又完全受美國操控，敗戰投降之初，美國黑人大兵以一條香菸就可以將日本良家女帶進旅館。日本精神文明自然崩潰。作家亦唯利是圖，尤其是所謂推理小說作家，平均年收入往往名列全國前十名，尤以松本清張為最。川端康成還不是這類流行作家，但他缺少精神支柱，抗力大小，一如他瘦小的身體，經不起大風大浪。一方面是年輕作家的創作壓力，一方面是諾貝爾桂冠的壓力，自己又寫不出新的作品，日本人本來就多自殺傾向，川端康成也走上了這條路，在我看來實在有些可笑、可悲。他死的時候大約還未過七十歲？但比我現在的年齡小得多，這點可以確定，如此蹧蹋生命也實在可惜！如果他像曹雪芹那樣深通儒、釋、道三家思想，祇為自己的理想和心願寫作，不為名利，不考慮甚麼諾貝爾，他就不會自殺。我的創作環境和經濟條件比日本一般作家和川端康成差得太多。在日本人侵略我們的時候，不論在前方後方，我都在鬼門關前。武昌地毯式的轟炸，我是少數死裏逃生者之一。浙贛戰役，日本侵略軍又逼我抱著兩、三個月大的孩子，在炎陽下長途逃命，孩子的前額曬起一粒粒的水泡，內人哭哭啼啼。在贛州編報時，晚上空襲，用黑布遮住窗口，在桐油燈下作標題、搶時間，天一亮就向郊外跑，無法睡覺，心都快跳出口腔來，最後日軍侵略贛州，我又揹著兩個一歲、三歲的孩子在嚴寒的風雪中向北逃亡六、七百里，全靠兩條腿。但不論是在防空洞裏、樹陰下、人家的屋簷下，我隨時一句句、一點一滴地寫下來，完全沒有考慮到稿費。臺灣光復以後，最初十年，我連一張書桌都沒有，床鋪、板凳上照樣寫。當我遭遇重大難關，重重挫折時，我便想到曹雪芹那種不為名利，生死以之的創作精神。我從來不以任何外國作家作為我的榜樣，更別說川端康成、海明威、卡謬……這些諾貝爾獎的作家了。如果不是曹雪芹那種不為名利、生死以之的創作精神和儒、釋、道三家思想作為我的精神支柱，我就寫不出《紅塵》，更寫不出《娑婆世界》。我不但要自己寫，三十多年前就開始為曹雪芹這位前輩盡一己棉薄。曹雪芹不是科舉出身，我也不是文學系出身，但我十歲以前讀的書，文學系的學生都沒有讀那麼多，而且我還整本、整本地背得滾瓜爛熟。文學系並非真正的文學殿堂，《紅樓夢》纔是莊嚴華麗的文學殿堂，而且我以六十年的創作心血為這座殿堂加了工。有緣人、有心人可以隨時進去，不收學費，沒有任何限制、任何禁區，但其中寶藏豐富，取之不盡，不會空手而出，比唸四年大學要經濟、實惠得多。今天臺灣的閱讀環境、創作環境又比早年自由、方便得太多太多，我寫《紅塵》時還未解嚴，處處小心，句句斟酌（我揹著七口之家，一路走來，責任太重，孤軍奮鬥，無人替代）。不然《紅塵》的內容會更豐富，篇幅也會更多。

文學是慧業，不是商業，基本上是「予」而不是「取」。所謂「實至名歸」，那也是副產品。曹雪芹「取」了甚麼？他甚至不知道自己的作品出版了！但他留給我們後人的是一份寶貴的文學遺產。我的《娑婆世界》在大熱天揮汗寫作，也沒有預支一文稿費，《紅塵》也不是為稿費而寫的。如果我不想寫，不該寫的作品，別人出再多的稿費我也不會寫，但今天的臺灣也充滿了美國人的功利思想，這對文學是有害無益的。我敢大膽地說：美國很難產生偉大的作家、偉大的作品。除非他們具足深湛的思想，尤其是洞悉人生的真相。因為文學需要優良深厚的文化土壤，美國還不具備這種條件，中國則得天獨厚。美國好萊塢流行文化，是感官文化，而且會使人性獸性化。中國文化中的儒家思想，是以人為本，是王道文化。而佛道兩家思想自然涵蓋人文，卻以宇宙為中心，早已超越物質思維層次，提升人生觀為宇宙觀了，使文學的發展空間更大。《紅樓夢》提供了一個模式。拙作《紅塵》提供了另一模式，《娑婆世界》則更具體地融入佛道哲學思想。佛道兩家思想取之不盡，用之不竭，變化萬千，運用之妙，存乎一心。我們的作家何必捧著金飯碗討飯？取法乎下呢！這是我寫《紅樓夢的寫作技巧》，創作《紅塵》、《娑婆世界》，以及早在民國五十四年就已出版的《白雪青山》的原因。修訂批註《張本紅樓夢》，更是對前輩作家曹雪芹和廣大讀者的無私奉獻。有生之年，我不會停止創作，十年八年之後會再有長篇問世，我不會像川端康成那樣踐踏生命，我早已寵辱不驚，我活得自由自在，寫得自由自在，盡自己的責任，迴向讀者就好。希望若干年後，會產生曹雪芹那樣的作家、《紅樓夢》那種作品，甚至更好的作家、更好的作品。我祇是一塊墊腳石而已。

最後我要強調的是：曹雪芹是旗人，以漢族為中心而形成的博大精深的中華文化、文學，孕育出曹雪芹，曹雪芹也豐富壯大了中華文化、文學。我真希望後人能踮著我這塊墊腳石，登上中華文化、文學的最高峰！

民國八十八年（一九九九）十二月二十七日，於北投紅塵寄盧中華古典詩詞研究所

民國八十九年（二〇〇〇）元月十一日上午四時三十五分，定稿於紅塵寄盧

民國八十九年（二〇〇〇）五月三十一日，校正定本

《張本紅樓夢》大陸版原序

曹雪芹寫《紅樓夢》，費時十年，增刪五次，可謂苦心經營。但是直到他死，《紅樓夢》並未真正完成，更未經他校正出版。前八十回由藏書家抄錄傳閱，幾達三十年，雖有一百二十回回目，但後四十回殘稿，是程偉元多方蒐羅，重金購得，並經高鶚輯補，始完成一百二十回本，也就是現在流行的《程乙本》。《程乙本》出版之前還有《程甲本》、《戚本》、《庚辰本》、《甲戌本》。這些坊間繕本及諸家所藏祕稿，「繁簡歧出，前後錯見」。這是必然的道理。即以程乙本而言，矛盾紕繆仍多，但這很少是程偉元、高鶚的責任（他們兩人之於曹雪芹，可說是死人而肉白骨）。這祇怪曹雪芹死得太早，他沒有一部完整的手稿留下來。他寫這部鉅著時正是他窮愁潦倒，甚至三餐不繼的時候，即使是他留下來的這個一百二十回本，我們又何忍苛責？像《紅樓夢》這樣一部篇幅巨大的傑作，千頭萬緒，自然會有照應不周的地方。凡是瞭解創作甘苦的人，都會同情、尊敬曹雪芹的。今天我們能接受這部文學遺產，我們不僅要感謝曹雪芹，也要感謝程偉元和高鶚。胡適先生雖在文學創作方面沒有多大貢獻，但他能考證出《紅樓夢》的「著者」和

「本子」兩個問題的答案，也是了不起的功勞，不然曹雪芹和《紅樓夢》還不知道要被那些「歪纏」的「考據家」歪到甚麼地步呢！

我不是考據家。我之熱愛《紅樓夢》完全是從文學創作觀點出發。在拙著《紅樓夢的寫作技巧》一書（臺灣商務印書館出版舊刊，昭明出版社修訂新版）的前言裏，我已經說明了這一點。現在我修訂批註《紅樓夢》，也是基於這一觀點。當時，諸如《紅樓夢》中重要人物的年齡問題，是不能臆斷的。同時，我修訂批註《紅樓夢》的動機，也是在一九六六年寫《紅樓夢的寫作技巧》時觸發的。對於這一偉大傑作，既然發現它有些瑕疵，為甚麼不再花些時間修訂一下，使它更完美呢？但我當時的情形與曹雪芹當年也不相上下。曹雪芹是以賣畫來勉強維持生活、寫《紅樓夢》的。我不會畫，祇好寫短篇小說應急，那有餘力來修訂《紅樓夢》呢？所以修訂工作便拖了下來。幸而我比曹雪芹癡頑長壽，終於能完成修訂的工作。至於修訂得是否盡善盡美？我不敢講那種大話，我祇是盡心盡力而為，同自己創作時毫無兩樣。如果我的修訂、批註能對前輩曹雪芹和以後的讀者有些微的貢獻，我也就心安了。

《紅樓夢》篇幅巨大，千頭萬緒，修訂可真不容易。才高如作者曹雪芹，尚且顧此失彼，而合程偉元與高鶚兩人之力輯補，仍難免矛盾紕繆；不才如我，又如何著手進行呢？

首先，我從大處著手，也就是從結構方面開始。

《紅樓夢》的整個大結構可以說是天衣無縫的。甄士隱、賈雨村是兩個穿針引線的人物，《紅樓夢》的故事由他們展開，亦由他們歸結。出自青埂峰的頑石，仍歸於青埂峰下，前後呼應，絲絲入扣，毫無破綻。那我在這方面還有甚麼插筆的餘地呢？在整個大結構方面那是動不得的，不但牽一髮而動全身，也完全沒有必要，我著眼的地方是章回之間的調整。

章回小說有它的長處，長處之一是每一回前面有文字對稱的回目，凡是長於對聯的老手，回目也擬得特別漂亮吻合，讀者一看回目，就可以想見這一回的內容，這對讀者是一種便利。不過章回小說也有它的缺點。缺點之一是，回與回之間多半界限不清，而且拖著一個「欲知後事如何，且聽下回分解」的尾巴，因而演變成一種俗套，不夠乾淨俐落。《紅樓夢》是章回小說，它有別的章回小說沒有的優點，但也難免一般章回小說的這一缺點。因此，有些章回之間界限不清，凡是跨前延後的，我都重新調整。「欲知後事如何，且聽下回分解」之類的俗套一概取消，另行銜接。現在將所調整的章回逐一說明。

第一回「甄士隱夢幻識通靈，賈雨村風塵懷閨秀」是到賈雨村差人傳話，甄士隱岳父封肅聽了嚇得目瞪口呆為止。後面還有一大段文字與「賈雨村風塵懷閨秀」有重大關係，而與第二回「賈夫人仙逝揚州城」毫無牽連，作者卻把它拖入第二回。因此，我將賈雨村娶甄士隱的丫頭嬌杏，並將她扶作正室這段文字移到第一回，到「偶因一回顧，便為人上人」止。這與「賈雨村風塵懷閨秀」這個回目纔相吻合。而將原來銜接兩回之間的「不知……陪笑啟問」這二十九個字刪掉。

第二回「賈夫人仙逝揚州城，冷子興演說榮國府」，與第三回「托內兄如海薦西賓，接外孫賈母惜孤女」之間出入不大，為了乾淨俐落，我將第二回「冷子興演說榮國府」之後，「於是二人起身……」這一小段移作第三回開頭，以吻合「托內兄如海薦西賓」的故事。刪掉了原來銜接兩回之間的十九個字。

第三回黛玉到了賈府之後，「次早起來」就遇著王夫人和熙鳳議論薛姨媽等進京之事，這一段文字作者留在第三回不如移作第四回開頭好，因為第四回「薄命女偏逢薄命郎，葫蘆僧判斷葫蘆案」是敘述薛蟠因事爭奪英蓮而倚財仗勢打死了人舉家進京的，這也就是黛玉進賈府之後，寶釵跟蹤而至，這是第四回的事，與第三回「接外孫賈母惜孤女」無關，所以我作了這一調整。刪掉了原來銜接三四兩回的「之意」到「王夫人處」二十一個字，保留了其中「黛玉」兩字。

第四回、第五回之間沒有調整，祇刪掉「日後如何……此回暫可不寫了」這些銜接的字。

第五、六、七、八、九、十一、十二回之間都保持原狀。第十二回是「王熙鳳毒設相思局，賈天祥正照風月鑑」。這一回作者寫得十分精彩，但他沒有在賈瑞喪葬之後剎住，拖了「誰知這年冬底……」的尾巴。我將「誰知」二字刪去，移作第十三回開頭。

第十三、十四回之間沒有調整，而將第十五回開頭至「方讓北靜王過去，不在話下」這一大段文字移到第十四回後面。因為第十四回下面是「賈寶玉路謁北靜王」，這段寫他們兩人相見的文字自然不應該放在第十五回的「王鳳姐弄權鐵檻寺」部分了。

第十五、十六、十七回之間沒有變動，而將第十八回開頭「話說彼時有人回」至「連年也不能好生過了」這一段移到第十七回寫「榮國府歸省慶元宵」的準備工作後面去了，這樣顯得緊湊一些。

第十八、十九、二十、二十一、二十二、二十三回之間保持原來章法，而將二十四回開頭至「香菱便去了，不在話下」這段文字移到第二十三回後面，將原來兩回之間的銜接文字「及至回頭一看……忽有人從背後拍了一下」刪去。

第二十五回開頭至「眾人祇說她是身子不快，也不理論」，這段文字是寫「癡女兒遺帕惹相思」的，與二十五回「魘魔法叔嫂逢五鬼」毫無關聯，所以我把它移接第二十四回描寫小紅癡情的文字後面，刪去原來銜接兩回之間的四十四個字。

第二十五、二十六回之間未動，而將第二十七回開頭至「一宿無話」這段描寫「瀟湘館春困發幽情」的文字移到第二十六回後面，因為它與第二十七回「滴翠亭楊妃戲彩蝶」無關，並刪去原來銜接兩回之間的三十個字。

第二十八回開頭至「寶玉聽了，又是咬牙，又是笑」這好大一段文字，我將它移到二十七回「埋香塚飛燕泣殘紅」後面，並將開頭的「話說林黛玉」至「不覺慟倒山坡上」這一段文字刪去，而且二十八回的回目我也有更改，這點留待後面再談。

第二十九回開頭至「又不好說的」的一段，我將它移到第二十八回後面，刪掉了原來銜接兩回之間的三十八個字

第三十回開頭至「說的滿屋裏都笑了起來」，這好大一段是描寫「多情女情重愈斟情」的，所以移到二十九回後面。曹雪芹在這裏又妙筆生花，尤其是寫鳳姐取笑寶玉、黛玉，簡直妙到毫巔，如：「有這會子拉著手兒哭的，昨兒為甚麼又成了烏眼雞似的呢？」「倒像黃鷹抓住鷂子的

腳，兩個人都扣了環了。」作者將寶玉、黛玉「慪氣」與「和好」的兩種情態畫龍點睛了。

第三十、三十一回之間沒有調整。第三十二回開頭至「倒是丟了印平常，若丟了這個，我就該死了」。這一小段移到三十一回後面，刪去原來銜接兩回之間的二十二個字。三十一回的回目也修改了，為何修改，後面再說。

第三十二、三十三、三十四、三十五、三十六、三十七、三十八、三十九、四十回之間都沒有調整。

第四十一回開頭至「也就不要佛手了」共約三千字，是寫「金鴛鴦三宣牙牌令」，鳳姐她們戲弄劉姥姥的，與四十一回「賈寶玉品茶櫳翠庵」沒有關係，所以我移到四十回後面，刪去原來銜接兩回之間的四十九個字。

第四十二回開頭到「直送劉姥姥上車去了，不在話下」這一段共有三千多字，是寫劉姥姥的，與四十一回「劉姥姥醉臥怡紅院」一脈相承，而與四十二回「蘅蕪君蘭言解疑癖」沒有一點牽連，所以我把它移到四十一回後面，將原來銜接兩回之間的二十八個字刪去。

第四十二、四十三回之間未動。

第四十四回開頭至「鴛鴦方笑了散去，然後又入席」這八百來字是屬於四十三回「閒取樂偶攢金慶壽，不了情暫撮土為香」範疇內的，是寫大家為鳳姐祝壽，所以我將它移到四十三回後面，刪去原來銜接兩回之間的二十七個字。

第四十四、四十五、四十六回之間都沒有調整。

第四十七回開頭至「此二日間無話」這三十多字是寫賈赦要鴛鴦作妾，鴛鴦不肯，所以我把它移到四十六回「鴛鴦女誓絕鴛鴦偶」的文字後面，因為它和第四十七回「獃霸王調情遭苦打」不相關連。原來銜接兩回之間的二十六個字刪去。

第四十八回開頭至「愧見親友」這二十幾個字移到四十七回後面，而將原來銜接兩回之間的二十個字刪去。

第四十九回開頭至「還祇管問黛玉、寶釵等」是寫「慕雅女雅集苦吟詩」的，所以我把它移到四十八回後面，而將原來銜接兩回之間的十二個字刪去。同時這一回後面自「平兒戴鐲子時」起是和第五十回「蘆雪亭爭聯即景詩」有關，而與四十九回「脂粉香娃割腥啖膻」反而脫輻，所以我把它移作第五十回開頭，而將原來銜接兩回之間的二十二個字刪去。

第五十、五十一回之間沒有調整，而將五十二回開頭至「說的眾人都笑了」這段文字移到五十一回後面，刪去原來銜接兩回之間的十九個字。又將五十三回開頭至「參贊朝政不提」這段文字移到五十二回後面，刪掉了原來銜接兩回之間的十二個字。

第五十四回開頭至「又命將各樣果子、元宵等物拿些給他們吃」，這兩千多字是寫「榮國府元宵開夜宴」的，所以將它移到五十三回後面，刪去原來銜接兩回之間的二十八個字。

第五十四、五十五、五十六回之間未動，而將五十七回開頭至「回任去了，無話」這一小段移至五十六回後面，刪去原來銜接兩回之間的十四個字。

第五十七、五十八、五十九回之間未動，而將六十回開頭至「平兒去了，不提」這一小段移到五十九回後面，刪去原來銜接兩回之間的十七個字。

第六十、六十一回之間未動，而將六十二回開頭至「自己氣的夜裏在被內哭了一夜」約千字左右移到六十一回後面，因為它寫的是「判冤決獄平兒行權」，而與六十二回「憨湘雲醉眠芍藥裀」無關，刪去原來銜接兩回之間的十八個字。

第六十二、六十三回之間未動，而將六十四回開頭至「相幫龍氏料理」移到六十三回後面，並刪去原來銜接兩回之間的十七個字。

第六十四、六十五回之間亦未調整，而將六十六回開頭至「自是不消惦記」約二千字移至六十五回後面，因為這大段文字是寫「尤三姐思嫁柳二郎」的，原來銜接兩回之間的三十六個字刪去。

第六十六、六十七、六十八回之間未動，而將六十八回「且說鳳姐進園中」這一小段移作六十九回開頭，刪去原來銜接兩回之間的十九個字。並將七十回開頭至「尤氏婆媳而已」這一小段移到六十九回「覺大限吞生金自逝」後面，刪去原來銜接兩回之間的三十九個字。作者寫鳳姐的陰狠毒辣，除了十二回「毒設相思局」整死賈瑞外，六十九回「弄小巧用借劍殺人」又逼死尤二姐，兩種手法，異曲同工。

第七十回「展眼已是夏末秋初。一日，賈母處兩個丫頭，匆匆忙忙來叫寶玉」。這一小段文字移作七十一回開頭，原來銜接兩回之間的二十五個字刪去。

第七十一、七十二回之間未動。七十三回開頭至「不在話下」一小段移至七十二回後，原來銜接兩回之間的三十一個字刪去。

第七十一、七十二回之間未動。七回開頭至「不在話下」一小段移至七十二回後，原來銜接兩回之間的三十一個字刪去。

第七十三、七十四、七十五、七十六、七十七、七十八回之間都沒有調整。

第七十九回開頭至「與方纔黛玉無言相對」這一千多字是寫「癡公子杜撰芙蓉誄」的，與七十九回「薛文起悔娶河東吼」無關，所以移到七十八回後面，而將原來銜接兩回之間的三十八個字刪去。七十九回後面「一日，金桂無事」起這一段文字是八十回「美香菱屈受貪夫棒」的契機，因此移到八十回的開頭，將原來銜接兩回之間的十六個字刪去。

第八十、八十一、八十二回之間都沒有調整。八十三回開頭至「說著，上車而去」共約四千字，是寫「病瀟湘癡魂驚惡夢」的，因此移到八十二回後面，而將原來銜接兩回之間的「探春纔要走」至「話說」這二十五個字刪去。

第八十四回開頭至「過兩日看罷了」是寫夏金桂「鬧閨閫薛寶釵吞聲」，與八十四回「試文字寶玉始提親」無關，移到八十三回後面，刪掉銜接兩回之間的「要知後事如何，下回分解」及「薛姨媽」上面的「卻說」和下面的「一時」等十四個字。

第八十五回開頭至「兩邊結怨比從前更加一層了」是寫「探驚風賈環重結怨」的，因此移到八十四回後面，而刪掉兩回之間的四十二個字。

第八十六回開頭至「小廝答應出來」，是緊接八十五回小廝與薛姨媽對話的，不宜分作兩回，因此移到八十五回後面，而將銜接兩回之間的二十八個字刪去。另保留「薛姨媽」三字，以便重新銜接。

第八十七、八十八回之間沒有調整，而對八十八回後「鳳姐因庭中之事……」一段移到八十九回開頭，而將原來銜接兩回之間的三十一個字刪去。

第九十回開頭至「方各自散了」這三千來字完全是寫「蛇影杯弓顰卿絕粒」，作者對林黛玉是一步步逼，這一回林黛玉差一點因疑送命，而賈母、鳳姐一拉一唱，大局已定，回天無力。這三千來字，與「失綿衣貧女耐嗷嘈」無關，因此移到八十九回後面，刪去原來銜接兩回之間的三十五個字。而九十回後面「正在不得主意的時候……」這三十幾個字我又移作九十一回「縱淫心寶蟾工設計」的開頭，刪去原來銜接兩回之間的二十二個字。本來第九十回可以取消，上半併入八十九回，下半併入九十一回，但為維持回目勻稱，仍然保存（請參考眉批）。

第九十一、九十二、九十三、九十四回之間都沒有調整，而將九十五回開頭至「直想到五更方睡著」這一千八百來字移到九十四回後面，因為這些文字是寫「失寶玉通靈知奇禍」的，這是《紅樓夢》的一個重要關鍵，是寶玉、黛玉、寶釵三角關係的轉折點。失寶玉以後，寶玉就瘋癲糊塗了，所以後來賈母、鳳姐纔能用偷樑換柱的辦法使寶玉寶釵成親，也終於送了黛玉的命。原來銜接兩回之間的二十七個字刪去。

第九十六回開頭至「賈寶玉弄出假寶玉來了」是寫「以假混真寶玉瘋癲」的，所以移到九十五回後面，而將原來銜接兩回之間的二十六個字刪去。

第九十六、九十七、九十八回之間都未調整，而將九十九回開頭至「此是後話，暫且不提」這一千五六百字移到九十八回後面，並將原來銜接兩回之間的五十二個字刪去。

第一百回開頭至「然後住著等信」是寫「閱邸報老舅自擔驚」的，所以移到九十九回後面，而將原來銜接兩回之間的十八個字刪去。

第一〇一、一〇二、一〇三、一〇四、一〇五、一〇六、一〇七、一〇八回之間均未調整，而將一〇九回後面「自賈母病勢日增」起這一千多字移到一一〇回開頭，因為這些文字與「還孽債迎女返真元」無關。迎春之死，寫到「竟容孫家草草完結」就恰到好處。以後這些文字是寫「史太君壽終歸地府」的，作一一〇回起頭也正好，原來銜接兩回之間的二十二個字也刪去。同時將一一一回開頭至「幸得幾個內親照應」這一段寫「王鳳姐力拙失人心」的文字移到一一〇回後面。作者寫鳳姐前後料理兩次大喪事寫得都好，而鳳姐卻前後判若兩人。第一次料理秦可卿的喪事是出盡鋒頭，抖夠威風；這次料理賈母喪事卻受盡委屈，窘態畢露。真是「得食的貓兒強似虎，敗翎的鸚鵡不如雞」。時移勢易，鳳姐也莫可奈何，可見作者處理任何事都游刃有餘。原來銜接兩回之間的五十個字刪去。

第一一一、一一二回之間未動。一一三回開頭至「於是反倒悲切」，是寫「死讎仇趙妾赴冥曹」的，因此移到一一二回後面，刪掉銜接兩回之間的六個字。

第一一三、一一四、一一五回之間未作調整，而且一一五回後面自「一日，又當脫孝來家」起，共約一千六、七百字，移作一一六回的開頭，這些文字與一一六回「得通靈幻境悟仙緣」息息相關，不宜隔開。原來銜接兩回之間的二十二個字刪去。

第一一六、一一七、一一八回之間均未調整。而將一一九回開頭至「各自回房中去了，不提」，移到一一八回後面，這一段文字是「驚謎語妻妾諫癡人」的餘緒，不宜割裂。原來銜接兩回之間的五十個字刪去。

第一一九回與一二〇回之間未動。

以上是我修訂《紅樓夢》在章回之間所作的調整的一個簡單說明。

其次，我要說到回目的修訂。

《紅樓夢》的回目在對仗方面十分工穩，如：

情切切良宵花解語　意綿綿日暖玉生香（第十九回）

王熙鳳正言彈妒意　林黛玉俏語謔嬌音（第二十回）

滴翠亭楊妃戲彩蝶　埋香塚飛燕泣殘紅（第二十七回）

這些回目都可圈可點。我要修訂的不是文字本身，而是針對內容更改回目，使它有暗示性，代表性。如第十四回原來的回目是：

林如海靈返蘇州郡　賈寶玉路謁北靜王

在文字方面十分工穩，可是與內容不太切合。林如海在《紅樓夢》的人物中沒有甚麼重要地位，尤其是在第十四回中與王熙鳳相比更微不足道，祇不過是昭兒說：「……二爺帶了林姑娘，同送林姑老爺的靈到蘇州……」實際上祇是一句話，而作者並沒有寫出林如海的靈柩如何護送到蘇州的。如果他有秦可卿的靈柩到鐵檻寺的那種盛大場面，那「林如海靈返蘇州郡」還有存在的必要，但是作者並沒有給他那種榮耀，而王熙鳳在這一回中，卻有無比的重要性。她到寧國府料理秦可卿的喪事是先聲奪人，寧國府總管賴陞聽委了她就傳齊同事人等說：

如今請了西府裏璉二奶奶管理內事，倘或她來支取東西，或是說話，小心伺候纔好。每日大家早來晚散，寧可辛苦這一個月，過後再歇息，別把老臉面扔了。那是個有名的烈貨，臉酸心硬，一時惱了，不認人的。

第十四回一開始，曹雪芹就以生花妙筆，造成雷霆萬鈞之勢，鳳姐在這一回的聲威是何等駭人?而她處事更是快刀斬亂麻，點名時一人遲到，她便來個下馬威：

「明兒他來遲了，後兒我也來遲了，將來都沒有人了!本來要饒你，衹是我頭一次寬了，下次就難管別人了，不如開發了好。」登時拉下臉來，叫：「帶出去打他二十板子。」

眾人拉出去照數打了，她還叫賴升罰他一個月的錢糧。

一個亂糟糟的寧國府，她一下就整下來了。這樣的王熙鳳在第十四回中豈可不佔半個回目?因此我將「林如海靈返蘇州郡」改為「王熙鳳威震寧國府」。而第十四回目就變成：

王熙鳳威震寧國府　賈寶玉路謁北靜王

雖然十三回有「王熙鳳協理寧國府」，但那是協理，而且衹是在最後纔決定由鳳姐來「協理」，如何「協理」?沒有交代。到十四回作者纔以生花妙筆來表現鳳姐的「聲威」。這是作者刻意經營的一件事，十分重要，所以我纔這樣修正。作詩作文尚且不可以辭害意，小說更是如此，我們怎可忽略這一重要事實?

再說第二十八回。第二十八回原來的回目是：

蔣玉菡情贈茜香羅　薛寶釵羞籠紅麝串

蔣玉菡是個唱小旦的乾旦，因為在馮紫英家陪寶玉他們喝酒行令，蔣玉菡說了一句「花氣襲人知晝暖」，被薛蟠訛著罰酒，隨後又怕得罪寶玉，乘寶玉出來解手時跟了出來，寶玉送了他一個玉玦扇墜，他送寶玉一條大紅汗巾子，寶玉又將一條松花汗巾送他，如此而已。篇幅甚少，而蔣玉菡在《紅樓夢》中不是重要人物，在二十八回也沒有黛玉重要。雖然這件事是以後襲人嫁他的伏筆，但那是後事，作者對他們的婚姻也是簡單地作個交代而已。而林黛玉在這一回裏卻表現了無比的機智與口才，加之這一回是曹雪芹借元春送禮物暗示黛玉與寶玉的婚姻不可能，將來與寶玉結婚的不是她而是寶釵，因為寶釵所得的禮物與寶玉的完全一樣，黛玉的祇和迎春、探春、惜春三姊妹的一樣。這也是曹雪芹的一大伏筆，可謂伏筆千里。後來結局果然如此，這是何等重要的事？對林黛玉、薛寶釵又有多大的意義？二十八回回目以林黛玉與薛寶釵相提併稱，不比以蔣玉菡與薛寶釵放在一起更恰當嗎？我們且看林黛玉在這一回的機智與口才吧：

先是王夫人問黛玉吃藥的事，寶玉乘機胡謅了一個古怪藥方，說是薛蟠求了他一兩年纔給他，薛蟠花了上千銀子纔配成。他怕王夫人不信，叫王夫人問寶釵。寶釵笑著搖頭說不知道，也沒聽見。王夫人笑說寶釵是好孩子，不撒謊。黛玉用手羞寶玉。

隨後賈母的丫頭叫寶玉、黛玉吃飯，黛玉不叫寶玉便和丫頭去了。寶玉要跟王夫人吃，寶釵笑道：

「你正經去吧，吃不吃隨著林妹妹走一趟，他心裏正不自在呢。何苦來？」

寶玉說：

「理他呢，過一會就好了。」

寶玉這句話招來了很快的報復。飯後，他匆匆趕到賈母這邊來，看見黛玉正裁東西，笑道：

「哦，這是做甚麼呢？纔吃了飯，這麼控著頭，一會子又頭疼了。」

黛玉並不理他，有一個丫頭說：『那塊綢子角兒不好呢。』要他再熨，他把剪刀一撂說：

「理他呢，過一會子就好了。」

黛玉不起稿兒，撿現成的話以牙還牙，真是伶嘴俐舌。

寶玉自討沒趣，寶釵又來了，她看黛玉裁衣，笑道：

「越發能幹了，連裁鉸都會了。」

黛玉又借題發揮，一語雙關地說：

「這也不過是撒謊哄人罷了。」

寶釵又笑道：

「我告訴你個笑話兒，剛纔為那個藥，我說了個不知道，寶兄弟心理就不受用了。」

黛玉道：

「理他呢，過一會子就好了。」

這種以其人之道還治其人之身，而且一石二鳥，真是慧心利口。林黛玉這樣的機智口才，十二金釵無出其右，所以我將二十八回回目改為：

林黛玉奇才逞口舌　薛寶釵殊寵獲麝珠

元妃送禮物，祇有寶釵與寶玉一樣，得了紅麝香珠等珍品，別人都沒有，這自然是殊寵了。這也說明客觀形勢她比黛玉強。

第三十一回的回目是：

撕扇子作千金一笑　因麒麟伏白首雙星

在對仗方面十分工穩。但「因麒麟伏白首雙星」顯然是暗示寶玉湘雲的白首偕老。論關係，寶玉與黛玉、寶釵、湘雲都是表親；論才貌，湘雲與黛玉、寶釵也是一時瑜亮。因此，他們結婚的可能性也十分大，但結果並不如此，作者也沒有交代，伏筆便成了敗筆。為了沖淡這種沒有結果的暗示，我不得不將三十一回回目改為：

撕扇子佳人終歡笑　失麒麟公子最憂心

寶玉失麒麟，湘雲的丫頭翠縷拾了麒麟，湘雲看見寶玉慌張，笑道：

「幸而是這個，明日倘或把印也丟了，難道也就罷了不成？」

寶玉笑道：

「倒是丟了印平常，若丟了這個就該死了。」

寶玉是個最輕視官位而特重情感道義的人，他之重視麒麟，並不是因為湘雲也有麒麟，而是因為這個金麒麟是清虛觀的道士送給他的紀念品。寶釵的金鎖他都不在意，而且一再為「金」、「玉」之事而和黛玉慪氣，何況麒麟？三十一回回目改過之後，失麒麟就成為單獨事件了，而不至於關係全局。本來這一回目要改的祇有「伏白首雙星」五個字，但為了對仗關係，不得不上下聯同時調整了。

第一百零五回「錦衣軍查抄寧國府」，我將它改為「錦衣軍查抄榮寧府」。因為這一回開頭就是寫賈政在榮禧堂設宴，錦衣府趙堂官帶領幾位司官進來，而且是明抄，並且開列查封清單、拿下賈赦，看守賈璉，榮國府首當其衝，並未漏網，不可不提。抄寧國府卻是「暗場」，作者沒有明寫，祇用焦大過榮國府來哭訴，點了一筆，整回都是寫榮國府，所以改為「榮寧府」，以符事實。

至於小紅與賈芸的兒女之情沒有結局，這倒不太要緊，因為他們不是主角，不關係全局，事實上沒有結局的愛情也不在少數，作者的這類小疏忽未嘗不可以原諒，所以二十四回回目「癡女兒遺帕惹相思」我沒有動。我希望盡量維持原作的本來面目，非不得已不動。本來第五回的〈仙姑賦〉祇是作者炫耀作賦的才華，對於人物的描寫沒有多大意義，我原先已把它刪去，後來鄭重考慮，還是保留。因為我修訂《紅樓夢》的目的不是吹毛求疵。有人以為我的「修訂」是「重寫」，向我提出版本問題，有人建議我大刀闊斧修改。我很感謝他們的美意，但這不是我修訂的本意，我的著眼點不在此。如果「重寫」，那就是以意為之，更與考證版本沒有多大關係。不過我認為《紅樓夢》沒有「重寫」的必要，如果別人想重寫，那是別人的事，但我不知道有誰的學問和才華超過了曹雪芹？果真超過了曹雪芹，可以另外重寫一部超過《紅樓夢》的鉅著，也不必重寫《紅樓夢》了。我更不敢這樣狂妄。我之修訂《紅樓夢》，祇是對這位前賢貢獻愚者一得，不想標新立異，更不想在版本上走回頭路，兜圈子，那樣於己無益，也不是我從創作觀點接受《紅樓夢》這部文學遺產的想法。版本考據方面胡適已經做得很好，毋須我白費氣力，要作翻案文章，那是別人的事，我敬謝不敏。至於大刀闊斧的修改，也大可不必。因為《紅樓夢》不僅是曹雪芹的心血結晶，還加上程偉元和高鶚的汗水，我祇是想繼高、程之後再加幾滴汗水而已，怎麼敢剝曹雪芹的皮、抽曹雪芹的筋呢？我倒是生怕我的修訂有一點點損害到《紅樓夢》，損害到曹雪芹，如果真有一點損害，那我就罪該萬死了。

以上是我對修訂《紅樓夢》回目的一點說明，附帶一點感想。

第三是重新分段分行。

章回小說往往不注重分段分行，甚至也不講究標點符號。現在流行的《程乙本紅樓夢》已經採用標點符號，但分段分行還是不太注意，讀起來不大方便，尤其是年輕的讀者更不習慣。為了方便所有讀者，我除了採用新式標點符號外，更採用現代小說分段分行的方式，尤其是對話，一定讓它獨立起來，不管句子長短。其他文字也仔細地劃分，一方面加強氣勢，一方面便利閱讀。

曹雪芹寫《紅樓夢》，無論是寫景寫人，都沒有冗長的敘述，這正是他的高明之處。就是寫大觀園也是以「試才題對額」的方式，使人與景打成一片，相互襯托，決不作單調冗長的描寫，所以讀來一點也不覺得沈悶。寫人物更是以洗練生動的語言和動作來表現，絕無西洋小說冗長的獨白式的沈悶、囉嗦，因而造成反效果。《紅樓夢》經過仔細分段之後，讀起來會有更清爽的感覺，年輕的讀者自然也會產生親切之感。使《紅樓夢》在年輕的一代中生根，也是我修訂它的一大目的。

第四是勘誤。

《程乙本紅樓夢》雖盡程偉元、高鶚二人之力，仍有不少矛盾謬誤。這一方面的修訂工作，要分幾點說明：

一、時間節令上的錯誤是不得不改的

第十一回「慶壽辰寧府排家宴」，是寫賈敬生日大家祝壽的事。這是甚麼時節呢？

「老太太原是個老祖宗，我父親又是姪兒，這樣年紀，這個日子，原不敢請他老人家來；但是這時候，天氣又涼爽，滿園的菊花盛開，請老祖宗過來散散悶……」

這分明是深秋時分。可是鳳姐接著說：

「老太太昨日還說要來呢，因為晚上看見寶兄弟吃桃兒，她老人家又饞嘴，吃了有大半個，五更天時候，就一連起來兩次……」

在「菊花盛開」的時候是絕對不會有桃子的，桃子又是最易腐爛的水果，在曹雪芹那個時代又無冰箱冰庫，初夏桃子怎麼能保留到深秋？所以這是一個明顯的錯誤。在菊花盛開的時候桔子倒是有的，因此我把「吃桃兒」改為「吃桔子」。但桔子與桃子性質不同，「吃了有大半個」不會腹瀉，所以我把這句話又改為「吃多了」，老年人消化不良，吃多了自然會發生腸胃病，這樣便說得過去。

有人說北方有秋桃，我問過齊白石的乘龍快婿易恕孜先生，他住過北京，他說菊花盛開的時候沒有桃子，桔子倒是有的。我雖孤陋寡聞，但不敢標新立異。

第十四回「林如海靈返蘇州郡」，昭兒回來向王熙鳳報告說：「二爺打發回來的，林姑老爺是九月初三巳時歿的……大約趕年底回來……」這在時間上又不對。因為十二回末尾說：「誰知這年冬底，林如海因為身染重疾，寫書來特接黛玉回去……賈璉同著黛玉辭別了眾人，帶領僕從，登舟往揚州去了。」

「冬底」已經是快過年了，賈璉從京城趕到揚州，坐船最快也要一兩個星期，何況還要料理林如海的喪事，又要將他的靈柩送回蘇州，從揚州到蘇州也得幾天，大年底賈璉怎麼趕得回來？再者，賈璉走後秦可卿就死了，而昭兒回來時秦死已過五七，已是事隔一個多月了，應是次年正二月間。又十二回末尾既明言林如海「冬底病重」，怎麼會死在九月初三呢？這是兩點時間上的錯誤，所以我將「九月初三巳時歿的」改為「正」月，「大約趕年底回來」的「年底」改為「花朝」，因為「花朝」已是二月了。這樣在時間上相隔一個多月，纔不前後矛盾。

第三十七回，晴雯笑道：「給三姑娘送荔枝去了……」這時是八月，那來的荔枝？所以我將「荔枝」改為「龍眼」。

第三十八回「林瀟湘魁奪菊花詩，薛蘅蕪諷和螃蟹詠」，正是大家持螯賞菊，桂子飄香時，而「迎春卻在花蔭下拿著針兒穿茉莉花」，這又不對景。因為茉莉是初夏開放，在中國北方，秋天是沒有茉莉花的。所以我將它改為「拿著個小紗袋兒盛桂花」。

第四十五回，鳳姐兒道：「前幾我的生日」，「前」是「昨」之誤，所以我將「前」改為「昨」。

第五十五回，賈蓉說：「頭一年省親」，我將它改為「年初省親」因為元妃省親是在正月十五。大觀園倒是頭一年蓋的。

第八十回，金桂替香菱改名，他說：「……香字竟不如秋字妥當。菱角菱花皆盛於秋……」這話祇對了一半，菱角雖盛於秋，菱花卻盛於夏。因此我將它改為「菱花雖盛於夏，菱角卻盛於秋」。

第八十八回，鳳姐道：「……前年我在東府裏親眼見過焦大吃的爛醉……」這是第十七回的事，是四、五年前，故改為「那年」。

第九十二回，寫了十一月消寒會，第九十三回，又寫「賈芹給咱們銀子」時為「那時正當十月中旬」，豈不是時光倒流？因此我將「那時」改為「此時」，「十月中旬」改為「十一月中旬」。

第一百十三回，前面劉姥姥說：「這幾月不見。」隨後又說：「我一年多不來。」前後矛盾。根據巧姐說「前年你來」的話，後對前錯，故將前面「這幾個月不見」改為「這一年多不見」。

第一百十四回，賈政對甄應嘉說：「弟那年在江西糧道任時，將小女許配與統制少君，結褵已經三載。」探春出閣在乙卯十月，此時為丙辰五月，前後七個月，因此我將「三載」改為「七個月」。而一百十八回，李紈說：「三姑娘出了門好幾年，總沒有回來。」她說話的時間與賈政說話的時間極近，還沒有到八月初三賈母冥壽時間，所以我將「好幾年」改為「半年多了」。

二、景物的疏忽不得不改的

第二十六回說賈芸來到怡紅院中，看見小石、芭蕉，「那邊還有兩隻仙鶴在松樹下剔翎」，這與第十七回「大觀園試才題對額」的景物不符。怡紅院中的著名植物為「幾本芭蕉」、「一樹西府海棠」，而無松樹。三十六回也分明寫著兩隻仙鶴在芭蕉下睡著了，因此我將「松樹」改為「芭蕉」，如此纔前後照應，不致張冠李戴。二十六回作者寫仙鶴在松樹下剔翎，大概是從松鶴聯想出來的，所以纔有這一疏忽。

三、稱謂的錯誤不得不改的

第二十八回，馮紫英笑道：「你們姑表兄弟倒都心實。」錯。寶玉與薛蟠是姨表兄弟，將「姑」改為「姨」。

第八十六回，薛蝌為薛蟠打官司，呈文上說：「竊生胞兄薛蟠。」這是明顯的錯誤。薛蟠是獨子，他和薛蝌是堂兄弟，所以將「胞」字改為「堂」字。

王子騰行二，第八十五回，鳳姐道：「說是二舅舅那邊說，後兒日子好，送一班新出的小戲兒給老太太、老爺，太太賀喜。」這裏二舅是對的。可是第九十六回鳳姐說：「我家大老爺趕著進京。」一百零一回的「大舅太爺」、「二叔」，一百零二回的「大舅」，一百零八回的「大舅太爺」、「二叔」，一百零二回的「大舅」，一百零八回的「大舅太爺」、「二舅太爺」均誤。凡是「大舅」、「大舅太爺」均改「二舅」、「二舅太爺」，「二叔」、「二舅太爺」均改為「三叔」、「三舅太爺」。「三叔」、「三舅太爺」是指王子勝。

第一百零四回，賈政稱賈代化是「先祖」，不對。賈代化是他父親賈代善的哥哥，應稱「先伯」，所以我將「祖」字改為「伯」字，以免倫常大亂。

還有五十五回榮國公「賈法」為「賈源」之誤，一併改正。

四、年齡生日的矛盾不得不改正的

《紅樓夢》的人物年齡是讀者最感困惑的地方，也是我修訂《紅樓夢》最頭痛的問題，因為人物年齡前後矛盾的地方太多。

第三十九回劉姥姥說：

「我今年七十五了。」

賈母向眾人道：

「這麼大年紀了還這麼硬朗，比我大好幾歲呢！我要到這個年紀，還不知怎麼動不得呢！」

這一回歲次辛亥。而七十一回歲次癸丑，八月初三是賈母八十大壽，辛亥到癸丑祇差兩年，那麼賈母說這話時已經是七十八了。劉姥姥既然「大」賈母「好幾歲」，應該是八十多了，但究竟是八十幾呢?很難確定，我想「七」可能是「八」的筆誤，所以，我將「七十五」改為「八十五」。因為無論怎麼說，劉姥姥不應該比賈母小。

第九十六回賈母說：「我今年八十一歲的人了。」歲次乙卯，因此改為八十二歲。

第八十八回「老太太因明年八十一歲」，歲次甲寅，故將「明年」改為「今年」。

賈母去世時是八十三歲，歲次丙辰。

其次是寶玉、黛玉、寶釵的年齡，這更是使我一連失眠好幾夜的問題。根據第二回：「乳名黛玉，年方五歲。」這是作者第一次提到黛玉的年齡。過了一載有餘，她因母親死了，就到外婆家賈府去了，那她祇有六歲多。可是在四十五回裏她自己說：「我長了今年十五歲」，這一回歲次辛亥，「年方五歲」那年歲次戊申，戊申到辛亥祇差三年，那戊申年她已十二歲了，到賈府時該是十三歲多了。揆情度理，這個年齡是比較站得住腳的，因為第三回她到賈府時，作者對她有一番描寫：

「眾人見黛玉年紀雖小，其舉止言談不俗，身體面貌雖弱不勝衣，卻有一段風流態度，便知她有不足之症。」

一個六歲多的小女孩子，不可能「舉止言談不俗」，又「有一段風流態度」，也談不上「不足之症」，祇有情竇初開的少女，纔可以談得上「有一段風流態度」和「不足之症」，舉止言談俗不俗，也就容易看得出來。此其一。

第二，在寶玉眼裏她又是「一個裊裊婷婷的女兒」，而不是拖著鼻涕的小黃毛。而且作者更進一步描寫她：

「兩彎似蹙非蹙籠煙眉，一雙似喜非喜含情目……」，一個六歲多的黃毛丫頭決不會有這種女兒態，而且是眉目含情之態。祇有十三、四歲開始發育的少女纔可以談得上。黛玉再聰明，六歲多也不會懂得男女之愛的。

第三，再看黛玉眼裏的寶玉是多大的年紀？怎樣的裝束？作者是這樣寫的：

「及至進來一看，卻是位青年公子。頭上戴著束髮嵌寶紫金冠，齊眉勒著二龍戲珠金抹額；一件二色金百蝶穿花大紅箭袖，束著五彩絲攢花結長穗宮縧絹，外罩石青起花八團倭緞排穗褂，登著青緞粉底小朝靴……」。

從裝束上看，也不像一個七歲的孩子。「頭上戴著束髮紫金冠」、「束髮」為成童之年，《大戴禮・保傳》「束髮而就大學」，《漢書・敘傳》：「兒生亹亹，束髮修學，偕列名臣，從政輔治。」「束髮之年既可就大學」，又「偕列名臣，從政輔治」，自然是十多歲的人了，何況作者又分明寫的是「青年公子」？這就很明顯的說明寶玉不是七、八歲的兒童了。

黛玉說：「……在家時記得母親常說，這位哥哥比我大一歲，小名就叫寶玉……」黛玉十三歲多進賈府，那寶玉不是十四歲多了嗎？如果這時是七歲，那曹雪芹為甚麼稱他青年公子呢？所以從作者的筆下看來，寶玉十四歲是恰當的。

第四，第五回，寶玉在秦可卿床上神遊太虛幻境與警幻仙姑的「妹妹」、「表字可卿者」行「雲雨」之事，又豈是七歲的孩子能幹的嗎？而且事後襲人過來給他繫褲帶時，剛伸手至大腿處，祇覺「冰涼黏濕的一片」，七歲的孩子會「冰涼黏濕的一片」嗎？不僅此也，而且隨後他又與襲人「初試雲雨情」呢！這還不能證明寶玉已經發育，是一位「青年公子」嗎？

即使不管其他資料可不可靠，僅就曹雪芹自己所寫的人物，按情理推斷，就可以確定黛玉進賈府時不是六歲多，而是十三歲多，寶玉亦至少是十四歲。因此，我將第二回的黛玉「年方六歲」改為「年方十二歲」，「寶玉如今長了十來歲」，改為「十四歲」。而將第五回「也在孩提之間，況他」這八個字刪去。其他各回凡是提到「一床睡」，或「從小兒一處長大的」均予改正。因寶玉、黛玉從未一床睡過。第三回黛玉來賈府時是乳娘王嬤嬤、丫頭鸚哥陪她在碧紗櫥內睡的，寶玉則由乳母李嬤嬤、丫頭襲人陪侍在碧紗櫥外大床上睡的。黛玉來賈府時已十三歲多，與寶玉自然不是從小兒一處長大的了。

第二十三回，說寶「十二、三歲」，改為「十五、六歲」。第二十五回，「青埂峰別來十三載矣」，改為「十六載」，因這回亦歲次辛亥。

第九十回，賈母說黛玉比寶玉小兩歲，也改為小一歲，賈母連自己的年齡都說錯了！她的話自然不足為憑。

第一一九回，寶玉出家時，賈政說：「竟哄了老太太十九年。」改為「二十年」。因為寶玉生於丙申，丙辰出家，正好二十整歲。

黛玉、寶玉的年齡確定了，寶釵的年齡也同時解決。二十二回鳳姐說：「……聽見薛大妹妹今年十五歲，雖不算是整生日，也算得上將笄的年分兒了，老太太說要替她作生日……」這回歲次辛亥；第四十五回，黛玉自說十五歲亦在辛亥。黛玉小寶玉一歲，寶玉小寶釵兩歲，算來寶釵大黛玉三歲，寶釵應該是十八歲，所以我將它改為「十八歲」，而將「也算得上將笄的年分兒了」改為「也算得上是個大人了」，由此推算，她到賈府時是十六歲多，她是正月二十一日生，黛玉是二月十二日生。

寶釵的年齡既定，那與寶釵同年齡的襲人、晴雯、香菱，便可類推了。

第七十八回「癡公子杜撰芙蓉誄」，謂晴雯死時「迄今凡十有六載」，這便錯了，是回歲次癸丑，辛亥年寶釵十八歲，癸丑年晴雯便二十了，所以我改為「迄今凡二十載。」

有人認為寶、黛、釵、雲等似常保持十五、六歲情態，晴雯的年齡改大了好多。但故事是在進行的，時間是不停留的，晴雯她們豈能永遠是十五、六歲？她和寶釵同年，大寶玉兩歲，寶玉叫她姐姐，這是事實，我們不能一廂情願，希望她們永遠是十五、六歲。二十歲也正是青春燦爛的時候，這時黛玉纔十七歲，湘雲更小，不正是表現兒女情態的年齡嗎？

曹雪芹在第六回「賈寶玉初試雲雨情」中說：「襲人本是個聰明女子，年紀又大寶玉兩歲。」證之六十三回：「大家算來，香菱、晴雯、寶釵三人皆與她同庚。」這裏的她就是襲人，那第六回襲人是十六歲了，十六歲自然「漸省人事」，寶玉十四歲纔能「初試雲雨」（依原作推算，寶玉七歲，襲人九歲，這樣小的年齡，怎麼懂得雲雨之事？又會談情說愛呢）。由此亦可證明襲人與寶釵都大寶玉兩歲不錯，而黛玉初入賈府時是十三歲，不是六歲了。

香菱在第一回裏是「乳名英蓮，年方三歲。」而第四回的門子（第一回的葫蘆僧）說：「當日這英蓮，我們天天哄她玩耍，極相熟的，所以隔了七、八年……」，既然香菱大寶玉兩歲，那就大黛玉三歲，而黛玉初進賈府時是十三歲多，所以我將香菱被人拐走時的「年方三歲」，改為「六歲」。第四回「聽見自五歲被人拐去」亦改為「六歲」，「隔了七、八年」改為「十來年」，這樣她的年齡纔與寶釵等相符，是時香菱應該是十六歲了，而薛蟠應該是十八歲了。因為第四回說薛姨媽「還有一女比薛蟠小兩歲，乳名寶釵」。薛蟠十八歲為爭奪十六歲的香菱打死馮淵也纔合情合理，年齡太小（十一歲）自然不會爭風吃醋打死人的。

此外，賈蘭的年齡我也改大了四歲（第四回，「年方五歲」改為「九歲」），因為他生於辛丑，寶玉生於丙申，算來他小於寶玉五歲。他與寶玉一道中舉時，寶玉是二十歲，他便十五歲，否則他祇有十一歲，十一歲中舉到底是不大合理的。而且七十八回「老學士閒徵姽嫿詞」，已分明寫著「小哥兒十三歲的人就如此……」，那他一百十九回中舉時已十五歲，自然比較合乎情理事實。賈母、劉姥姥、寶玉、黛玉、寶釵、襲人、晴雯、香菱、薛蟠、賈蘭等十一人的年齡確定之後，再談薛姨媽和黛玉的生日。

第三十六回，薛姨媽的生日是在秋天，而五十七回，又變為春天了，前後矛盾。我從前者，而將後者從「目今是薛姨媽的生日」至「方纔完結。因」這一段文字刪去。

不但薛姨媽生日前後矛盾，黛玉生日也有同樣的情形。黛玉的生日是二月十二日（第六十二回），而第八十五回，（甲寅）秋天又為黛玉作生日，因此我將：「因又笑著說道……怎麼怨得有這麼大福氣呢！」刪去。而且將下回的「聽見這些話，越發樂的手舞足蹈了」。及「賈母笑道……大家坐下」等有關黛玉的生日的文字統統刪掉。

以上這些人物的年齡、生日問題弄得我頭暈腦脹，痛了好幾天。不過，《紅樓夢》的主角是寶玉、黛玉、寶釵，他們三人關係全局，他們三人的年齡一確定，自然雲霧大開了。這樣一來，讀者就不會再懷疑寶玉、黛玉、寶釵他們那麼小的年齡就會那麼纏綿相愛，就會做那麼好的詩了。而修正後的年齡，正是情竇初開，到青春燦爛時期，所以纔那樣迴腸蕩氣。

五、眉　批

眉批是我修訂《紅樓夢》的工作中很重要的一部分。也可以說是完全獨立的一部分。這個工作所花的時間也不少，但是沒有修訂部分那麼傷透腦筋，因為這個工作絕大部分是從文學創作觀點著手。我修訂《紅樓夢》的最大目的和寫《紅樓夢的寫作技巧》一樣，是從文學上接受這部文學遺產，不要讀者誤入王夢阮、蔡孑民之流的歧途，也不是止於胡適的考證，所以我不惜在眉批上多花點功夫，在人物描寫、故事結構、文學思想、主題，及有關修訂方面詳加分析，每一回都有眉批，總共四百七十二條。（墨人註：後增加眉批一〇一條，共五七三條）

最後我要談談《紅樓夢》的結局和曹雪芹的文學思想。

曹雪芹的思想是道家出世派的思想。

《紅樓夢》一開頭就製造了一個道家神話，雖然是一僧一道引出《石頭記》，最後寶玉又是隨一僧一道而去，書中也談佛理，但寶玉愛讀《南華經》是一重要事實，出家後又受封為「文妙真人」，這更完全是道家出世派的封號。

道是宇宙的本體，更是中國文化的根源。《莊子．外篇．在宥》第十一謂：

黃帝立為天子十九年，令行天下，聞廣成子在於空同之上，故往見之……再拜稽首而問曰：「聞吾子達於至道。敢問治身奈何可以長久？」廣成子蹶然而起，曰：「善哉問乎！

來，吾語女至道。至道之精，窈窈冥冥；至道之極，昏昏默默。無視無聽，抱神以靜，形將自正。必靜必清，無勞女形，無搖女精，乃可以長生。目無所見，耳無所聞，心無所知，女神將守形，形乃長生。慎女內，閉女外，多知為敗。我為女遂於大明之上矣，至彼至陽之原也；我為女入於窈冥之門矣，至彼至陰之原也。天地有官，陰陽有藏，慎守女身，物將自壯。我守其一，以處其和，故我修身千二百歲矣，吾形未嘗衰……」。（墨人註：「女」讀「汝」）

廣成子對黃帝的這番答話，完全是道家的修持方法和修持境界。

老子集道家學說的大成，他的宇宙本體論十分精闢。《道德經‧混成章》第二十五說：

有物混成，先天地生。寂兮寥兮，獨立而不改，周行而不殆，可以為天下母，吾不知其名，字之曰道，強為之名曰大，大曰逝，逝曰遠，遠曰返。故曰：道大，天大，地大，王亦大。域中有四大，而王居其一焉。人法地，地法天，天法道，道法自然。

老子對道解釋得非常清楚，道就是宇宙的起源，宇宙的本體。所以他不單講人際關係，因為人祇是三才之一，不過是宇宙中的一分子。

孔子對於道的渴求瞭解，可以從他自己的話中看出。他說：「朝聞道，夕死可矣！」他曾問禮於老子，老子對他說：

「子所欲言者，其人與骨皆已朽矣，獨其言在耳。且君子得其時則駕，不得其時則蓬累而行。吾聞之，良賈深藏若虛，君子盛德，容貌若愚，夫子之驕氣與多欲，態色與淫志，是皆無益於子之身，吾所以告子，若是而已。」孔子去，謂弟子曰：「鳥，吾知其能飛；魚，吾知其能游；獸，吾知其能走。走者，可以為罔；游者，可以為綸；飛者，可以為矰。至於龍，吾不能知，其乘風雲而上天。吾今日見老子，其猶龍邪！」（《史記》）

孔子對老子是莫測高深。因為老子講宇宙本體，講三才合一；而孔子則以人為本，特重人際關係。這是道家和儒家的分歧。

曹雪芹有道家出世派的思想和佛家的出世思想，但不太瞭解佛道兩家的修持方法，賈敬修道祇是燒丹煉汞，那是旁門左道，妙玉靜坐著魔就是沒有明師指導護持的原因。不是成佛成仙的解脫正法。但曹雪芹是真正的開悟了，作家中尚無前例。

中國道家有入世派和出世派。入世派是輔國化民的，如周朝的呂尚、漢朝的張良、三國的諸葛亮、明朝的劉伯溫等，他們都是長於天文、地理、軍事、政治、經濟……的博學之士。出世派如唐京兆人呂洞賓等，都是能參天地造化、懂得三才合一的方法、逍遙世外的得道之士。《紅樓夢》裏的渺渺真人就是出世派，賈寶玉也是走的出世派的路子。他追隨那一僧一道飄然而去，是佛道雙修，有得道明師指導護持，自能得道解脫，成佛成仙。「佛度有緣人」，賈寶玉是歷劫紅塵，並非俗物。曹雪芹更應大有來歷，不然寫不出《紅樓夢》。

曹雪芹的思想是基於佛道而又歸於佛道的，因為他家道衰落，從鐘鳴鼎食到三餐不繼，不免看破紅塵，因而出世的思想很濃，所以《紅樓夢》纔有這樣的結局。而道家的出世派思想又和佛家的思想最為接近。何以如此？這又和老子與釋迦牟尼佛大有關係。因為老子和釋迦牟尼佛同樣重視「無為」。他們兩位的思想契合之處甚多，也可以說「基調」是一致的。老子說：「生而不有，為而不恃，長而不宰。」又說：「無有入於無間，吾是以知無為之有益。不言之教，無為之益，天下希及之。」又說：「為學日益，為道日益，損之又損，以至於無為。」無為了又如何呢？即：「無為而無不為矣！」釋迦牟尼則說：「一切有為法，如夢幻泡影，如露亦如電，應作為是觀。」又說：「無我相，無人相，無眾生相，無壽者相。」又說：「過去心不可得，現在心不可得，未來心不可得。」但釋迦牟尼佛也說：「納須彌於芥子。」足見老子與釋迦牟尼佛，不但同樣重視「無」，也同樣講出「無」的「妙用」。但懂得「運用」之「妙」的那就少之又少了！用修行術語來講，那必須「得道」、「成仙」、「成佛」纔行。光「了悟」佛道兩家思想還不行的，必須「證悟」纔行。當然曹雪芹還沒有達到這一地步，但他能寫出《紅樓夢》，已經太不容易了！，除了證明他的文學創作才能之外，也可以看出他對佛道兩家思想「悟」的程度。這是他以前的搞文字禪的詩人們，如蘇東坡等都未嘗達到的。至於考據《紅樓夢》和曹雪芹家世的所謂「紅學家」，則連邊兒都沒有摸到，包括胡適在內。

修訂批註《紅樓夢》是一件很不簡單的工作，也是一件吃力不討好的工作。儘管挑《紅樓夢》的毛病的人很多，卻一直沒有那一位動手修正。捧《紅樓夢》的話我說得比任何人都多，這本十幾萬字《紅樓夢的寫作技巧》可以作證；挑《紅樓夢》的毛病的話我卻說得最少。這次修訂完全是出於愛心，批註更是揚而非抑。

《紅樓夢》是公器，不是我的著作，修訂批註也不是我個人的特權。我祇是盡其在我，但成功不必在我，因此毀譽亦在所不計。

我修訂批註的《紅樓夢》定名為《張本紅樓夢》，是表示對讀者負責，不是掠美，是為序。

民國六十三年（一九七四）甲寅冬，初稿
民國六十四年（一九七五）乙卯夏，校正
民國七十一年（一九八二）辛酉夏，定稿
民國八十九年（二〇〇〇）五月三十一日，校正十二版本

墨人特註：湖南出版社校對錯誤不少，而且漏掉六百字，特此補正，希望讀者諒察。（一九九九年五月九日）

墨人的紅樓夢研究及其紅學觀

——隔海問答錄

陳忠 問　墨人 答

臺灣著名作家墨人先生，文學生涯六十年，創作了詩集六部、小說集三十部、散文集十一部，其成就享譽海內外。同時，他又精通唐詩、宋詞和明清小說，已出版了理論專著《全唐詩尋幽探微》、《全唐宋詞尋幽探微》；《全宋詩尋幽探微》即將脫稿，不日出版。墨人先生尤其酷愛《紅樓夢》，不僅寫有暢銷書《紅樓夢的寫作技巧》，在海峽兩岸分別出版；而且於一九九六年由湖南出版社隆重推出化上下兩卷的《張本紅樓夢》（修訂批註），引起人們的廣泛注意。為此，筆者就墨人的紅樓夢研究及其紅學觀，隔海問答。

問一：墨人先生，您曾說：「中國小說真正走上創作道路，而且氣勢雄偉，如長江、黃河，成就輝煌，具有劃時代意義的，首推《金瓶梅》，其次是《紅樓夢》。」請問：產生在各自不同歷史背景下的這兩部文學鉅著，其共同性與差異性何在？兩者是否存在高下優劣之分？

墨人答：《金瓶梅》與《紅樓夢》歷史背景不同、文學風格不同，兩者的共同性很少很少，差異性卻很大很大。

《金瓶梅》是一部社會性、大眾性的小說，作者巧妙地取材於《水滸傳》裏的西門慶與潘金蓮的一段故事而發展成一個大長篇，將時代背景推到宋朝，借古諷今（明）以避禍。而宋明兩朝之腐化、貪污亦有相似之處，作者透過西門慶、潘金蓮這類人物，將他們所處的朝代，間接呈現出來，正是作者匠心獨運之處。西門慶、潘金蓮之荒淫生活，雖嫌赤裸，似難原諒。作者或亦有其感受之深，用心之苦，非局外人所能知者？唯讀者水準不一，水向下流，如能適可而止，心存忠厚，而又能達到創作目的最好。但《金瓶梅》的歷史價值、社會價值不可斷然否定。

《紅樓夢》則是一部精雕細琢的上流社會小說。以大觀園賈府的貴族生活，反映清朝那個時代，細膩而深刻。在人物創作方面，曹雪芹表現了史無前例的功力，也嘔盡了心血。賈寶玉、林黛玉，表現的是「情」；西門慶、潘金蓮表現的是「慾」。人性與獸性之分在此。至於翻手為雲，覆手為雨，用盡心機，要盡手段，玩弄大觀園榮寧兩府人物於股掌之上的王熙鳳這個人物，更是曹雪芹的大手筆，王熙鳳是搞政治鬥爭的高手，但賈府也毀在她手裏，她的下場也很淒涼。曹雪芹的閱歷之深、學問之大，在他經營王熙鳳這個人物身上可以概見。他對王熙鳳之痛恨亦可想見。曹雪芹之高明，就是隱藏自己，一切由人物自己表現、由讀者自己體會。因此，各個年齡層次，各個知識層次的讀者，有各種不同的解讀。但有一點是十分統一而又最能測驗讀者水準的，那就是曹雪芹的思想境界。其他小說作者能將故事編好，人物創造好，那就很不錯了，還談不上文學的思想境界。但文學的價值判斷必須取決於此。否則，頂多祇能稱為「巧匠」，不能稱為「大家」。

曹雪芹的思想境界是怎樣產生的?那就是他對佛道兩家思想的概括瞭解，其他小說家都缺少他這種修養。但曹雪芹的瞭解還不夠深入，還沒有進入佛道雙修這個層次，但用之於文學創作已游刃有餘了。所以，他自己既自負又感慨地寫了一首五絕：

滿紙荒唐言，一把辛酸淚；
都云作者癡，誰解其中味?

《紅樓夢》的讀者、考據家那麼多，真正能解其「味」的有幾位?這個「味」就是他的「思想境界」。恕我說句老實話，如果不通佛、道兩家思想，便很難真懂《紅樓夢》的。

問二：《紅樓夢》成書距今有二百五十年了，而《紅樓夢》研究真正興盛繁榮卻是本世紀的事。「紅學」一百年，「紅學」專家眾，「紅學」成果多，且學派林立，文思相左。依墨人先生高見，我們應該怎樣深入地研究《紅樓夢》，才會有利於「紅學」更健康的發展與繁盛?

墨人答：研究《紅樓夢》的目的是甚麼?是考證曹雪芹的家世、曹雪芹的籍貫嗎?在這方面已經花費太多的時間了!這對文學創作有甚麼益處?對接受《紅樓夢》這部文學遺產又有甚麼效果？考據家那麼多，為甚麼沒有產生第二個曹雪芹呢（在文學創作方面，胡適連作曹雪芹的學生都不夠格）？要深入研究《紅樓夢》，必須在「味」字方面多下功夫。祇是這個功夫太大，不是蒐集資料所能辦得到的。曹雪芹自己早就預言了。真正懂得那個「味」字，甚至早已超過那個「味」兒的，就自己創作了。

問三：您是甚麼時候開始讀《紅樓夢》的？談談您最初的品味體驗。您是甚麼時候開始寫《紅樓夢的寫作技巧》一書的？緣於何種創作動因與慾望？

墨人答：我讀《紅樓夢》是和讀《三國演義》、《水滸傳》、《儒林外史》這些古典小說同時開始的，那是青少年時期，但祇會看愛情故事、欣賞詩詞，別的實在不懂。我自己寫小說以後，才再讀《紅樓夢》，那時已三十出頭了。我寫《紅樓夢的寫作技巧》這本書，則是一九六六年（民國五十五年）開始的，那是由於當時臺灣文壇被西方的存在主義、意識流的歪風吹得東倒西歪，和我這種年齡的作家都噤若寒蟬，年輕的讀者都暈頭轉向，讓那些販賣西洋「博浪鼓」兒的「假洋鬼子」，不可一世。我便不得不使出《紅樓夢》作照妖鏡。書還沒有寫完，五月間，我就帶到菲律賓馬尼拉菲華文藝營講習，講了一個月，回臺北之後再趕寫完畢。但是沒有報紙肯發表，我便寄給臺北商務印書館；那時王雲五先生重掌該館，正想再振昔日上海商務印書館雄風，想不到十一月間就出版了。原先我以為沒有甚麼人會買，因為該館祇在自己的門市賣，絕不外銷。想不到連銷十版，而且十之八九都是作家買的，甚至有人買兩本，身上帶一本，辦公室放一本。如果不是一位女作家親口告訴我，我還不知道。後來那股存在主義、意識流的歪風偃旗息鼓了！當然這不能說是我有這麼大的影響力，祇是我用《紅樓夢》作照妖鏡是用對了。

一九九三年四月，北京中國文聯出版公司又出了大陸版。本來他們想接著出版我的大長篇，一部比《紅樓夢》還多幾十萬字的《紅塵》，但由於現實的困難，他們詳細列了刪節之處的行段文字，徵求我的同意。我沒有同意出版。好在《紅塵》已由《臺灣新生報》連銷兩版，如果不是「凍省」，三版早出了。好在新創立的昭明出版社已列為我的代表作之二，作為《紅塵》定本付排了。至於《紅塵》大陸版，那就要看因緣甚麼時候成熟了？不過我一時還死不了。曹雪芹並沒有看到《紅樓夢》出版呢！我如果沒有曹雪芹那種祇問耕耘、不問收穫的精神，我就寫不出《紅塵》，也不會再寫另一長篇《娑婆世界》的。要深入研究《紅樓夢》，也必須要注意曹雪芹那種創作精神。看一個偉大的作家，不能光看他的成就，那祇是表象；他潛在的精神意志尤其重要。

問四：《紅樓夢》是舉世公認的一部光芒四射的不朽傑作。創作這樣的作品，作者必須具備那些素質？

墨人答：一位偉大作家如曹雪芹者，必須具備：

一、對自己的文學理想，要有生死以之的精神。

二、要有堅強的意志再加堅強的體格。

三、要有高尚的品格，澹泊名利的情操，和正義感、慈悲心。

四、要有佛家、道家的宇宙觀，並深悉其超凡入聖之道（明乎此，即已遠超曹雪芹）。

問五：您是甚麼時候想到、並下決心要修訂和批註《紅樓夢》的？事前您做了那些準備？在修訂、批註的過程中，您是否遇到困惑、困難、困苦與困擾？事情完成後，您的自我評價如何？是否留有遺憾？

墨人答：我是在寫完《紅樓夢的寫作技巧》之後就想修訂、批註《紅樓夢》的。因為我發現「程乙本」還有不少缺點（見《張本紅樓夢．序》），但曹雪芹並未親校此書，錯誤自所難免。我必須仔細讀，前後對照。在臺灣資料很少，我多從作品本身尋找、推斷。如從干支紀年中，推算各人的年齡的大小即是，好在這方面難不倒我。修訂部分我在序文中已有說明。

我最感遺憾的是湖南出版社的版本錯誤太多，我的《張本紅樓夢．序》就整整漏了一頁手稿六百字；其他錯誤不勝枚舉。我遠在臺北，無法校對。這一版《張本紅樓夢》辜負了我幾年心血、一片苦心，使我十分遺憾！常君實先生雖說設法在北京再版，但不知何年何月才能兌現？這本書真是我一生最遺憾的出版經驗！百口難辯。

問六：通過數十年苦楚的閱讀、思索、研究之後，身為作家的墨人先生，您能否介紹一下您對《紅樓夢》的審美認識及其藝術發現？

墨人答：《紅樓夢》不能以一般的美學觀念來看。《紅樓夢》的美是曹雪芹的思想之美、情操之美、人格之美。

載一九九八年，《九江師專學報》，第三期，〈墨人研究〉專欄
作者為該校教授兼學報主編，「墨人文學研究中心」主任，九江作家協會副主席

為了更完美

——墨人修訂、批註的《張本紅樓夢》推介與感言

羅龍炎

〔內容提要〕墨人修訂、批註的《張本紅樓夢》在大陸出版了。墨人為甚麼要對《紅樓夢》進行修訂、批註呢？墨人修訂、批註的《張本紅樓夢》有何特點呢？本文認為，其動機的核心在於追求更完美。

〔關鍵詞〕墨人　修訂　批註　《紅樓夢》

最近，有機會讀到一種新版《紅樓夢》，由湖南出版社於一九九五年十二月一日第一次出版的《張本紅樓夢》。

《張本紅樓夢》正文前，並列有三位人物小傳。一位是《紅樓夢》著者曹雪芹的小傳，一位是《紅樓夢》後四十回殘稿輯補者高鶚的小傳（註一），還有一位是墨人的小傳。〈墨人小傳〉云：

《紅樓夢》修訂、批註者墨人，中國現代著名（兼擅中國新舊文學）的詩人、作家、學者、著名的紅學家。本名張萬熙，江西九江人。一九二〇年生。曾任報社主筆、總編輯、總經理、香港廣大學院中研所客座指導教授等。著有《全唐詩尋幽探微》、《全唐宋詞尋幽探微》、《紅樓夢的寫作技巧》，長篇小說《白雪青山》、及一六〇萬字的長篇鉅著《紅塵》等四十八種，一千餘萬字。並榮列《國際詩人名錄》、《國際作家名錄》、《國際文學史》、《世界名人錄》等二十餘種名錄。創作五十餘年，祇問耕耘，不問收穫。設在美國深受世界尊重的國際大學基金會一九八八年授予榮譽文學博士學位，艾因斯坦國際學院基金會一九九〇年授予榮譽人文學博士學位，世界大學一九八九年授予榮譽文學博士學位，英國劍橋國際傳記中心一九八八年禮聘為副董事長。

墨人本名姓張，所以他修訂、批註的《紅樓夢》定名為《張本紅樓夢》。

墨人為甚麼要修訂、批註《紅樓夢》、出版《張本紅樓夢》呢？

這主要是與墨人對《紅樓夢》的深愛分不開的。作為一個詩人和作家，墨人對《紅樓夢》十分推崇。在他看來，《紅樓夢》是「一部長江大河般的氣勢磅礡的空前絕後（到現在為止還沒有第二部足與《紅樓夢》等量齊觀的大長篇小說）的鉅著」、「是經典之作」。他對這部偉大的文學遺產進行了十分深入的研究。與考證學派不同，他的研究主要從文學創作的角度。注力於《紅樓夢》文本本身的研究。他說：『我不是考據家，我熱愛《紅樓夢》完全是從文學創作觀點出發。』他認為，胡適對《紅樓夢》版本問題、曹雪芹家世問題和《紅樓夢》時代背景的考據，所做的貢獻不可否認，但不能代表《紅樓夢》研究的正確方向。《紅樓夢》研究的正確方向應當回到《紅樓夢》文本本身，回到文學本身，著重研究《紅樓夢》的文學思想與寫作技巧，「應該依據現在能夠讀到的這一百二十回本子的《紅樓夢》建立起文學理論來」，「目的是在如何接受這部偉大的文學遺產，而不是考證晴雯的頭髮、大觀園的建築圖樣乃至桌椅板凳。」（註二）

六〇年代初開始，墨人先後在文復會小說研究班、馬尼拉華僑文講會、東吳大學、東海大學、新竹師專、中央大學、國際文藝營等處，多次就他的《紅樓夢》研究進行演講。在馬尼拉華僑文講會的演講時間，長達一個月。研究之精細，由此可見一斑。後經反覆修訂，墨人的《紅樓夢的寫作技巧》一書，於一九六六年在臺灣商務印書館出版。

正是這基於推崇喜愛之上的深入探討與研究，使墨人在曹雪芹的思想、《紅樓夢》的主題以及結構、人物、語言技巧諸多方面，形成了自己獨到的見解。他的〈撥亂反正說紅樓——論曹雪芹思想與《紅樓夢》的寫作技巧〉一文，集中而簡明地闡述了他的主要見解，體現了他的《紅樓夢》觀（也許正因為如此，墨人將這篇文章收入了《張本紅樓夢》，並緊列於《張本紅樓夢．序》之後）。也正是因為深入的探索研究，墨人發現了《紅樓夢》中存在的一些問題：

我知道《紅樓夢》有不少缺點，因為《紅樓夢》是一部大書，千頭萬緒，照顧不周。而最大的毛病是人物的年齡問題，景物時序問題等等。此外章回之間有很多需要前後調整，回目也有幾處應該更改。（註三）

問題的發現當然不是墨人對前人的苛責；相反，作為一個深深體驗過創作甘苦的人，墨人十分理解問題的原因所在，十分同情、尊敬曹雪芹。正如他在《張本紅樓夢．序》中指出：曹雪芹窮愁潦倒，費時十年、增刪五次，可謂苦心經營。但他最終畢竟沒有留下一部完整的《紅樓夢》來。後經傳閱抄錄，坊間「繁簡歧出，前後錯見」，出現矛盾紕繆是必然的事。像《紅樓夢》這樣一部篇幅巨大的傑作，千頭萬緒，即使出自曹雪芹一人之手，也會有照應不周的地方。即便如此，《紅樓夢》當然仍然不失其偉大。但是，正是這些問題的發現，觸動了墨人修訂《紅樓夢》動機：「對於這一偉大的傑作，既然發現它有一些瑕疵，為甚麼不再花些時間修訂一下，使它更完美呢？」（註四）

七〇年代中期，臺灣文藝為「洋癲瘋」所困，墨人不願流為文丐，意欲停止創作。其時，他潛心做了兩件事。一件是研究中國文化，另一件就是修訂《紅樓夢》。墨人自然知道修訂、批註《紅樓夢》是一件「很不簡單」的事，也是一件「吃力不討好」的事。事實上，挑《紅樓夢》毛病的人也不少，但一直沒有人出來修正這些毛病。墨人卻帶著一個中國作家的使命意識、藝術追求與奉獻精神，義無反顧地認真地做了這件「吃力不討好」的事。

至於修訂得是否完善盡美，墨人是坦蕩的。他說：「我不敢講那種大話，我祇是盡心盡力而為，同自己創作時毫無兩樣。如果我修訂、批註能對前輩曹雪芹和以後的讀者有些微的貢獻，我也就心安了。」又說「我祇是盡其在我，但成功不必在我，因此毀譽亦在所不計。」（註五）

墨人先生說，《紅樓夢》篇幅巨大，千頭萬緒，修訂可真不容易。墨人對《紅樓夢》做了怎樣的修訂、批註呢？

一是章回之間的調整。《紅樓夢》的整個結構，墨人認為天衣無縫，絲絲入扣，毫無破綻，是動不得的。但是，由於受「章回體」的影響，「有些章回之間界限不清」。為了使各章回的內容更完整，章回之間的界限更清晰，因而，章回之間「凡是跨前延後」的有關內容，墨人都一一做了調整。另外，「欲知後事如何，且聽下回分解」之類的「俗套」，墨人也「一概取消」，另行銜接。

譬如，《紅樓夢》第一回，寫「甄士隱夢幻識通靈，賈雨村風塵懷閨秀」，寫到賈雨村新當了縣太爺，差人傳話要見甄士隱，這時，甄士隱已出家一、二年了，卻把甄的岳父封肅嚇得目瞪口呆。至此，第一回就結束了。接下來，《紅樓夢》繼續寫了賈雨村如何見到封肅，如何善待他，又如何娶了甄家娘子丫環嬌杏作二房等等。這些敘寫都是第一回「賈雨村風塵懷閨秀」的內容，而與第二回「賈夫人仙逝揚州城」沒有牽連。但《紅樓夢》沒有把它們放在第一回結尾，而是放在第二回開頭。對此，墨人在一二回之間作了調整，為使內容與回目吻合，將第二回前面的這段敘寫移到第一回的結尾，並在銜接文字上略作刪節。

據粗略統計，墨人的《張本紅樓夢》約有四十多處在章回間作了類似的前後「移動」，還對四十多處的銜接文字作了刪節。

二是回目的修訂。墨人修訂《紅樓夢》部分回目，主要是「針對內容，更改回目」，使它有

「暗示性、代表性」，使內容與回目一致。

譬如，第十四回，原來的回目是：「林如海靈返蘇州郡　賈寶玉路謁北靜王」。《張本紅樓夢》將這一回目改為：「王熙鳳威震寧國府　賈寶玉路謁北靜王」。為甚麼這樣改？一是這一回中寫鳳姐管理寧國府的內容，遠遠比寫林如海靈柩返回蘇州的內容多。二是作為人物形象，鳳姐在這一回的地位，也比林如海重要得多。在這一回中，寫林如海靈返蘇州衹是一段話的交代：賈璉打發昭兒從蘇州回來，鳳姐問他回來做甚麼？昭兒道：「二爺打發回來的，林姑老爺是正月初三巳時歿的。二爺帶了林姑娘，同送林姑老爺的靈到蘇州，大約趕花期回來。二爺打發奴才來報個信兒……」僅此而已。顯然在敘寫中，林如海的地位微不足道。相反，王熙鳳的描寫在這一回卻有無比的重要性。王熙鳳到寧國府料理秦可卿的喪事管理內事，卻寫得有聲有色而詳細入微。先以烘托之筆，寫寧國府總管賴升聽說鳳姐要來，便傳齊同事人等，告知大家王熙鳳「是個有名的烈貨」，並叮囑大家「小心伺候才好」，藉此造勢，顯示鳳姐之聲威。繼寫鳳姐處事分派得體麻利又臉酸心硬。點名時有一個人因遲到求饒，她卻來個殺雞儆猴：「明兒他來遲了，後兒我也來遲了，將來都沒有人了！本來要饒你，祇是我頭一次寬了，下次就難管別人了，不如開發了好。」頓時放下臉來，叫：「帶出去打他三十板子！」很快，一個亂糟糟的寧國府，一下就被鳳姐整下來了。因此，墨人說：「這樣的王熙鳳在第十四回中豈可不佔半個回目？」所以，他將第十四回回目中的「林如海靈返蘇州郡」改成「王熙鳳威震寧國府」，以使這一回的回目與敘寫的內容吻合一致，使王熙鳳這個重要人物更為醒目。

關於回目的修訂，《張本紅樓夢》一共有四處：第十四回、二十八回、三十一回、一百零五回。

三是重新分段分行。這主要是為了現代讀者，特別是年輕讀者的閱讀方便。舊章回小說往往不分段分行，甚至也不講究標點。現在流行的《程乙本紅樓夢》雖然有了標點，但分段分行還是注意不夠。為了適應現代閱讀的需要，使作品讀起來更清爽更親切，墨人除了採用新式標點符號外，還採用現代小說分段分行的方式對《紅樓夢》進行了標點與分段分行。在分行中，特別把對話獨立出來，不管句長句短，一律如此。

四是勘誤。《紅樓夢》因曹雪芹過早逝去，沒有留下一部完整的手稿。《程乙本紅樓夢》雖經程偉元、高鶚之力校補，矛盾紕繆之處仍有不少。對此，墨人都一一作了勘誤。這些勘誤，大致有四類。

第一類是關於時間節氣上的。譬如第十一回，寫老太太在「天氣又涼又爽、滿園的菊花盛開」時吃了大半斤桃子，吃壞了腸胃。墨人指出，這是時令與果子不對。「初夏桃子怎麼保留到秋天了？」「在菊花盛開的時候桔子倒是有的。」因此，他將「吃桃兒」改為「吃桔子」，並由此相應做了其他的改動，以求一致。諸如此類的勘誤，大約有十來處。

第二類是關於景物的。譬如第二十六回，寫怡紅院景物有「兩隻鶴在松樹下剔翎」，這與第十七回和三十六回關於怡紅院「芭蕉」的敘寫景物不一致。由此，墨人將「松樹」改為「芭蕉」，以補疏忽。《張本紅樓夢》中的這類勘誤，僅此一處。

第三類是關於稱謂的。第八十六回寫薛蝌為薛蟠打官司，呈文時說：「竊生胞兄薛蟠……」事實上，薛蟠是獨子，他和薛蝌應是堂兄弟關係，所以「胞兄」是「堂兄」之誤，故改「胞」為「堂」。《張本紅樓夢》諸如此類的勘誤，亦近十來處。

第四類是關於年齡生日的。按墨人說，《紅樓夢》的人物年齡是讀者最感困惑的地方，也是他修訂《紅樓夢》最頭痛的問題，因為人物年齡前後矛盾的地方很多。

譬如黛玉與寶玉的年齡。第二回寫黛玉「乳名黛玉，年方五歲」。一年後，她去外婆家賈府，該是六歲多。第四十五回黛玉自道：「我長了今年十五歲……。」這一年歲次辛亥，而「五歲」那一年，歲次戊申，但由此推算戊申那年黛玉就該是十二歲，到賈府，就該十三歲。

到底那一個正確呢？墨人認為黛玉在戊申那年應該是十二歲，才比較合情理。他講了四點理由：其一，第三回她進賈府，作品對她的描寫是少女而不是小女孩子：「眾見黛玉年紀雖小，其舉止言談不俗，身體面貌雖弱不勝衣，卻有一段風流態度，便知她有不足之症。」其二，這一回寶玉初見黛玉，從他眼中看到的黛玉也是一個情竇初開的少女：「寶玉早已看見了一個裊裊婷婷的女兒，便料定是林姑媽之女，忙來見禮。……祇見：兩彎似蹙非蹙籠煙眉，一雙似喜非喜含情目……。」其三，黛玉說：「……在家時記得母親常說，這位哥哥比我大一歲，小名就叫寶玉……。」第三回黛玉初見寶玉時，從她的眼中所看到的寶玉則是一個「青年公子」：「及至進來一看，卻是位青年公子。頭上戴著束髮嵌寶紫金冠，……。」按寶玉是一個「青年公子」，又大黛玉一歲推算，黛玉到賈府時也應是十三歲，而寶玉其時當是十四歲。其四，第五回寫寶玉在秦可卿床上初遊太虛幻境與警幻仙姑的「妹妹」行「雲雨」之事，以及隨後第六回又與襲人「初試雲雨情」，也明顯顯示寶玉是一位「青年公子」，可做補證。因此，墨人將黛玉進賈府定在十三歲，寶玉其時則十四歲。並以此為基礎，相應改訂了與此有矛盾的許多地方，並由此類推確立出寶釵、襲人、晴雯、香菱等人年齡。

《張本紅樓夢》中，類似的改動還有不少。

五是眉批、尾註。這是輔助閱讀的工作。

眉批是墨人修訂、批註《紅樓夢》的重要部分。墨人是一個有長期寫作體驗的作家，他從更好地接受這部偉大文學遺產出發，從文學創作的角度入手，結合自己的寫作體驗，通過眉批方式，對《紅樓夢》的人物描寫、故事結構、文學思想、作品主題，以及修訂方面，作了許多評點與分析。目的在於幫助讀者，尤其是年輕讀者更好地閱讀《紅樓夢》。這些眉批總共約有四百七十多條，以區別正文的小楷體字並加上方框列在所批文字的旁邊，十分醒目。

尾註，列在每個回目的後面，是對正文中的一些生僻詞語或方言的當代化、通用化的解釋。細算下來，至少也有五六百條，同樣傾注了批註者大量的心血，目的同樣也是助讀（墨人註：尾註非本人之力，不能掠美，究係何人功德？不得而知）。

除了眉批、尾註之外，《張本紅樓夢》正文前，還附有一張《紅樓夢賈府人物系統圖》、〈紅樓夢人物提要〉（墨人註：人物系統表、人物提要亦係沿用，非本人之力，究係何人功德？亦不得而知。包括主角賈寶玉、林黛玉、薛寶釵，十二金釵，榮寧二府本支人物、幻異人物）、〈論曹雪芹思想與紅樓夢寫作技巧〉，以及墨人的〈序〉等。所有這些，都是墨人為了幫助當今讀者，特別是年輕讀者閱讀《紅樓夢》、理解《紅樓夢》，從而更好地接受這部偉大的文化遺產所特別用心做下的工作。它們集於一書，顯示了《張本紅樓夢》所特有的面貌。

經過墨人所修訂、批註的《張本紅樓夢》是否「完善盡美」，時間和廣大讀者自有公論，現在不必急於下結論。但，墨人為此所做的許多方面的工作，的確誠如他自己所談，「都很不簡單」（註六）。其中，的確有不少令人感動或發人思考的東西。

首先，值得重視的，是他研讀《紅樓夢》的那份執著認真和那種非同一般的態度。

在中國，乃至全世界，推崇《紅樓夢》的人當然不少，但是像墨人那樣摯愛著那樣精細的研讀者，恐怕並不很多。精研者中，像墨人那樣注重從文學創作的角度，而不是考據的角度接受和繼承這部偉大的文學遺產者則更少。從文學角度研究《紅樓夢》的又以專事文學評論或教授者居多，而像墨人作為一個作家這樣面對《紅樓夢》的恐怕是少而又少了。大陸當代作家中，好像祇有王蒙等少數幾位作家研讀《紅樓夢》的成果產生了一定的影響。墨人曾幽默自道：「捧《紅樓夢》的話我說得比任何人都多。」就作家層面而言，這話看來並非「言過其實」。這種情況清楚地表明，在接受繼承《紅樓夢》這份偉大的遺產的事業中，我們的作家從文學創作角度所做出的努力與成果還十分有限，與《紅樓夢》的考證和理論批評相比，是很不相稱的。顯然，這是一種缺憾。繼承《紅樓夢》遺產，從一定的角度講，作家與創作層面的繼承應該是主體，至少是一個很重要的方面。由此觀之，墨人強調和呼籲《紅樓夢》研究的正確方向，應當回到《紅樓夢》文本本身，回到文學本身，是必要的，也是值得重視的。

墨人在這方面是一個自覺的先行者。他在這方面做了多種努力嘗試，取得豐碩成果。

其一是研究成果——即一部十幾萬字的《紅樓夢的寫作技巧》和一批論文及演講。

其二是研究與寫作結合的成果——即上述《張本紅樓夢》。

其三是創作成果——即一部一百六十多萬字的大長篇小說《紅塵》。這部小說，寫於八〇年代中期，是墨人退休後潛心寫出的作品，是墨人文學作品中最具代表性的宏篇巨製。大陸和臺灣都先後出版了這部小說（墨人註：大陸由黃河文化出版社出版的前五十四章樣書，因無書號，未正式發行），出版後產生了廣泛的影響。像《紅樓夢》的視角一樣，《紅塵》就是通過一個家族的視角，以作者對中國文化的獨到見解與見識，將近百年中華民族的深重苦難與人間世態炎涼，史詩般地展現出來的。這部小說，在諸多方面，深得《紅樓夢》滋補。著名作家雁翼在大陸版《紅塵．序》中介紹：居在舊金山的謝冰瑩老人說：「《紅塵》可以和林語堂風行歐美社會的長篇小說《京華煙雲》相比，甚至稱《紅塵》是《紅樓夢》第二。」的確，《紅塵》可以說是吸足了《紅樓夢》養份而開出的艷麗花朵。

所有這些實績與成果都清楚地表明，墨人的《紅樓夢》研讀，的確「回到了文學本身」，「回到了《紅樓夢》文本本身」。儻若我們的作家中，至少是些表示十分推崇《紅樓夢》的作家中，假如能多有幾個人像墨人這樣來「捧」《紅樓夢》，那麼，這塊園地上的花朵一定比現在繁榮美麗得多。

其次，墨人修訂、批註《紅樓夢》的器度與魄力，也確實令人感動。

墨人明明知道《紅樓夢》是不可企及的傳世傑作。他多次在分析介紹《紅樓夢》的思想與寫作技巧中，稱其思想深刻，具有深厚的中國文化傳統；稱其結構布局、匠心獨具，絲絲入扣，呼應伏筆，不同流俗；稱其故事平實近人，但由於作者的高明，生活細節中，卻表現了深刻無比的人性，空靈灑脫的人生境與哲學思想；稱其語言運用爐火純青，獨步古今，充分發揮了中國語言的特性和優點，活靈活現地刻畫出了各種人物的形象、心理、性格，簡直妙到毫顛，出神入化。面對自己這樣崇拜的一部傑作，以及它的廣泛深遠的影響，墨人也明明知道，修訂很有可能是一件「吃力不討好」的事。弄不好很有可能招致「標新立異」、「吹毛求疵」或者「掠美」之譏。這對一個作家的聲譽，尤其是一個具有影響的作家的聲譽來講，不能說不是重要的。為了《紅樓夢》更完美，為了「貢獻愚者一得」，為了現代讀者讀起來更清爽親切，墨人「毀譽在所不惜」，還是決意選擇了艱難的「修訂」、「批註」。明知山中有虎，偏向虎山行。沒有寬宏的器度與堅毅的魄力是跨不出這一步的！

再次，墨人修訂、批註《紅樓夢》的眼力、功力與底氣，也是值得我們作家，特別是青年作家看重的。

「瑕疵」的發現，章回之間的調整，回目的修訂，年齡的推算，錯誤的勘正，以及大量的眉批，不僅涉及到寫作技巧上的種種知識、體驗和駕馭能力，而且大量涉及到天文、地理、曆法、物產、氣候、社會、人生、文化、人情、風俗等廣闊領域的種種知識。如果沒有廣博的見識，沒有豐富的閱歷及人生體會，沒有大量的創作實驗與體驗，沒有由此而來的眼力與功力，這些修訂、批註工作是不可能完成的，更不可能做得如《張本紅樓夢》那樣精細。譬如寶、黛的年齡問題，如果沒有中國傳統的曆法推算知識，沒有中國傳統的服飾知識、沒有青年男女的心理、心態及其描寫的把握，這個問題很可能發現不了；或者即使發現了，也無法做出正確推算，也就更用不著說修訂了。又如《張本紅樓夢》，那四百七十多條眉批，更集中體現出墨人作為一個作家閱讀《紅樓夢》的種種體驗和獨到的眼光。諸如此類，這樣的眼力，這樣的功力，這樣的底氣，對於一個作家，的確是不可多得的難能可貴的，但又是應該具備的。

註一：關於高鶚「輯補」《紅樓夢》說，墨人先生在其著〈三更燈火五更雞，撥亂反正說紅樓〉一文中說：「我祇相信『輯補』，不相信『續寫』，因為凡是從事小說創作的作家都知道，小說創作是個別作業，不能假手他人，即使故事可續，風格絕難一致。《紅樓夢》後四十回與前八十回並沒有格格不入的毛病。」

註二、三：參看墨人《山中人語》，第二四七~二五六頁、第一三頁。

註四：《張本紅樓夢．序》，第二頁。

註五：《張本紅樓夢．序》，第二頁、第三二頁。

註六：《張本紅樓夢．序》，第三二頁。

原載一九九八年，《九江師專學報》，第三期〈墨人研究〉專欄

作者為該校教授、校長辦公室主任，華中師範大學訪問學者

墨人校對後記

《紅樓夢》是中華民族最珍貴的文學遺產，曹公之外也有後人的點滴心血。我的修訂、批註祇是奉獻愚者一得，希望使《紅樓夢》「更完美」。《白雪青山》、《紅塵》、《娑婆世界》等長篇小說才是我自己的創作。《紅塵》在字數方面遠超過《紅樓夢》，評價方面可參看畫餅樓主與廣州暨南大學教授潘亞暾先生等鴻文。癩痢頭的兒子是不是自己的好?對中華民族的文化、文學是正是負?有待有心讀者判斷。曹公後先有程偉元、高鶚兩位知音竟其全功，兩百年後又有在下竭盡棉薄使成完璧。但西風壓倒東風已經一個世紀，國人已成中國文化文學的破落戶，失去了國粹，也迷失了文化方向，「新新人類」更「數典忘祖」。我生不逢辰，有生之年恐難目睹《紅塵》、《娑婆世界》在大陸出版。現在兩岸同胞都愛吃麥當勞「漢堡」，忙著賺大錢、發大財，都想做美國大投機家索羅斯，靠電腦成為世界首富的蓋茲。現在大陸一般青年多不識正(繁)體字，不大能讀古典文學作品和史、哲典籍，臺灣「新新人類」既不讀《紅樓夢》，也難讀懂《紅樓夢》。我死後自然更難「鹹魚翻身」，不會像曹公一般「走死運」。念天地悠悠，我雖前見古人，卻後不見來者。我又守五戒、不飲酒，不能像鄉先賢陶淵明、詩仙李青蓮，一醉解千愁。祇好「蜻蜓食其尾」，自己喝自己的血、喝自己的淚了。

墨人博士著作書目（校正版）

書目	類別	出版者	出版時間
一、自由的火焰 }（與《山之禮讚》合併易名《墨人新詩集》）	詩集	自印（左營）	民國三十九年（一九五〇）
二、哀祖國 }（與《山之禮讚》合併易名《墨人新詩集》）	詩集	大江出版社（臺北）	民國四十一年（一九五二）
三、最後的選擇	短篇小說	百成書店（高雄）	民國四十二年（一九五三）
四、閃爍的星辰	長篇小說	大業書店（高雄）	民國四十二年（一九五三）
五、黑森林	長篇小說	香港亞洲社	民國四十四年（一九五五）
六、魔障	長篇小說	暢流半月刊（臺北）	民國四十七年（一九五八）
七、孤島長虹（全集中易名爲富國島）	長篇小說	文壇社（臺北）	民國四十八年（一九五九）
八、古樹春藤	中篇小說	九龍東方社	民國五十一年（一九六二）
九、花嫁	短篇小說	九龍東方社	民國五十三年（一九六四）
一〇、水仙花	短篇小說	長城出版社（高雄）	民國五十三年（一九六四）
一一、白夢蘭	短篇小說	長城出版社（高雄）	民國五十三年（一九六四）
一二、颱風之夜	短篇小說	長城出版社（高雄）	民國五十三年（一九六四）

一三、白雪青山　長篇小說　長城出版社（高雄）　民國五十四年（一九六五）
一四、春梅小史　長篇小說　長城出版社（高雄）　民國五十四年（一九六五）
一五、洛陽花似錦　長篇小說　長城出版社（高雄）　民國五十四年（一九六五）
一六、東風無力百花殘　長篇小說　長城出版社（高雄）　民國五十四年（一九六五）
一七、合家歡　長篇小說　臺灣省新聞處（臺中）　民國五十四年（一九六五）
一八、紅樓夢的寫作技巧　文學理論　臺灣商務印書館（臺北）　民國五十五年（一九六六）
一九、塞外　短篇小說　臺灣商務印書館（臺北）　民國五十五年（一九六六）
二〇、碎心記　長篇小說　小說創作社（臺北）　民國五十六年（一九六七）
二一、靈姑　長篇小說　小說創作社（臺北）　民國五十七年（一九六八）
二二、鱗爪集　散　文　水牛出版社（臺北）　民國五十七年（一九六八）
二三、青雲路　短篇小說　臺灣商務印書館（臺北）　民國五十八年（一九六九）
二四、變性記　短篇小說　臺灣商務印書館（臺北）　民國五十八年（一九六九）
二五、龍鳳傳　長篇小說　幼獅書店（臺北）　民國五十九年（一九七〇）
二六、火樹銀花　長篇小說　立志出版社（臺北）　民國五十九年（一九七〇）
二七、浮生集　散　文　聞道出版社（臺南）　民國六十一年（一九七二）
二八、墨人詩選　詩　集　臺灣中華書局（臺北）　民國六十一年（一九七二）
二九、鳳凰谷　長篇小說　臺灣中華書局（臺北）　民國六十一年（一九七二）

三〇、墨人短篇小說選	短篇小說	臺灣中華書局（臺北）	民國六十一年（一九七二）
三一、斷腸人	短篇小說	臺灣學生書局（臺北）	民國六十一年（一九七二）
三二、詩人革命家胡漢民傳	傳記小說	近代中國社（臺北）	民國六十七年（一九七八）
三三、心猿	長篇小說	學人文化公司（臺北）	民國六十八年（一九七九）
三四、山之禮讚	詩　　集	秋水詩刊（臺北）	民國六十九年（一九八〇）
三五、心在山林	散　　文	中華日報社（臺北）	民國六十九年（一九八〇）
三六、墨人散文集	散　　文	學人文化公司（臺中）	民國六十九年（一九八〇）
三七、山中人語	散　　文	臺灣商務印書館（臺北）	民國七十二年（一九八三）
三八、花市	散　　文	江山出版社（臺北）	民國七十四年（一九八五）
三九、三更燈火五更雞	散　　文	江山出版社（臺北）	民國七十四年（一九八五）
四〇、墨人絕律詩集	詩　　集	臺灣商務印書館（臺北）	民國七十六年（一九八七）
四一、全唐詩尋幽探微	文學理論	臺灣商務印書館（臺北）	民國七十六年（一九八七）
四二、第二春	短篇小說	采風出版社（臺北）	民國七十七年（一九八八）
四三、全唐宋詞尋幽探微	文學理論	臺灣商務印書館（臺北）	民國七十八年（一九八九）
四四、小園昨夜又東風	散　　文	黎明文化公司（臺北）	民國八　十年（一九九一）
四五、紅塵（上、中、下三卷）	長篇小說	臺灣新生報社（臺北）	民國八　十年（一九九一）
四六、大陸文學之旅	散　　文	文史哲出版社（臺北）	民國八十一年（一九九二）

四七、紅塵續集	長篇小說	臺灣新生報社（臺北）	民國八十二年（一九九三）
四八、墨人半世紀詩選	詩　選	文史哲出版社（臺北）	民國八十四年（一九九五）
四九、張本紅樓夢（上下兩巨冊）	修訂批註	湖南出版社（長沙）	民國八十五年（一九九六）
五〇、紅塵心語	散　文	圓明出版社（臺北）	民國八十五年（一九九六）
五一、年年作客伴寒窗	散　文	中天出版社（臺北）	民國八十六年（一九九七）
五二、全宋詩尋幽探微	文學理論	文史哲出版社（臺北）	民國八十九年（二〇〇〇）
五三、墨人詩詞詩話	詩詞・理論	詩藝文出版社（臺北）	民國八十九年（二〇〇〇）
五四、娑婆世界（定本）	長篇小說	昭明出版社（臺北）	民國八十八年（一九九九）
五五、白雪青山（定本）	長篇小說	昭明出版社（臺北）	民國八十九年（二〇〇〇）
五六、滾滾長江（定本）	長篇小說	昭明出版社（臺北）	民國八十九年（二〇〇〇）
五七、春梅小史（定本）	長篇小說	昭明出版社（臺北）	民國八十九年（二〇〇〇）
五八、紫燕（定本）	長篇小說	昭明出版社（臺北）	民國九　十年（二〇〇一）
五九、紅樓夢的寫作技巧（定本）	文學理論	昭明出版社（臺北）	民國九　十年（二〇〇一）
六〇、紅塵六卷（定本）	長篇小說	昭明出版社（臺北）	民國九　十年（二〇〇一）
六一、紅塵法文本	巴黎友豐（you fonq）書局出版		二〇〇四年初版

附　註：

▲北京中國文聯出版社　二〇〇三年出版　大陸教授羅龍炎・王雅清合著《紅塵》論專書

▲臺北市昭明出版社出版墨人一系列代表作，長篇小說《娑婆世界》、一百九十多萬字的空前大長篇《紅塵》（中法文本共出五版）暨《白雪青山》（兩岸共出六版）、《滾滾長紅》、《春梅小史》、《紫燕》，短篇小說集、文學理論《紅樓夢的寫作技巧》（兩岸共出十四版）等書。臺灣中華書局出版的《墨人自選集》共五大冊，收入長篇小說《白雪青山》、《靈姑》、《鳳凰谷》、《江水悠悠》（爲《東風無力百花殘》易名）、《短篇小說・詩選》合集。《哀祖國》及《合家歡》皆由高雄大業書店再版。臺北詩藝文出版社出版的《墨人詩詞詩話》創作理論兼備，爲「五四」以來詩人、作家所未有者。

▲臺灣商務印書館於民國七十三年七月出版先留英後留美哲學博士程石泉、宋瑞等數十人的評論專集《論墨人及其作品》上、下兩冊。

▲《白雪青山》於民國七十八年（一九八九）由臺北大地出版社第三版。

▲臺北中國詩歌藝術學會於一九九五年五月出版《十三家論文》論《墨人半世紀詩選》。

▲《紅塵》於民國七十九年（一九九〇）五月由大陸黃河文化出版社出版前五十四章（香港登記，深圳市印行）。大陸因未有書號未公開發行僅供墨人「大陸文學之旅」時與會作家座談時參考。

▲北京中國文聯出版公司於一九九二年十二月出版長篇小說《春梅小史》（易名《也無風雨也無晴》）；一九九三年四月出版《紅樓夢的寫作技巧》。

▲北京中國社會科學出版社於一九九四年出版散文集《浮生小趣》。

▲北京群眾出版社於一九九五年一月出版散文集《小園昨夜又東風》；一九九五年十月京華出版社出

版長篇小說《白雪青山》大陸版，第一版三千冊，一九九七年八月再版一萬冊。

▲長沙湖南出版社於一九九六年一月初出版墨人費時十多年精心修訂批註的《張本紅樓夢》，分上下兩大冊精裝一萬一千套。立即銷完、因未經墨人親校，難免疏失，墨人未同意再版。

Mo Jen's Works

1950 *The Flames of Freedom*（poems）《自由的火焰》

1952 *Lament for My Mother Country*（poems）《哀祖國》

1953 *Glittering Stars*（novel）《閃爍的星辰》

The Last Choice（short stories）《最後的選擇》

1955 *Black Forest*（novel）《黑森林》

The Hindrance（novel）《魔障》

The Rainbow and An Isolated Island（novel）《孤島長虹》（全集中易名為富國島）

1963 *The spring Ivy and Old Tree*（novelette）《古樹春藤》

1964 *Narcissus*（novelette）《水仙花》

A Typhonic Night（novelette）《颱風之夜》

Ms.Pei Mong-lan（novelette）《白夢蘭》
The Joy of the Whole Family（novel）《合家歡》
Flower Marriage（novelette）《花嫁》
1965 *White Snow and Green Mountain*（novel）《白雪青山》
The Short Story of Miss Chung Mei（novel）《春梅小史》
The Powerless Spring Breeze and Faded Flowers（novel）《東風無力百花殘》(《江水悠悠》)
Flower Blossom in Loyang（novel）《洛陽花似錦》
1966 *The Writing Technique of the Dream of Red Chamber*（literature theory）《紅樓夢的寫作技巧》
Out of The Wild Frontier（novelette）《塞外》
1967 *A Heart-broken Story*（novel）《碎心記》
1968 *Miss Clever*（novel）《靈姑》
Trifle（prose）《鱗爪集》
1969 *The Road to Promotion*（novelette）《青雲路》
1970 *A Sex-change Story*（novelette）《變性記》
The Biography of the Dragon and the Phoenix（novel）《龍鳳傳》
1971 *A Brilliantly lighted Garden*（novel）《火樹銀花》
1972 *My Floating Life*（prose）《浮生記》

Selection of Mo Jen's Poems《墨人詩選》
A Heart-broken Woman（novelette）《斷腸人》
Phoenix Valley（novel）《鳳凰谷》
Mo Jen's Works（five volumes）《墨人自選集》
Selection of Mo Jen's short stores《墨人短篇小說選》
1978 *Hu Han-ming, the Poet and Revolutionist*（novel）《詩人革命家胡漢民》
1979 *The Mokey in the Heart*（i.e. The Purple Swallow renamed）《心猿》
1980 *The Hermit*（prose）《心在山林》
A Collection of Mo Jen's Prose（prose）《墨人散文集》
A Praise to Mountains（poems）《山之禮讚》
1983 *Mountaineer's Remarks*（prose）《山中人語》
1985 *My Candle Burns at Both Ends*（prose）《三更燈火五更雞》
Flower Market（prose）《花市》
1986 *A Mundane World*（novel, four volumes, over 1.9 million words）《紅塵》
1987 *Remarks on All Poems of the Tang Dynasty*（theory）《全唐詩尋幽探微》
1988 *Remarks On All Tsyr*（prose poem）*of the Tang and Sung Dynasties*（theory）《全唐宋詞尋幽探微》
1991 *The Breeze That Came From The East Last Night in My Little garden Again*（prose）《小園昨夜又東風》

1992 *Travel for Literature in Mainland China*（prose）《大陸文學之旅》

1995 *Selection of Mo Jen's Poems, 1992-1994*《墨人半世紀詩選》

1996 *I'll look upon the World*《紅塵心語》

Chang Edition of the Dream of Red Chamber《張本紅樓夢》（修訂批註）

1997 *Cherish thy guests and the Muses*《年年作伴寒窗》

1999 *Saha Shih Gai*《娑婆世界》

1999 *Remarks on All Poems of the sung Dynasties*《全宋詩尋幽探尋》

1999 *Mo Jen's Classical Poems and Prose Poems*《墨人詩詞詩話》

2004 *Poussiere Rouge*《紅塵》法文譯本

墨人博士創作年表（二〇〇五年增訂）

年度	年齡	發表出版作品及重要文學紀錄摘要
民國二十八年己卯（一九三九）	十九歲	在東南戰區《前線日報》發表〈臨川新貌〉。淪陷區著名的上海《大美晚報》隨即轉載。
民國二十九年庚辰（一九四〇）	二十歲	在《前線日報》發表〈希望〉、〈路〉等新詩作品。
民國三十年辛巳（一九四一）	二十一歲	在《前線日報》發表〈評夏伯陽〉書評等文。
民國三十一年壬午（一九四二）	二十二歲	在各大報發表〈苦難的行列〉、〈贛州禮讚〉（長詩）、〈老船夫〉、〈盲歌者〉、〈自己的輓歌〉、〈抹去那怯弱的眼淚吧〉、〈生命之歌〉、〈快割鳥〉、〈鷂鷹與雲雀〉等詩及散文多篇。
民國三十二年癸未（一九四三）	二十三歲	在各大報發表長詩〈鋤奸隊長〉、〈搜索連長〉、〈遙寄〉、〈寫在第七個七七〉、〈父親〉、〈受難的女神〉、〈城市的夜〉及〈火把〉、〈擊柝者〉、〈橋〉、〈古鐘〉、〈汽笛〉、〈山居〉、〈沙灘〉、〈夜行者〉、〈孤芳〉、〈蚊蟲〉、〈蒼蠅〉、〈園圃〉、〈陽光〉、〈深秋〉、〈贈某詩人兼寫自己〉、〈哀亡命詩人〉、〈自供〉、〈白屋詩抄〉、〈哀歌〉、〈生活〉、〈給偶像崇拜者〉、〈戰書〉、〈燈下獨白〉、〈夜歸〉、〈失眠之夜〉、〈悼〉、〈殘英〉、〈黃昏曲〉、〈補綴〉、〈復活的季節〉、〈擬戀歌〉、〈晨雀〉、〈春耕〉、〈天空的搏鬥〉等長短抒情詩。另發表散文及短篇小說多篇。

民國三十三年甲申（一九三九）	二十四歲	發表〈山城草〉五首及〈沒有褲子穿的女人〉、〈襤褸的孩子〉、〈駝鈴〉、〈無聲的哭泣〉、〈長夜草〉、〈春夜〉、〈擬某女演員〉、〈蛙聲〉、〈麥笛〉等詩及散文多篇。
民國三十四年乙酉（一九四五）	二十五歲	發表〈最後的勝利〉及〈煉獄裏的聲音〉、〈神女〉、〈問〉等長詩與散文多篇。
民國三十五年丙戌（一九四六）	二十六歲	發表〈夢〉、〈春天不在這裡〉等詩及散文多篇。
民國三十六年丁亥（一九四七）	二十七歲	發表〈冬天的歌〉、〈流浪者之歌〉、〈手杖、煙斗〉及長詩〈上海抒情〉等與散文多篇。
民國三十七年戊子（一九四八）	二十八歲	主編軍中雜誌、撰寫時論，均不署名。
民國三十八年己丑（一九四九）	二十九歲	七月渡海抵臺，發表〈呈獻〉、〈滿妹〉，及長詩〈自由的火燄〉、〈人類的宣言〉等及散文多篇。
民國三十九年庚寅（一九五〇）	三十歲	發表〈站起來，捏死他！〉、〈滾出去，馬立克！〉、〈英國人〉、〈海洋頌〉等詩。出版《自由的火燄》詩集。
民國四十年辛卯（一九五一）	三十一歲	發表〈春晨獨步〉、〈炫與殉〉、〈悼三閭大夫屈原〉、〈詩聯隊〉、〈心靈之歌〉、〈子夜獨唱〉、〈真理、愛情〉、〈友情的花朵、〈啊，西風啊！〉、〈歲暮吟〉、〈師生〉、〈往事〉、〈天書〉、〈歷程〉、〈雨天〉、〈火車飛馳在海岸淥上〉、〈帶路者〉、〈送第一艦隊出征〉等詩，及〈哀祖國〉長詩。
民國四十一年壬辰（一九五二）	三十二歲	發表〈未完成的想像〉、〈廊上吟〉、〈窗下吟〉、〈白髮吟〉、〈秋夜輕吟〉、〈秋訊〉、〈渴念，追求〉、〈寂寞、孤獨〉、〈冬眠〉、〈我想把你忘記〉、〈想念〉、〈成人的悲歌〉、〈訴〉、〈詩人〉、〈詩〉、〈貝絲〉、「春天的懷念」五首，〈和風〉、〈夜雨〉、〈臺灣海峽的霧〉等及散文、短篇小說多篇。　出版《哀祖國》詩集。

民國四十二年癸巳（一九五三）	三十三歲	發表〈寄台北詩人〉等詩及散文短篇小說多篇。高雄百成書店出版短篇小說集《最後的選擇，收入〈華玲〉、〈生死戀〉、〈梅蘭馨〉、〈敵人的故事〉、〈最後的選擇》、〈蔣復成〉、〈姚醫生〉等七篇。大業書店出版長篇小說《閃爍的星晨》一、二兩冊。
民國四十三年甲午（一九五四）	三十四歲	發表〈雪萊〉、〈海鷗〉、〈鳳凰木〉、〈流螢〉、〈鵝鸞鼻〉、〈海邊的城〉、〈長夏小唱〉及散文、短篇小說多篇。
民國四十四年乙未（一九五五）	三十五歲	發表〈雲〉、〈F-86〉、〈題GK〉等詩及散文、短篇小說多篇。香港亞洲出版社出版長篇小說《黑森林》，並獲中華文獎會國父誕辰長篇小說第二獎（第一獎從缺）。
民國四十五年丙申（一九五六）	三十六歲	發表〈四月〉等詩及散文、短篇小說多篇。
民國四十六年丁酉（一九五七）	三十七歲	發表〈月亮〉、〈九月之旅〉、〈雨和花〉等詩及長篇小說《魔障》。
民國四十七年戊戌（一九五八）	三十八歲	暢流半月刊雜誌社出版長篇連載小說《魔障》。
民國四十八年己亥（一九五九）	三十九歲	發表短篇小說、散文多篇。文壇雜誌社出版長篇小說《孤島長虹》（全集中易名爲《富國島》）。
民國四十九年庚子（一九六〇）	四十歲	發表〈橫貫小唱〉等詩及散文、短篇小說多篇。
民國五十年辛丑（一九六一）	四十一歲	發表〈熱帶魚〉、〈豎琴〉、〈水仙〉等詩及短篇小說甚多。奧國維也納納富出版公司編選的《世界最佳小說選》選入短篇說〈馬腳〉，同時入選者有諾貝爾文學獎得主威廉福克納、拉革克菲斯特等世界各國名作家作品。

民國五十一年壬寅（一九六二）	四十二歲	發表〈青鳥〉、〈兩腳獸〉、〈晚會〉、〈祈禱〉等詩及短篇小說甚多。奧國維也納納富出版公司又將短篇小說《小黃》（以江州司馬筆名撰寫者）選入《世界最佳小說選》，同時入選者有諾貝爾獎得主蕭洛霍夫，郭沫若及世界各國名作家作品。
民國五十二年癸卯（一九六三）	四十三歲	香港九龍東方文學出版社出版中篇小說《古樹春藤》。發表短篇小說、散文甚多。
民國五十三年甲辰（一九六四）	四十四歲	香港九龍東方文學社出版短篇小說集《花嫁》，收入〈教師爺〉、〈劉二爹〉、〈二媽〉、〈異鄉人〉、〈花嫁〉、〈扶桑花〉、〈南海屠鮫〉、〈高山曲〉、〈古寺心聲〉、〈誘惑〉、〈隱情〉、〈美珠〉、〈新苗〉、〈心聲淚影〉等十四篇。 高雄長城出版社出版中短篇小說集《水仙花》，收入〈水仙花〉、〈銀杏表嫂〉、〈圓房記〉、〈江湖兒女〉、〈天鵝〉、〈賭徒〉、〈搶親〉、〈黃龍〉、〈風雪歸人〉、〈花子老趙〉、〈景雲寺的居士〉、〈人與樹〉、〈過客〉、〈阿婆〉、〈馬腳〉、〈小黃〉等十六篇。 高雄長城出版社出版中短篇小說集《白夢蘭》。收入〈情敵〉、〈空手〉、〈師生〉、〈斷夢〉、〈黃昏曲〉、〈白夢蘭〉、〈平安夜〉、〈凱塞琳、萊蒙托夫與我〉、〈陽春白雪〉、〈亂世佳人〉、〈傷心之旅〉、〈白衣清淚〉、〈護士與病人〉、〈如夢記〉、〈除夕〉等十五篇。　高雄長城出版社出版《中華日報》連載的二十五萬字長篇小說《白雪青山》。　發表短篇小說、散文甚多。
民國五十四年乙巳（一九六五）	四十五歲	高雄長城出版社出版連載長篇小說《洛陽花似錦》、《春梅小史》、《東風無力百花殘》三部。　發表短篇小說、散文甚多。 省政府新聞處出版長篇小說《合家歡》。
民國五十五年丙午（一九六六）	四十六歲	是年五月赴馬尼拉華僑文教講習會講授「紅樓夢的寫作技巧」及新詩課程一個月。 商務印書館出版文學理論專著《紅樓夢的寫作技巧》，全書共十五萬字。 商務印書館出版中短篇小說集《塞外》。收入〈塞外〉、〈鬍子〉、〈百合花〉、〈天山風雲〉、〈白金龍〉、〈白狼〉、〈秋圃紫鵑〉、〈曹萬秋的衣缽〉、〈半路夫妻〉、〈百鳥聲喧〉、〈風竹與野馬〉、〈美人計〉、〈夜襲〉、〈花燭劫〉等十四篇。

民國五十六年丁未（一九六七）	四十七歲	發表短篇小說、散文甚多。小說創作社出版連載長篇小說《碎心記》。
民國五十七年戊申（一九六八）	四十八歲	小說創作社出版《中華日報》連載長篇小說《靈姑》。水牛出版社出版散文集《鱗爪集》，收入〈家鄉的魚〉、〈家鄉的鳥〉、〈雪天的懷念〉、〈秋山紅葉〉、〈學問與創作之間〉等散文七十六篇、舊詩三首。。
民國五十八年己酉（一九六九）	四十九歲	商務印書館出版中短篇小說集《青雲路》。收入〈世家子弟〉、〈青雲路〉、〈空棺記〉、〈久香〉等四篇。
民國五十九年庚戌（一九七〇）	五十歲	商務印書館出版中短篇小說集《變性記》。收入〈變性記〉、〈嬌客〉、〈歲寒圖〉、〈泥龍〉、〈祖孫父子〉、〈秋風落葉〉、〈老夫老妻〉、〈恩愛夫妻〉〈布販與偷雞賊〉、〈芳鄰〉、〈沙漠王子〉、〈沙漠之狼〉、〈世界通先生〉、〈寶珠的祕密〉、〈奇緣〉等十五篇。幼獅文化事業公司出版長篇小說《龍鳳傳》。臺北立志出版社出版長篇《火樹銀花》出版全集時易名《同是天涯淪落人》。
民國六十年辛亥（一九七一）	五十一歲	立志出版社出版長篇小說《火樹銀花》。發表散文多篇及在高雄《新聞報》連載長篇小說《紫燕》。
民國六十一年壬子（一九七二）	五十二歲	聞道出版社出版散文集《浮生集》。收入〈文藝的危機〉、〈貝克特高風〉、〈五十年華〉等散文十三篇，舊詩六首。學生書局出版短篇小說散文合集《斷腸人》。收入短篇小說〈斷腸人〉、〈薇薇〉、〈相見歡〉、〈滄桑記〉、〈恩怨〉、〈夜宴〉等七篇及散文〈文學系與文學創作〉、〈大學國文教學我見〉、〈作家之死〉等十五篇。　中華書局出版《墨人自選集》五大冊。包括長篇小說《白雪青山》、《靈姑》、《鳳凰谷》、《江水悠悠》（《東風無力百花殘》易名）及《短篇小說、詩選》（精選短篇小說二十八篇，抒情詩一〇六首），共一百五十萬字。
民國六十二年癸丑（一九七三）	五十三歲	發表散文多篇。列入英國劍橋國際傳記中心（International Biographical Centre Cambridge England）出版的《國際詩人名錄》（*International Who's Who in Poetry, 1973*）。

民國六十三年甲寅（一九七四）	五十四歲	出席第二屆世界詩人大會。 發表散文多篇。
民國六十四年乙卯（一九七五）	五十五歲	列入正中書局出版的《中華民國文藝史》（1975）。發表〈臺北的黃昏〉新詩一首及散文多篇。
民國六十五年丙辰（一九七六）	五十六歲	列入英國劍橋國際傳記中心出版的 *Men of Achievement. 1976* 發表〈歷史的會晤〉新詩及散文、短篇小說多篇。
民國六十六年丁巳（一九七七）	五十七歲	應 I.B.C 邀請於三月間赴義大利翡冷翠出席國際文藝交流大會（The 3rd I.B.C. Intemational Congress on Arts and Communications）。會後環遊世界。發表〈羅馬之雲〉、〈羅馬之松〉、〈翡冷翠的女郎〉、〈翡冷翠之柳〉、〈塞納河〉等詩及羅馬掠影」、〈單城記〉、〈威尼斯之旅〉、〈藝術之都翡冷翠〉、〈西雅奈與比薩斜塔〉、〈美國行〉、〈江戶、皇宮、御苑〉、〈環球心影〉等遊記。 在《中國時報》發表有關中國文化論文〈中國文化的三條根〉，在《新生報》發表〈文藝界的『洋』癲瘋〉等多篇。
民國六十七年戊午（一九七八）	五十八歲	近代中國社出版長篇傳記小說《詩人革命胡漢民傳》。 列入英國劍橋國際傳記中心出版的《國際名人辭典》（*Dictionary of International Biogaphy.1978*）。《國際知識分子名錄》（*International Who's Who of Intellectual.1978*、《國際人名剪影》 *International Register of Profiles*）、《國際社會名人錄》（*International Who's Who in Community Service*），發表〈六月之荷〉詩一首。 在各報發表〈中國文化的宇宙觀〉、〈中國文化的真面目〉、〈文化、社會形態與當代文學創作（爲亞洲文學會議而作）〉、〈人與宇宙自然法則〉等。 出席亞洲文學會議。　列入中華書局出版的《中華民國當代名人錄》（*Who's Who of R.O.C. 1978*）　列入行政院新聞局編印的一九七八年英文《中華民國年鑑名人錄》（*China Yearbook Who's Who*）。

民國六十八年己未（一九七九）	五十九歲	學人文化事業有限公司出版長篇小說《心猿》（《紫燕》易名）。發表短篇小說〈春〉、〈杏林之春〉、長詩〈哀吉米・卡特〉及〈山之禮讚〉五首。短篇〈客從故鄉來〉、〈人瑞〉。理論〈中國古典小說戲劇〉、〈抗戰文學的整理與再創作〉（《中央日報》）等多篇。
民國六十九年庚申（一九八〇）	六十歲	秋水詩刊社出版詩集《山之禮讚》、收集六十四年以後新詩四十四首及七言絕律詩十首。　中華日報社出版散文集《心在山林》、收集〈花甲雲中過〉、〈老當益壯〉、及抒情寫景散文數十篇。 臺中學人文化事業出　版有限公司出版《墨人散文集》收集〈文化、社會形態與當代文學創作〉、〈人與宇宙自然法則〉、〈中國文化的三條根〉、〈宇宙爲心人爲本〉、〈文藝界的『洋』瘋癲〉等理論性散文數十篇。 在《中央日報・副刊》發表〈紅樓夢研究的正確方向〉，《中華日報・副刊》發表〈人生六十樹常青〉，《青年戰士報・新文藝副刊》發表〈山中人語〉專欄文章〈山水之間〉、〈生命長短價值觀〉、〈寶刀未老〉、〈七進七出鬼門關〉、〈報人甘苦〉、〈杏壇生涯〉等。 接受《大華晚報》採訪組副主任程榕寧兩次訪問，一爲談胡漢民生平，一爲談《易經》、《道德經》、命學，並發表〈醫學命學與人生〉專文。
民國七十年辛酉（一九八一）	六十一歲	繼續撰寫《山中人語》專欄。 應臺中市《自由日報》特約撰寫《浮生小記》專欄。 應行政院新聞局邀請參觀本省農漁畜牧事業單位，並在《中央日報》發表〈人在福中〉散文。 接受臺灣廣播公司《成功之路》節目訪問，於四月廿七日晚八時半播出。 在高雄《新聞報》發表〈撥亂反正說紅樓〉（六月十七、十八日）論文。
民國七十一年壬戌（一九八二）	六十二歲	九月赴漢城出席第二屆中韓作家會議，並在東京參加中日作家會議，曾暢遊南韓、北海道、大阪至東京名勝地區，歸後撰寫〈韓國掠影〉、〈秋遊北海道〉，發表於《中央日報》。 列入中華民國名人傳記中心出版的《中華民國現代名人錄》。

		列入英國劍橋國際傳記中心出版的《傑出男女傳記》（*Men and Women of Distinction*）並附照片。列入美國 MarQuis 公司出版的《世界名人錄》（*Who's Who in the World*）第六版。接受義大利藝術大學授予的文學功績證書。
民國七十二年癸亥（一九八三）	六十三歲	商務印書館出版散文集《山中人語》，收集散文七十篇。
民國七十三年甲子（一九八四）	六十四歲	商務印書館出版《論墨人及其作品》上、下兩冊，包括評論文章六十餘篇。列入義大利 Accademia Itlia 出版英、法、德、義四種文字的《國際文學史》（*The History of International Literature*）及《百科全書：當代人物（*The Encyclopadeia: Contemporary Personalities*）。端午節（六月四日）開筆撰寫已構思準備十餘年的一百餘萬字的大長篇小說《紅塵》，年底完成初稿四十餘萬字。十月在韓國漢城舉行的第四屆中韓作家會議，事忙未能出席，但提出一萬餘字的論文〈古典與現代〉一篇。
民國七十四年乙丑（一九八五）	六十五歲	由江山出版社出版《三更燈火五更雞》、《花市》散文集等兩本，前者收入散文、理論二十四篇，後者收入散文遊記二十七篇。八月一日退休，專心寫作《紅塵》，於十二月底完成九十二章，告一段落，共一百二十萬字，超出《紅樓夢》十餘萬字，內有絕律詩（聯）三十一首。
民國七十五年丙寅（一九八六）	六十六歲	年初開始研讀《全唐詩》，撰寫《全唐詩尋幽探微》，十一月完成，共十二萬餘字，一面在《新聞報‧西子灣》發表，並連同歷年所作絕律詩三十七首，定名爲《墨人絕律詩集》，一併交與臺灣商務印書館簽約出版。列入美國 A.B.I.出版的 5000 Personalities of the World；英國 I.B.C.出版的 *The International Authors and Writers Who's Who.*

民國七十六年丁卯（一九八七）	六十七歲	訪問考察東南亞地區、國家馬來西亞、新加坡、泰國、菲律賓、香港十七天，並出席多次座談會。 商務印書館出版《全唐詩尋幽探微》（附《墨人絕律詩集》）。 《紅塵》長篇小說於三月五日開始在（臺灣新生報）連載。 七月四、五日出席在臺北市召開的抗戰文學研討會。 八月一日出席在高雄市召開的第七屆中韓作家會議。
民國七十七年戊辰（一九八八）	六十八歲	元月二日完成《全唐宋詞尋幽探微》（附《墨人詩餘》）全書十六萬字。設於美國深受世界尊重的「國際大學基金會」（The Marguis Giuseppe Scicluna 1855-1907 Intemarional University Foundation）（Founded 1973）授予榮譽文學博士學位。
民國七十八年己巳（一九八九）	六十九歲	臺灣商務印書館出版《全唐宋詞尋幽探微》。 臺北大地出版社三版長篇小說《白雪青山》。 世界大學（World University）授予榮譽文學博士學位。
民國七十九年庚午（一九九〇）	七十歲	五月應大陸黃河文化實業公司邀請，作四十天文學之旅，與北京、上海、杭州、九江、武漢、西安、蘭州等地作家座談中華文化、文學創作，坦誠交換意見，獲得一致共識、真摯友情與尊敬，廣州電視臺並全程錄影，製作專輯播出，六月底返臺後即撰寫《大陸文學之旅》專著。 艾因斯坦國際學院基金會（Albert Einstein 1879-1955 Intemational Academy Foundation）授予榮譽人文學博士學位。 榮列英國劍橋國際傳記中心出版的 IBC Book of Dedications.占全書篇幅五頁，刊登照片五張，介紹五十年創作生涯，十分翔實，篇幅之大，爲全書冠，並禮聘爲 IBC 副總裁。
民國八十年辛未（一九九一）	七十一歲	二月底新生報出版《紅塵》，二十五開本，上、中、下三鉅冊。黎明文化事業公司出版《小園昨夜又東風》散文集。 應香港廣大學院禮聘爲中國文學研究所客座指導教授。 《紅塵》榮獲新聞局著作金鼎獎及嘉新優良著作獎。

民國八十一年壬申（一九九二）	七十二歲	文史哲出版社出版《大陸文學之旅》。 應聘香港廣大學院中研所客座指導教授。 一月五日開筆寫《紅塵續集》，自九十三章起至一百二十章止，共四十萬字，六月十日完稿，《紅塵》全書共一百九十萬字。續集自十二月一日開始在《臺灣新生報•副刊》連載近年，雙破長篇鉅著及連載紀錄。中國廣播公司《中廣小說選播》節目，亦於十二月一日十四時三十分，在AM657千赫第一廣播網開始播出長篇鉅著《紅塵》上、中、下三冊，由戴愛華小姐導播，集該公司播音精英，通力合作，龍老夫人一角由播音元老白銀飾演，其餘人物均爲一時之選，效果奇佳，前所未有。　北京「中國文聯出版公司」出版《也無風雨也無晴》。 墨人故鄉九江《師專學報》，於本年起開闢《墨人研究》專欄，與《陶淵明研究》、《黃山谷研究》，並稱三大專欄，甚受教育、學術界重視。
民國八十二年癸酉（一九九三）	七十三歲	十月下旬，偕《秋水》詩刊同仁涂靜怡、雪柔、麥穗、汪洋萍、風信子、林蔚穎等爲慶祝《秋水》創刊二十周年，訪問哈爾濱、北京、西安三大都市，與當地詩人座談交流，水乳交融，兩岸詩人因而建立深厚友誼。十一月初，隻身訪問昆明、探親，昆明作協主席曉雪、八十多歲老作家李喬、小說家張昆華、《春城晚報》副總編輯熊廷武、副刊主編原因、理論家教授余斌、作家湯世傑、李錦華等集會歡迎，其中多爲白族、彝族等少數民族作家，乃以雲南少數民族文化資源努力創作相勉，深獲共鳴。資深作家彭荊風，晚間並來下榻處暢談。 繼續應聘香港廣大學院中研所客座指導教授三年。 十二月新生報社出版《紅塵續集》，全書共四大冊，其實前後一貫，爲一整體，該報爲方便，乃以《續集》名之。一生心願心血得以完成，在輕、薄、短、小及商品文學獨占市場情況下，亦一大異數。北京「中國文聯出版公司出版《紅樓夢的寫作技巧》。

民國八十三年甲戌（一九九四）	七十四歲	一月開始研讀自北京購回的《全宋詩》，擬續寫《全宋詩尋幽探微》。 四月十一日接受臺北復興廣播電臺《名人專訪》節目主持人裴雯小姐訪問：談一生寫作歷程及大長篇《紅塵》寫作經過。 臺北《世界論壇報》副社長兼副刊主編詩人評論家周伯乃先生，特自五月三十一日起一連三天出版特刊，慶祝七十晉五誕辰暨創作五十五周年，除刊出〈小傳〉、〈七五人生一首詩〉、〈中國新詩與傳統詩詞的整合〉、〈叩開生命之門〉三篇新作外，並刊出蒙古族女詩人作家薩仁圖婭的〈墨人：屈原風骨中華魂〉，及馬來西亞霹靂州立女子中學校長，詩詞家、散文作家彭士麟女士論《紅塵》與大陸作家作品比較的書信，墨人著作校長，詩詞家、散文作家彭士麟女士論《紅塵》與大陸作家作品比較的書信，墨人著作目錄、美國兩個榮譽文學博士、一個人文學博士照片三張，《紅塵》獲獎照片一張，及周伯乃〈無限的祝禱〉文等。 八月七日，中國時報系的《工商日報・讀書版・大書坊》刊出蓓齡的《紅塵》墨人專訪文章，並配合攝影記者何日昌拍攝的墨人及《紅塵》四冊照片。 大陸廣州暨南大學中文系教授兼臺港暨海外華文文學研究中心主任、評論家潘亞暾，費時月餘撰寫《紅塵續集》論文達一萬餘字的〈偉大史詩的歸結〉，於九月二十一至二十五日在臺北市《世界論壇報・副刊》全文刊出，見解不凡，對《續集》的成功更使他大吃一驚，因此，更肯定《紅塵》的史詩價值、地位。 八月二十八日第十五屆世界詩人大會在臺北召開，僅提出〈中國新詩與傳統詩詞的整合〉論文一篇，並未出席、論文則由《中國詩刊》主編曾美霞女士代讀。
民國八十四年乙亥（一九九五）	七十五歲	一月，臺北文史哲出版社出版《墨人半世紀詩選》（一九四二—一九九四）。 一月十日應臺北廣播電臺《藝文夜話》主持人宋英小姐訪問，許導播秀玲決定十日開播《紅塵》全書四冊，每日廣播兩次。 中國詩歌藝術學會主辦、中國文藝協會協辦，於五月二十二日在臺北市中國文藝協會舉行《墨人世半紀詩選》學術研討會，與會詩人、評論家六十餘人，討論情況熱烈，並印發海峽兩岸評論家王常新、古繼堂、古遠清、李春生、楊允達、周伯乃等十三家論文專集。各家均推崇、肯定新舊詩兩方面的成就與半個多世紀的貢獻。

		英國劍橋國際傳記中心頒贈二十世紀文學傑出成就獎。 榮列一九九五年英國劍橋國際傳記中心出版的 The Definitive Book of the Deputy Directors General of the IBC 佔全書篇幅五頁，刊登照片五張，爲全書之冠。
民國八十五年丙子（一九九六）	七十六歲	臺北圓明出版社出版涵蓋儒、釋、道三家思想的散文集《紅塵心語》。卷首有珍貴的文學照片十餘張。 臺北中國詩歌藝術學會出版《十三家論文》論《墨人半世紀詩選》。
民國八十六年丁丑（一九九七）	七十七歲	臺北中天出版社出版與《紅塵心語》爲姊妹集的散文集《年年作客伴寒窗》，各篇亦均以五、七言詩作題，內中作者詩詞亦多，並附錄珍貴文學資料訪問記、特寫、著作目錄等十餘篇。出任「乾坤」詩刊顧問，並主編該刊古典詩詞。 完成《墨人詩詞詩話》、《全宋詩尋幽探微》兩書全文。
民國八十七年戊寅（一九九八）	七十八歲	構思六年的以佛學精義結合修行心得化爲文學創作的長篇小說《娑婆世界》，於三月二十八日開筆，十二月脫稿。共三十八章，五十多萬字。 英國劍橋國際傳記中心（IBC）出版《二十世紀傑出人物》以照片配合文字將墨人傳記刊卷首重要位置，並頒發獎狀。大陸中國國際經濟文化交流促進會、燕京國際文化藝術研究會等七大單位編纂出版的《世界華人文學藝術界名人錄》，中國國際交流出版社出版的《世界名人錄》，均爲十六開巨型中文本。
民國八十八年己卯（一九九九）	七十九歲	本年爲來臺五十周年，創作六十周年，中國習俗八十歲，昭明出版社出版長篇小說《娑婆世界》。 美國傳記學會（ABI）出版二十世紀《五百位有影響力的領袖》，以照片配合文字將墨人傳記刊於卷首重要位置並頒發獎狀。照片及詩詞五首編入中國《當代吟壇》巨著。　美國「世界智庫」與艾因斯坦國際學會基金會」聯合頒贈墨人傑出成就榮譽獎，以紀念千禧年，並榮列中國出版的《中華精英大全》。 美國傳記學會頒贈墨人「二十世紀成就獎」。

民國八十九年庚辰（二〇〇〇）	八十歲	臺北昭明出版社陸續出版定本長篇小說《白雪青山》、《滾滾長江》、《春梅小史》；文學理論《紅樓夢的寫作技巧》，連同民國八十八年出版的長篇小說《娑婆世界》，並列爲墨人一系列代表作品，以慶祝墨人八十整壽。 臺北詩藝文出版社出版《墨人詩詞詩話》。 臺北文史哲出版社出版《全宋詩尋幽探微》。
民國九十年辛巳（二〇〇一）	八十一歲	臺北昭明出版社出版長篇小說定本《紅塵》全書六冊及長篇小說《紫燕》定本。
民國九十一年壬午（二〇〇二）	八十二歲	五月三日偕長子選翰赴上海訪友小住。 英國劍橋國際傳記中心授予「終身成就獎」。
民國九十二年癸未（二〇〇三）	八十三歲	八月底偕夫人及在臺子女四人經上海轉往故鄉九江市掃墓探親並遊廬山。
民國九十三年甲申（二〇〇四）	八十四歲	準備出版全集（經臺北榮民總醫院檢查無任何疾病。）巴黎 you-Feng 書局出版豪華典雅法文本《紅塵》。
民國九十四年乙酉（二〇〇五）	八十五歲	此後五年不遠行，以防交通意外，準備資料。計劃百歲前開筆撰寫新長篇小說。 北京「中央出版社」出版《強國丰碑》，以著名文學家張萬熙爲題刊出墨人傳略，爲臺灣及海外華人作家唯一入選者。並先後接到北京電話、書函邀請寄送資料編入《一代名家》、《中華文化藝術名家名作世界傳播錄》。
民國九十五年丙戌（二〇〇六）至民國一百年（二〇一一）——	八十六歲至九十二歲——	重讀重校全集，已與臺北市文史哲出版社簽訂出版《墨人博士作品全集》合約，民國一百年年內可以出版。此爲「五四」以來中國大陸與臺灣所未有者。